國小階段
自然與生活科技
教材教法

王美芬、熊召弟　著

作者簡介

王美芬

學歷：台灣省立台北女子師範學校畢業
國立台灣師範大學生物系畢業
美國喬治亞大學科學教育博士

經歷：國小教師、高中教師
台北市立師範學院自然科學教育學系系主任
台北市立師範學院學務長
台北市立教育大學自然科學教育學系教授

熊召弟

學歷：國立台灣大學農藝系學士
美國喬治亞大學科學教育哲學博士

經歷：台北市建國中學生物教師
省立台北師範學院電子計算機中心主任
國立台北師範學院數理教育學系系主任
國立台北師範學院數理教育研究所所長
國立台北師範學院環境教育中心主任
國立台北教育大學自然科學教育學系系主任

現職：國立台北教育大學自然科學教育學系教授

作者序

　　近年我國的教育改革如火如荼展開，最具體的成果是師資培育多元化和九年一貫課程總綱及各領域課程綱要的頒布。前者促使各大學設立教育學程培育中、小學師資，後者則導引教科書編寫的多元化、彈性化。課程總綱將實施幾十年的學科科目更改為「領域」，每一領域合併數個科目。「自然與生活科技領域」合併國小自然、國中生物、理化、地球科學、生活科技等科；從此，教科書不再以上述單獨科目名之，而以自然與生活科技領域取而代之。

　　誠然，教科書名稱的改變，帶動師資培育教材教法課程內容的更動。此領域的教材教法教科書應該具有九年一貫課程綱要所揭櫫的理念與精神。筆者曾於一九九五年編寫《國民小學自然科教材教法》（心理出版社出版），時光荏苒，十年光陰在師院教授教材教法課程，又累積了不少教學心得；又由於筆者之一參與國小「自然」、「自然與生活科技」教科書編寫連續二十冊之多，另一位筆者則長期走入國小自然與生活科技的教室，領導自然科教師進行實徵研究。我們浸淫在教材教法的漫長歲月中，體會國小老師教此領域的辛苦和喜悅；我們也了解怎樣的教材教法教科書能對教師提供最大的助益。

　　筆者嘗試將基本的、重要的、學理的、實務的教學法，在本書中陳述清楚，但不鼓勵使用本書的職前教師以背記方法去學習；書中的教學實例，教師可直接取用，節省教師準備教學的時間。國小教學適用的基本自然和生活科技方面的知識亦納入書中，以便教師在教某單元或某一科學概念時，便於翻閱、汲取背景知識，以增加教學自信。對於非自然背景的職前教師，則更能由此部分內容，快速進入自然的奧秘中，也能配合國小教科書單元，利於教學設計、試教、科學和科技原理原則的說明。全書依序分成「理論篇 A」、「教法篇」、「理論篇 B」、「教材篇」，期盼讀者先建立科學與科技教育之概念，再強化教法之技巧。

iv

　　筆者在執筆之前，雖經長期資料收集及實務經驗累積，仍戰戰兢兢歷經一年餘提筆為文，惟校務實在繁忙，疏漏錯誤之處在所難免，尚祈各方先進、讀者不吝指正。

王美芬、熊召弟　謹識

二〇〇五年七月

目　錄

理論篇B

教材篇

理論篇 A

第 1 章

國小自然與生活科技課程標準

「自然與生活科技」領域包含了「自然科學」與「生活科技」兩個領域。自然科學之產生，是由於人類對各種自然現象基於好奇而加以觀察，並經過嚴謹的方法加以驗證；其內涵為發現自然和解釋現象之原理原則。科技則為人類由於「需求」而利用自然，製作出一些可資使用的物件；其內涵為應用自然，其目的是為提升人類生活品質。自然科學（natural science），一般簡稱為科學（science），而在課程上則稱為自然科。自然科在國中、小階段包括生物、物理、化學、地球科學等學科內容。生活科技可由兩方面來看，「科技」（technology）的範圍較「生活科技」廣。生活科技包涵改善生活所用到的科技產品的原理、設計製作、產出，如食品、材料、機械應用、傳播、能源、建築；科技則可再加太空科學、資訊與電腦、生物科技、工程等應用科學方面的製作。

為什麼要學科學和科技

為什麼要學科學和科技呢？科學和科技對於全球現代化是絕對的領導者角色。每一個人的物質生活環境都被科學和科技所包圍，對於這樣的環境，吾人能不予了解嗎？有了解的基礎才能更精進下一個進步。因此，學習科學和科技是有其必要的。先學基礎的自然科學，才能進一步學習科技。Abruscato（2000）在其所著的 *Teaching Children Science* 一書

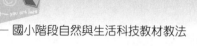

中，明確扼要地指出，學習科學的理由有如下四項（引自黃萬居譯，2002）：

發展學生的思考技巧

　　許多文獻均指出，教學目標可以分為知識、理解、分析、應用、綜合、評鑑；在九年一貫自然與生活科技的「思考智能」能力指標中，則列舉了「創造思考」、「問題解決」、「批判思考」、「推論思考」等。除此之外，人在行為之前先有「思考」，才依思考內容行動，由此可見思考能力之重要性，而學習科學的過程中，必須歷經思考去理解、分析、推理。因此，學科學可以發展學生的思考技能。

發展正面的影響

　　學科學是了解自然現象、法則。由學科學和科技中，能有許多正面的態度。例如學童對於毛毛蟲、蚯蚓、發霉麵包總是覺得厭惡，但如果在學了昆蟲一生的變化、蚯蚓的性向、什麼情形下會發霉、怎樣預防發霉之後，相信學生不會再排斥這些東西，他們會以一種「科學」的眼光來看待這些東西。老師是否要在孩子面前表現出毛毛蟲、蚯蚓、霉是很噁心的東西呢？孩子在怎樣的環境下，受到的影響是非常重要的。身為教師或家長們應提醒自己，我們應該提供怎樣的學習環境讓孩子學習？兒童在怎樣的環境中，就學得該項能力。

　　Dorothy Law Nolte（譯為朵勒絲法則）列舉「學童學習他們所體驗的法則」的例子，提供了一個良好的準則（引自黃萬居譯，2002）：

> 如果孩子生活在批評的環境裡，他學會責難。
>
> 如果孩子生活在敵對的環境裡，他學會打架。
>
> 如果孩子生活在恐懼的環境裡，他學會擔心。
>
> 如果孩子生活在憐憫的環境裡，他學會可憐自己。
>
> 如果孩子生活在嘲笑別人的環境裡，他學會害羞。

如果孩子生活在慚愧的環境裡，他學會罪惡感。

如果孩子生活在鼓勵的環境裡，他學會自信。

如果孩子生活在讚美的環境裡，他學會忍耐。

如果孩子生活在讚美的環境裡，他學會欣賞、感激。

如果孩子生活在接納別人的環境裡，他學會愛。

如果孩子生活在贊成的環境裡，他學會愛他自己。

如果孩子生活在認知的環境裡，他學會有目標是好的。

如果孩子生活在分享的環境裡，他學會慷慨。

如果孩子生活在誠實和公平的環境裡，他學會真實和公平。

如果孩子生活在安全的環境裡，他學會信任自己和有信心。

如果孩子生活在友誼的環境裡，他學會他居住的世界是個美好的地方。

期盼學校以及科學與科技教師能提供學生正面學習科學與科技的環境，那麼孩子就學會科學方法和科學態度。

發展心智運作（psychomotor）技巧

大凡一個人的思考指導著他／她的行為。要有正確的行為，必先有正確的思考模式。Guilford（1956）所提出的智能論中，認為思考過程是一個智能的心理運作過程。自然科及生活科技的學習，能在觀察、操作中培養學生推理、分析、思考、創造、評估、批判、邏輯等思考模式，以至於對其生活情境的各種人事物，能有正確的抉擇，形成正向行為。學習科學與科技能培養思考模式的技巧。

發展有正確判斷、做決定、有責任感的公民

科學、科技之用於社會，必與公民有關。吾人不能只談科學或科技，拋社會於不顧。使用科技可能產生社會問題，或因社會需求而使用科技，均將牽連政治、經濟、法律。公民之責任就是要在社會中扮演起

6

負責任的、做正確決定的角色。透過科學與科技的學習，學習許多科學方法、思考技能、解決問題、探究問題等技巧，從而提升公民成為一個有正確判斷、做決定、有責任感的公民。科學態度更是身為一個公民所應具備的良好行為基礎，諸如客觀、合作、好奇、積極、合理質疑、求證據、願意接納不同意見、慎下斷言等，都是一位好公民在下決定之前應有的態度。什麼是下決定（decision making）？任何需要做決定的人、事、物、情境、時、地、方法等，均需要有正確判斷，例如對人的評論、做事方法、購買物品、何時獎勵、何地進行戶外教學、實驗步驟合理與否等，均有科學態度和科學方法、科學知識為基礎，引導正確的思考和正確的行為。有這些行為的表現才是一個負責的公民。

具體而言，我們要有正確的科學價值觀。此價值觀包括：(1)尋求知和了解（looking know and understand）；(2)提問（questioning）；(3)查資料及它們的意義（search data and their meaning）；(4)判斷自然環境（valuing natural environment）；(5)尊重邏輯（respect for logic）；(6)維護順序（consideration of consequence）；(7)凡事求證（demand for verification）。

對於能力、態度、情操等的培養，需要一點一滴的累積，才有成效。科學和科技的學習，經由每一節課的操作學習，自然能聚沙成塔、滴水穿石、涓水成河。在小學階段，由於科學和科技的學科性質，無疑的，能培養學生諸如各種正確的處理人事物的態度和方法、正確的抉擇、解決問題、創造思考等態度與能力。總之，學童學習科學和科技，不僅提升個人能力，對社會進步也有正面的影響。

我國的課程標準／綱要

學校教育所教授之自然及科技的內容，是經過有計畫的安排、有目的的學習內容，稱之為課程。國家最高教育行政單位訂定課程標準或課程綱要，以作為教科書編寫內容及教師教學之依據。這些標準或綱要在

頒布數年後，必然隨著社會的變遷而加以修訂；各國的課程標準亦依國情略有不同。

7

　　我國的國小科學教育，自民國三十八年遷台以來，有長足的進步。早期的課程標準訂定國小高年級有「自然」科，中低年級則併入「常識」科。民國五十年代美國進行科學教育改革已初具成效，而我國於五十七年開始實施九年義務教育，同時修訂課程標準。國小教師研習會也依據新修課程標準編寫自然實驗教材並逐年試教。教育部更根據此實驗教材，再修訂課程標準，於民國六十四年公布。此次修訂的課程標準，其教材、教法大不同於先前，使國小自然的教學步入全新階段。

　　自此，學生的學習由過去「聽課」，變成「動手做實驗」的學習方式，重視「科學方法」的學習；學生以觀察為中心，注重思考、探究、創造等單元活動的學習。此次課程的改革延續至民國八十九年國民中小學九年一貫課程暫行綱要「自然與生活科技學習領域」（教育部，2000）公布之前，曾多次小幅度修訂，原為一至六年級的自然科仍為獨立學科。九年一貫課程總綱綱要（教育部，1998）將國中小課程由小一至國三，九年一貫設計、採領域統整教學，並減少每週教學時數。該領域由國小三年級起實施教學，並將生物、物理、化學、地球科學、生活科技五科，統稱為「自然與生活科技領域」。從此，國中小的教科書亦以此為書名，不再有分科的教科書書名。此次的課程改革是一大變動。

　　民國八十九年公布「自然與生活科技學習領域」之課程暫行綱要，該綱要明述此綱要之規劃，是依據下列四項基本認識（教育部，2000）：

1. 自然與生活科技之學習應為國民教育必要的基本課程。
2. 自然與生活科技之學習應以探究和實作的方式來進行，強調手腦並用、活動導向、設計與製作兼顧及知能與態度並重。
3. 自然與生活科技之學習應該重視培養國民的科學與技術的精神及素養。
4. 自然與生活科技之學習應以學習者的活動為主體，重視開放架構和專題本位的方法。

該課程綱要明訂，國中小自然與生活科技學習領域的課程目標有六：

1. 培養探索科學的興趣與熱忱，並養成主動學習的習慣。
2. 學習科學與技術的探究方法和基本知能，並能應用所學於當前和未來的生活。
3. 培養愛護環境、珍惜資源及尊重生命的態度。
4. 培養與人溝通表達、團隊合作及和諧相處的能力。
5. 培養獨立思考、解決問題的能力，並激發開展潛能。
6. 察覺和試探人與科技的互動關係。

由此課程目標衍生出「科學與科技素養」的內涵。課程綱要將科學與科技素養，依其屬性和層次分成八項來陳述。此八要項編序分類，陳述於「自然與生活科技」學習領域之科學素養的分段能力指標，詳列於附錄中，以供參考。在設計教學活動時，宜依指標所提示的基準，於教學中達成。

1. 過程技能。
2. 科學與技術認知。
3. 科學本質。
4. 科技的發展。
5. 科學態度。
6. 思考智能。
7. 科學應用。
8. 設計與製作。

九年一貫課程綱要，除上述科學素養的能力指標（又稱分段能力指標）之外，另有「實施要點」的闡述。包括：(1)教材選編原則；(2)教學實施；(3)教學方法；(4)教學評量。詳細內容請見本書附錄。

我國九年一貫課程綱要之特色

九年一貫課程總綱和綱要內容，不同於過去使用「課程標準」之名，在內容上有大幅度的差異。以「自然與生活科技」（教育部，2003）領域為例，新課程有下列特色：

1. **能力本位的學習**：課程總目標以人為出發點，分為十個能力、三個面向，亦即「人與自我」、「人與社會」、「人與自然」，如圖 1-1，戴維揚（2001）將它歸為知己、知人和知天三面向。六十四年版的課程標準強調「探究方法能力」的培養，而八十二年版的課程標準則強調認識自然的興趣，培養關切、珍惜環境的情操等情意、態度層面的涵養，八十九年版的課程綱要則為能力導

圖 1-1　十大能力與「人與自我」、「人與社會」、「人與自然」之關係

向之目標。

2. **反學科本位的課程**（陳伯璋，1999）：「自然與生活科技」領域的教材內容包括了傳統的生物、物理、化學、地球科學、環境保護，以及生活科技和電腦，但不用上述學科名稱，統歸為一領域。由國小三年級到國中教科書均名之為「自然與生活科技」。

3. **科學素養的擴增**：舊課程標準以「科學概念」、「過程技能」和「科學態度」為科學素養之三層面，九年一貫則列了八項，其中特別要強調「思考智能」中的創造思考、批判思考、解決問題、推論思考的能力。我國教育長久以來忽視此思考智能的養成，本次課程綱要的頒布，盼能引起教育界重視這方面的能力培養。

4. **增加生活科技的教材**：過去國小的自然不包括生活科技的課程，國中才有正式的生活科技。什麼是科技教育？科技是人運用知識、創意、巧思和資源等以解決實務問題，改善生活品質的活動（李隆盛，1999）。科技與科學關係密切。認識生活中常用的科技產品、認識科技的產品、資源、系統及程序、認識與使用家用傳播、住家安全設備、設計與製作具有創意的裝置和物品及工藝創作等，是課程綱要中所訂的科技教材。

5. **增加六大議題的教材**：此六大議題為人權、生涯規劃、兩性教育、家政教育、資訊教育、環境教育等。教師應盡量搜尋可融入的題材，適當切入學習活動中。其中，以資訊和環境議題最容易融入自然與生活科技中教學。

6. **統整課程**：統整的目的就是打破學科知識體系認知的學習，讓學生所學的是生活化的、是社會議題的、是培養能力的、是多元智慧學習的。因此國中小教科書，在同一冊中均可含自然科學、生活科技與議題的教材，惟國中的統整教材仍有其困難度。

7. **學校本位**：依課程綱要「實施要點」中所示：教師可自主地選編教材及教學活動；選編教材，也應依各地區學生的需要和能力、興趣和經驗，來作適當的調節，以調適各地區、各校的特殊性。

各地教材可具歧異性，但培養之基本能力的目標則相同。

8. **彈性化的課程**：新課程有 10-15%彈性上課時間，由學校、教師自行安排學習內容。教師應先有此體認，發揮教育專業，決定彈性課程的內容。由於有彈性時數，學校本位的課程才有實施的可能。

9. **多元評量取代紙筆測驗**：教育目標的改變，評量方式一定要隨之改變。以往重視認知能力，如今強調十大能力的獲得。大部分的能力和科學素養不是只用紙筆測驗就可評量，因此形成性多元評量成為新課程之特色。

10. **多元智慧學習**：Gardner（Gardner & Shores, 1995）提出的多元智慧學習是具有前瞻性的教學理念。多元智慧除了語文和數學能力之外，音樂、體能、人際關係等傳統上不被認為是智慧的層面也包括進去，當然還包括空間、內省、自然觀察等八項，每一項都可以讓學生適性發揮。「自然與生活科技」領域最偏向於自然觀察的智慧，但不忽略兒童在其他方面的能力。新課程綱要有諸多不同於傳統課程標準之處，因此老師的教學策略、教學方法要隨之配合教育目標而有所修正。

　　九年一貫課程綱要有關「內容標準」的能力指標，包括以下各項教材（這些內容的相關背景知識，將於本書「教材篇」中詳述，以方便教師參考，以利專業教學）：

1. **生命科學**

　　(1)低年級：

　　　　◆對一種植物和動物做持續性的觀察。

　　　　◆植物的成長、特徵；動物身體形態特徵和覓食。

　　(2)中年級：

　　　　◆種植一種植物。

　　　　◆飼養一種小動物；學習改善生活環境、調節飲食，來維護牠

的健康。

◆陸生或水生動物的外形特徵、運動方式。

(3)高年級：

◆植物根、莖、葉、花、果、種子的功能。

◆植物生長的條件。

◆植物繁殖的方法。

◆動物形態及運動方式之特殊性及共通性。

◆動物行為及其在棲息地調適生活等生態。

◆動物繁殖行為。

2. **物質科學**

(1)低年級：

◆製作會動或是會出聲的玩具。

(2)中年級：

◆認識物質外表特徵及性質，包含溶解性質、磁性、導電性
等。

◆探討物質改變和溫度、水、空氣可能都有關。

◆認識水的性質與重要性。

◆光的折射、色散。

◆以電池、電線、燈泡連成通路，並以此設計玩具。

◆以空氣或水的流動等來設計玩具，並改良其缺點。

(3)高年級：

◆探討光、溫度和空氣對物質性質變化的影響。

◆製造氧及二氧化碳。

◆水溶液的導電性、酸鹼性、蒸發、擴散、脹縮、軟硬等。

◆認識促進氧化反應（燃燒、生鏽）的條件。

◆熱傳播的方式有傳導、對流、輻射；保溫或散熱的原理。

◆認識聲音高低、大小的原理；並以此原理製作玩具樂器。

◆實驗「力」使物體產生形變或運動狀態改變。

◆簡單機械如槓桿、輪軸、滑輪、皮帶、齒輪的運用。

◆實驗電磁現象，製作電磁鐵。

3. **地球科學**

　　(1)低年級：

◆觀察天氣變化。

　　(2)中年級：

◆觀察月亮東升西落和月相週期變化。

◆學習用氣溫、風向、風速、降雨量來描述氣象。

　　(3)高年級：

◆長期觀測太陽高度角的改變。

◆星星的觀察。

◆認識天氣圖上的高、低氣壓線、鋒面和颱風的興衰。

◆水與溫度的關係影響霜、露、雲、雨、雪的形成。

4. **科技、設計與製作**

　　(1)低年級：

◆認識與使用日常用品（含傳播設備、交通工具、安全設備）。

　　(2)中年級：

◆認識傳播設備，如錄音、錄影設備等。

◆認識運輸能源和運輸工具。

　　(3)高年級：

◆認識日常用品的製造材料，如木材、金屬、塑膠。

◆認識房屋的結構與材料。

◆認識電腦主機及周邊設備和其材料。

外國科學教育課程標準

了解我國的課程綱要之後，也應略知其他主要國家的課程內容，茲扼要列舉數國之課程標準，以供讀者參閱。

美國國家科學教育課程標準

美國的科學教育課程標準直到一九九六年之前，均無國家的課程標準，美國科學教學研究學會（National Association of Research on Science Teaching）集合了科學教師、科教學者、教育行政人員、政府官員、科學家、督學、教科書作者、工商界代表、議員、家長等數百人的「發展小組」研發而成。該「標準」界定於與科學教育有關的、而不只是課程標準而已，試用的範圍由 K-12 年級。由聯邦政府支持於一九八九年初步成立至一九九三年初稿完成，於一九九六年出版之 *National Standards for Science Education*。內容有八章，除了引言、定義兩章之外，包括了：「教學標準」、「專業發展標準」、「評量標準」、「內容標準」、「科學教育計畫（Science Education Program）標準」及「科學教育系統標準」六章。

不同於我國的課程標準，它以極多篇幅列有教學、未來發展、評量、科學教育計畫及科學教育系統標準。不但要求學科內容，亦要求教師的教學能力標準；而此部分是我國課程綱要中所缺的，故明列如下，以供參閱比較。

此教學能力的標準包括：

1. 設計探究式教學的能力

    (1)發展一年或短期目標架構。

    (2)選擇適當內容編成教材，以符合學生的興趣、知識、理解能力、經驗。

    (3)選擇適當教學及評量方法，並且能支持學生理解的發展和社群

的發展。

　　(4)和不同年級之不同學科或相同學科的教師共事。

2. **指導學習過程的能力**

　　(1)教師與學生互動時能專注並支持探究活動。

　　(2)維持學生對於科學觀點的討論。

　　(3)挑戰學生在他們學習時能接受並分享責任。

　　(4)認識學生，對所有學生都要鼓勵。

　　(5)對於科學探究的技巧要鼓勵並完成模式化。

3. **多元評量的能力**

　　(1)使用不同方法，有系統地收集有關學生了解的情形和學生能力
　　　的資料。

　　(2)分析評量的資料，以便指引教學。

　　(3)指導學生自我評鑑。

　　(4)使用學生的資料、教學觀察，和學生互動以增進教學能力。

　　(5)使用學生資料、教學觀察，和學生互動以記錄學生的學習成
　　　效，並找機會學習在學生、教師、家長、行政各方面的應付能
　　　力。

4. **發展一個可供學生學科學的時空和資源**

　　(1)安排學生能參與延伸的研究。

　　(2)創造一個可讓學生進行探究活動的情境。

　　(3)維護學生工作環境的安全。

　　(4)收集工具、材料、媒體、技術資源給學生用。

　　(5)選用校外的資源。

　　(6)鼓勵學生參與設計學習的環境。

5. **使科學學習者社群（science learner community）具有創造力的能
　　力**

　　(1)展示並加以尊重所有學生不同的觀念、技能、經驗。

　　(2)使學生在內容上和工作架構上做重要的決定，要求學生對其他

　學習成員要負責。

(3)使學生能合作。

(4)主導、協助學生做有關科學上的正式和非正式討論。

(5)將科學技能、態度及探究科學價值加以模式化，並加以強化。

6. **設計和發展科學教育計畫的能力**

(1)設計並發展學校科學計畫。

(2)參與決定有關科學計畫之資源時間安排。

(3)全力參與專業成長的計畫及應用，與同事共同設計自我成長的策略。

在「核心學科內容」方面（學科內容是學生學習教材的重點）：

k-4 年級的內容標準項目有：

1. **物質科學**：(1)物質的性質；(2)物體的位置和運動；(3)光、熱、電、磁。

2. **生命科學**：(1)生物的性質；(2)生物的生命史；(3)生物與環境。

3. **地球科學**：(1)地球物質的性質；(2)天空中的球體；(3)天空及地球的改變。

4. **科技**：(1)分辨天然及人造物；(2)工技設計；(3)了解科學及技術。

5-8 年級的內容標準項目有：

1. **物質科學和生命科學方面**：物質的性質和物質性質的變化：(1)運動與力；(2)能量傳遞；(3)生命系統的結構和功能；(4)繁殖和遺傳；(5)調節和行為；(6)族群和生態系；(7)生命體的多樣化和適應變化。

2. **地球科學和科技方面**：(1)地球的系統和結構；(2)地球的歷史；(3)太陽系中的地球；(4)進行科技設計的能力；(5)對科學與科技的理解力。

中國大陸的科學課程標準

　　中國大陸近年亦進行課程標準的修訂（中國教育部，2001）。在國小自然科方面，中、高年級獨立設科，有「全日制義務教育三至六年級課程標準」的訂定。此標準有前言、基本理念、實施建議（如教學建議、評量建議、資源的開發與利用、教材編寫等），重點是「內容標準」；內容標準亦即學科內容的教材項目。

　　教材項目包括了：(1)科學過程與方法；(2)科學情感態度與價值觀；(3)生命世界；(4)物質世界；(5)地球與宇宙五大項。每一大項又再分一些次項目。每一次項目下，又列有二至八條細目。茲略述如後：

1. **科學過程與方法：此過程與方法名之為「科學探究」**

　　(1)提出科學。

　　(2)猜想與假設。

　　(3)制定計畫。

　　(4)觀察、實驗、製作。

　　(5)收集、整理資料。

　　(6)思考與結論。

　　(7)表達與溝通。

2. **科學情感態度與價值觀**

　　(1)在「對科學學習」的態度上，包括了好奇、大膽假設、合作與溝通、重視證據、堅持。

　　(2)在「對科學」的態度上，包括了相信科學是不斷發展的、不迷信權威。

　　(3)在「對自然」的態度上，能珍愛生命、與自然和諧相處、欣賞自然之美等。

　　(4)對 STS（science, technology, society）方面，願意用科學改善生活、關注與社會有關的社會議題、科學對社會的貢獻。

3. **生命世界**

(1)生物多樣性，如常見的動植物。

(2)生命共通性，如生命週期、繁殖、構造功能、基本需求、遺傳
等。

(3)健康生活，如生理、生長、發育、良好生活習慣。

(4)生物與環境，如生物的適應、進化等。

4. **物質世界**

(1)物體與物質，包括性質、用途、變化。

(2)運動能力，包括位置與運動、常見的力、簡單機械。

(3)能量，包括光、聲、熱、電路、磁、轉換。

5. **地球與宇宙**

(1)地球概貌與物質。

(2)地球的運動及其變化，如晝夜、天氣、地表、四季等。

(3)星體，如太陽、月球、太陽系、銀河等。

在教法上規定用探究教學法，並應用豐富多彩的親身經歷活動來充
實教學過程。鼓勵教師用戶外教學、彈性原則、多使用各方資源、允許
開放性的答案、多使用教學科技來輔助教學等。有關評量的建議也鼓勵
多元的評量，對新知識、技能、態度的評量要均衡。

德國的課程標準

德國基礎學校的課程標準，大致上可以區分為各邦的教育課程標準
與各級學校的課程計畫。各邦所訂定的教育課程標準，通常分為總則篇
與教科篇兩部分，總則篇規定學校教育的課題與目的、教育的基本方針
與原則、教學科目與學習領域的時間表、教材結構上的重點或應注意事
項等；教科篇規定教學科目與學習領域的課題與目標、學習內容與各學
年的教材分配、教學重點等。

德國的圖林根邦文教部於一九九九年公布基礎學校的課程目標，其

中詳列基礎學校中各科目的課程目標，「實用課程」（相當於我國國小的常識科）科目的課程標準，在課程目標中有四個主題軸（Thüringen Kultusministerium, 1999；引自林雅卿，2004）：

1. 體驗、了解環境（Umwelt erfahren, verstehen und gestalten）。
2. 在時間與空間中確定方向（Sich in raum und zeit orientieren）。
3. 在團體生活中找尋自我（Sich selbst finden-in gemeinschatfen leben）。
4. 運用語言、媒體與資訊技術（Mit sprache, medien und informationstechniken umgehen）。

這些主題軸需與自由權的教育、寬容與和平、環境教育、健康教育、運用媒體與資訊技術、選擇職業的準備與交通教育等方面的議題統整設計教學。另外，在基礎學校教育中，也期望透過教學可以發展出學生的能力，在課程目標中提及學童四種能力的發展（引自林雅卿，2004）：

1. 事物能力（Sachkompetenz）
   事物能力是指知識的獲得與應用的能力，學童在基礎學校獲得的知識，必須要能應用才會有價值。在自然環境方面，要求學童在日常生活當中，發展自己對自然及環境維護的理解與處理能力。

2. 方法能力（Methodenkompetenz）
   方法能力是學習的重點，包含發展學習策略與工作技術的能力。類如我國的科學方法，有：比較與區別、抽象與具體、分類、普遍化、執行後的理解、列入大架構中、批判的傾聽與解釋等項。

3. 自我能力（Selbstkompetenz）
   自我能力包括了解與評價個人的優缺點能力、承擔責任與適當處理事情的能力。對於學生的主動學習與工作態度來說，獨立、正確、投入、堅持、完成工作的意願、自我控制等能力，均為應培養的項目。

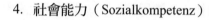

4. 社會能力（Sozialkompetenz）

社會能力包括一同學習、工作、生活與責任之處理的能力。學生必須要有組織團體、重視且遵守說話規則、互相幫助與提供建議等社會能力。

由不同國家課程標準所呈現的課程內容，可見科學和科技學習的重要性。尤其現今二十一世紀是科技的世紀，學習科學和科技實不可或缺。讀者亦可比較國內外的科學和科技的課程標準內容，增進國際理解。

第 2 章

科學素養與科學本質

近代科學文明的進步，使人們在日常生活中所接觸的環境離不開科學，例如使用的物品、科學和社會議題、思考的方式，在在都與科學有關。一般民眾在此科技社會中所具備之相關知能，通稱為「科學素養」（science literacy）；而具備科學素養的公民，也必了解科學本質。

科學素養

美國在一九七○年代以前的科學課程內容較艱難，是為培育少數精英而寫的教材。因此課程改革呼聲興起，而開始提出科學素養和全民科學的主張。

美國科學教師協會（National Science Teachers Association）在一九七○年代所提出的科學素養內容具體項目，雖偏情意，但似乎更具體、易懂。該協會提出有科學素養的人應該：

1. 當他與他人交往時，能應用適當的科學概念、過程技能和價值觀來做決定。
2. 他了解科學知識的產生，有賴於經由探討過程而得的經驗與概念理論。
3. 他能區別科學證據與個人意見的不同。
4. 他能驗證事實與理論的關係。

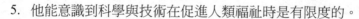
5. 他能意識到科學與技術在促進人類福祉時是有限度的。

6. 他了解科學技術與社會的其他部分間的關係，包括社會與經濟發展。

7. 他認知科學是人類所創造，是為人類的福祉而存在的，並了解科學知識的暫時性，一旦證據足夠，它仍會改變。

8. 他有充分的知識與經驗，可讚賞他人的科學工作。

9. 由於他所受的科學教育，因而對世界具有較開闊與樂觀的看法。

10. 他能採用合乎科學的價值觀念，所以他能使用和享受科學所帶來的益處。

11. 在他的一生，會繼續去探討和增加他的科學知識。

「二○六一」計畫（參閱：http://project2061.aaas.org/about/index.html）為美國科學促進會（American Assoication for the Advancement of Science, AAAS）從一九八五年開始所主導，提出橫跨二十世紀到二十一世紀中葉為止的科學教育革新計畫。整個計畫都以培養美國中小學生的科學素養，並依照年級的增加，提升科學素養為始終。美國科學促進會對於二十一世紀所需的科學素養提出其定義：科學素養的範圍應包含數學和技術、自然科學和社會科學，包括：

1. 熟悉自然世界並尊重自然。

2. 能覺知數學、科技、科學學門之間互為依存的特性。

3. 了解科學中的重要概念及原理。

4. 具備科學的思考方法。

5. 知道科學、數學、技術是人類投資的一種事業，也了解它們一方面所隱含的能力，另一方面它的能力是有限的。

6. 能應用科學知識及思考方式於個人及社會目的。

而美國《國家科學教育標準》（*National Science Education Standard*）（National Research Council, 1996）也將科學素養定義為：

科學素養是個人從事決策、參與公民及文化事務，以及經濟生產活動中，所須具備的科學概念與過程之相關知識與理解；也包含對物質科學、生命科學、地球科學等領域學科內容的理解；同時，個人亦須理解科學的本質、科學社群的活動，以及科學、社會與個人生活間的角色。此意謂著一個人能夠發問、發現或決定問題的解答，這些問題源於個人對於日常生活事物的好奇。具有科學素養的個人能描述、解釋及預測自然現象。他（她）能閱讀一般報章中與科學相關的報導，並能與他人就科學性的議題從事溝通，且獲致有效的結論。科學素養隨著個人的年齡逐步發展，並非僅侷限於學齡階段。

我國「國民中小學九年一貫課程暫行綱要」（教育部，2000）於民國八十九年十二月頒布（2003 年已刪除「暫行」兩字，修訂並正式公布）。在其中的「自然與生活科技」學習領域，明定「提升國民科學素養」為科學教育的首要目標。該綱要也將素養定義為：「蘊涵於內即為知識、見解與觀念，表現於外即為能力、技術與態度。」更清楚來說，經由科學性的探究活動，自然科學的學習使學生獲得相關的知識與技能。同時，也由於經常依照科學方法從事探索與論證，養成科學思考的習慣和運用科學知識與技能以解決問題的能力。在面對問題、處理問題時，持以好奇與積極的探討、了解和合理解決的態度，我們統稱以上的各種知識、見解、能力與態度為「科學素養」。自然科學的學習，在於提升國民的科學素養。

一般而言，具有科學素養的人應具備的條件：

1. 要了解科學的本質。
2. 具有科學素養的人，能確實應用適當的科學概念、原理、原則及理論於他所處的環境中。
3. 具有科學素養的人，能運用科學過程，以解決問題，作正確抉擇及拓展自己對環境的了解。
4. 具有科學素養的人，對自己所處環境中各方面的交互作用，能符合科學的價值標準。

5. 具有科學素養的人，了解並鑑賞科學與技術的領域、它們二者之間互為影響關係，及其與社會各方面的緊密關係。

6. 具有科學素養的人，對環境有更寬宏、更滿足及欣賞的觀點。

7. 具有科學素養的人，對科學與技術方面，有興趣繼續不斷地發展出無數的操作技巧。

　　這個定義是就科學的本質、科學概念、科學過程、價值標準、科學與社會、興趣、技巧等七方面來敘述。這些科學素養不一定在一進學校就要學生完全具備，而從較簡單的部分逐年培養，依照年齡的增加，由小學、中學、大學順序提升其科學素養，終身學習以達到理想的地步。

　　由上述所列各種不同定義，吾人可簡單定義為「一般大眾對科學相關事物所需了解的程度」或「對科學及有關科學的應用有所了解」。科學素養是針對一般大眾而非科學家；「素養」（literacy）不是「專業」（professional）。對於中小學教育而言，科學教育是培養國民素養，但在大學是培養專業人才。培養全民科學素養的理想，過去、目前和未來都是引導科學教育的標的。

科學本質

　　上述科學素養的定義之一是了解科學本質（the nature of science），讀者應了解什麼是科學本質。許多學者的定義略有出入。美國在一九八九年所出版的《全民科學》（*Science for All American*）一書中，將科學本質分成三個領域，並指出各領域所必須了解的內涵：

1. **科學世界觀**（scientific world view）

　　(1)自然界是可理解的。

　　(2)科學知識是可改變的。

　　(3)科學知識並非很容易就可推翻。

　　(4)科學並非萬靈丹能解決所有問題。

2. **科學探究**（scientific inquiry）

(1)證據對科學而言是重要的。

(2)科學是邏輯與想像的合成體。

(3)科學知識除了能說明自然界的現象，也具有預測的功能。

(4)科學家會試著驗證理論及盡量避免誤差。

(5)既定的科學知識並不具有永久的權威地位，常態科學會影響科學的研究方向，但必要時仍會產生科學革命。

3. **科學事業**（scientific enterprise）

(1)科學是許多不同科學領域的集合。

(2)科學的事業由許多機構來進行，例如大學、工業界、政府。

(3)各種領域的科學家在世界各地活動。

(4)科學活動受到社會價值觀的影響。

(5)科學知識因資訊傳播發達而促使科學的進步。

(6)從事科學必須考慮倫理的原則。

(7)科學家兼具有科學專業及公民的身分，科學家利用科學思考的特性來解決公眾事務。

　　美國在其《國家科學教育標準》（*National Science Education Standard*）中（National Research Council, 1996），有一章談及科學本質，列舉如下：

1. 世界經由細心、有系統的研究，是可以被了解的。

2. 科學知識會改變，不是永久不變的。

3. 科學知識是長久的。

4. 科學不能對所有的問題提供完整的解答。

5. 科學需要證據。

6. 科學是邏輯和想像的混合。

7. 科學可以解釋現象，也可以預測現象。

8. 科學家嘗試說明，但需避免成見。

9. 科學不是權威。

10. 科學是一個複雜的社會活動。

11. 科學是可以組織成知識體系，並在各種機構中運作。

12. 科學在運作時有其倫理性。

13. 科學家參與公共議題時是專家兼公民角色。

國內學者洪振方將科學本質歸納出下列幾點（洪振方，2001）：

1. 科學知識雖是長久的，但也不一定是絕不可改變的。

2. 科學知識的形成依賴觀察、實驗證據、合理論證以及懷疑的態度。

3. 從事科學研究在不同條件下有不同結果，沒有絕對應遵守的科學方法。

4. 科學是發現自然、解釋自然。

5. 定律和理論在科學活動中扮演不同的角色，理論很難變成定律。

6. 不同社會文化的人對於科學都有貢獻。

7. 新的知識必須作清楚的記錄和公開發表。

8. 新知識可以重新被實驗考驗。

9. 觀察的進行是由觀察者心中的理論指引的。

10. 科學家解釋自然常加入個人的想像力和創造力。

11. 科學史顯示出科學的發展過程由長期演化而成的，也有短時間內推翻舊的、建立新的。

12. 科學屬於社會與文化傳統的一部分。

13. 科學與技術的發展會相互衝擊、影響。

14. 科學的構思受其社會與歷史環境所影響。

有些學者分項來定義科學本質，如以科學知識上、科學整體、科學方法、科學理論、科學定律、科學家的角色來區分，並以知識論派別為出發點來區別不同觀點。表 2-1 為丁嘉琦（1999）整理之不同科學哲學

觀點對科學本質的區隔。

表 2-1　科學哲學各派別對科學本質的科學哲學觀點

科學本質範疇		派　　別		
		邏輯實證／經驗主義	否證主義	科學歷史主義
科學知識	來源	來自感官經驗的事實	發現問題後，所提出的嘗試性解答	「異常」導致危機，引發科學革命
	檢驗	在於實證	在於否證	不同的典範有不同的檢驗標準
	地位成長	不變的真理線性方式累積	暫時的不斷地進化	暫時的經由科學革命
科學整體	目的	發現真理	逼近真理	找出更多符合理論的事實
	影響	不受社會、經濟、歷史等因素的影響	科學與社會是相互影響的	科學與社會是相互影響的
科學方法	單一方式	有一基本方法歸納法是行程知識理論的基本方法	有一基本方法假設——演繹法是用來檢驗（否證）理論的	無固定的方法由典範與科學社群共同決定
科學理論	目的	經觀察、歸納得到結果	解釋所觀察到的現象	解釋所觀察到的現象
	形成	歸納一般法則（被發現的）	想像力與創造（被創造的）	科學社群認同（被創造的）
	觀察	觀察是理論形成的基礎	觀察是為了印證觀察者心中的揣測	觀察是理論蘊含的
	地位	描述真實世界是絕對的真理	描述真實世界只能接近真理	是暫時性，成為典範後，是一切活動依據
科學定律	來源	直接發現於自然界	被發明來解釋世界	被發明後經由科學社群認同
	地位	已被證實的理論	解釋自然的最佳方式	解釋自然的最佳方式
科學家的角色	態度	絕對客觀中立	懷疑、批判	信服典範
	任務	發現自然界已存在的真理	發現理論盡量逼近真理	依據典範發明知識、理論，以解決問題

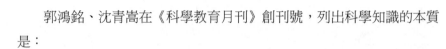

郭鴻銘、沈青嵩在《科學教育月刊》創刊號，列出科學知識的本質是：

1. 暫時性的──科學知識具可變性，不必符合絕對和終極的真理要旨。這種特性在具有科學素養的人眼裡，不會降低知識的價值。

2. 公眾性的──知識是其他人面對相同事件時，具有相同結論所得的。

3. 複製性的──在相同情況下，無論是時、空、人的改變，至少在理論上，可得相同結果的。

4. 機率性的──應用在實際情形時，科學的預測與解釋應不是絕對而具有機率的。

5. 人文性的──知識本身是由文化產生的概念而形成的。

6. 歷史性的──過去的科學知識是今日知識的基礎，是站在歷史上承先啟後的地位，而不是今日知識的累贅。

7. 唯一性的──科學知識是數種意義領域中之一種，或是人類已發展成功的理解方法中之一種。

8. 合一性的──由科學知識歸納出的概念體系，對各專門科學來講都能適用的。各專門科學只是有程度上的差異，而沒有基本上的不同。

9. 可驗證性的──科學知識是以觀察、實驗為基礎而獲得的。

九年一貫課程綱要中所列的八項科學素養中，有一項是要求學生對科學本質的了解（詳見附錄），歸納其科學本質有：

1. 科學是可觀察的（3-1-0-1；3-1-0-2；3-4-0-2）。

2. 科學是可經過驗證或實驗查核的（3-2-0-1；3-3-0-1；3-3-0-3；3-4-0-1）。

3. 科學是可以複製的，只要條件相同（3-2-0-2）。

4. 科學是邏輯的，有因果關係的（3-2-0-2；3-4-0-3；3-4-0-5）。

5. 科學有時是無法採證的（3-2-0-2）。

6. 科學不是永久不變的（3-3-0-4；3-3-0-5；3-4-0-4）。

7. 科學是有其規律性的（3-4-0-6）。

8. 科學是一種嚴謹探究的過程，是確實記錄的累積（3-4-0-7；3-4-0-8）。

　　本章所引述的各種科學素養和科學本質的定義，繁簡有異，均無矛盾之處，讀者可一窺全貌。學生透過科學學習，體驗科學本質，提升科學素養，終致成為有素養的國民，這是國民教育的目標。

第**3**章

科學過程技能

　　所謂科學過程技能就是「科學方法」。科學活動的探究都有一定的方法和步驟。早期的科學家之所以能累積科學知識，都有一定的科學方法、步驟，去進行發現自然和解釋自然。所以，科學方法可以說是科學家使用的方法，也可以說在科學家的身上都可以看到這些技能；學習者也能照著這些方法、步驟去進行科學活動。科學方法不只是在自然與生活科技中表現其特性，也可以應用在其他事物之處理上。過程技能基本上是一種能力，有此能力，則知如何處理問題。因此，它對於學習者而言是非常重要的學習；在小學階段，甚至比學科知識的獲得更重要。

　　最先強調過程技能培養的國小自然課程，應屬於美國科學促進協會於一九六〇年代設計的 SAPA（*Science-A Process Approach*）教科書。它由幼稚園至小學六年級（K-6）的教材作整體全盤的規劃，強調科學教育應當培養兒童熟練科學研究的方法、技巧和建立科學的態度，以便養成能夠獨立思考以適應「科技導向」的未來社會生活的公民。其課程特質有：⑴重視探究導向（inquiry-oriented）的小學科學教材；⑵依高度結構順序發展出一套科學過程的技巧，分為基本過程和統整過程兩大類；及⑶課程設計受蓋聶氏（Robert Gagńe）的「層階」的學習理論之影響。

傳統的過程技能項目

科學過程分為基本過程技巧及統整過程技巧;幼稚園至小學三年級的科學課程應該培養下列八種基本過程技能:

1. 觀察(observing)
2. 分類(classifying)
3. 應用時間空間之關係(using spacing/time relations)
4. 應用數字(using numbers)
5. 傳達(communicating)
6. 測量(measuring)
7. 預測(predicting)
8. 推理(inferring)

至於小學四年級至六年級則培養下列五種過程技能:

1. 形成假設(formulating hypotheses)
2. 鑑認變因(indentifying variables)
3. 解釋資料(interpreting data)
4. 下操作型定義(defining opeartionally)
5. 實驗(experimenting)

這十三種科學方法中的應用時空、下操作型定義、解釋資料,在國小課程中融入其他技能教學,份量少,但其他的十種過程技能則極重要。更由於資訊科技、網路發達,以及九年一貫是以「資訊教育」融入各科教學,因此,利用網路收集資料、整理資料,亦為重要的科學方法。

觀 察

　　觀察包括了五官的運用，如眼睛看的視覺、耳的聽覺、手的觸覺、口嘗的味覺、鼻子聞的嗅覺，均為觀察。一般的想法，觀察是用「眼看」，而忽略了其他的感官。視覺的觀察是最直接、快速、有效，但當「看」仍沒有結果時，就必須用其他感官了。例如有兩種透明無色液體，用眼看分辨不出何為水、何為酒精，用鼻子聞，便可分辨。再如，兩個信封中分別裝物品，當用眼睛看不出為何物時，可用手觸摸信封外或搖一搖聽聽看。至於口嘗的觀察方法，一定要在老師允許下才可進行。

　　人類的五官能力有限，因此，可以藉助儀器來觀察，如顯微鏡、放大鏡、望遠鏡、電器儀表的利用。觀察是所有科學方法中最基本而必須的，任何科學活動的開始，均由正確而細心的觀察為起始。有了觀察，才有其他的科學方法繼續發展。

分 類

　　分類的功能是把雜亂無章的物體或概念，依照其共同的屬性分成數類，以簡化概念。這樣有助於學生的學習、簡化學習的過程。分類方法是極有用的一種學習方法。小學階段，需能學得一級、二級分類之基本方法，高年級更可學習三級分類。一級分類是把欲分類之物體或概念，以一個基準來分成二種以上類別。二級分類是指，以一級分類完之類別，以另一基準再分成二種以上之類別。以水果分類為例（圖3-1）：

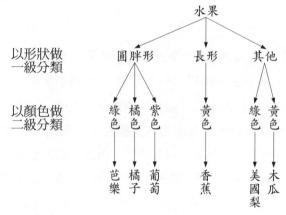

圖 3-1　水果分類圖

　　分類教學時，應讓學生自訂基準，而不要替學生訂好基準。例如：「把書包內的東西分成三堆」的問題，比「把書包內的東西分成紙的、塑膠的、其他的三堆」的問題佳。前者是令學生思考分類基準，後者是教師替學生訂基準。訂基準時應注意二個要件：

1. **基準要明確**。例如「將全班同學長頭髮分一堆，短頭髮分一堆」。怎樣是長髮？怎樣是短髮？亦即「形容詞」不適合做基準。

2. **基準要能涵蓋所有被分類的對象**。例如「班上住台北市的分一堆，住台北縣的分一堆，住宜蘭的分一堆」，此分類沒有包括非上述三地的人。

　　生物分類常用二分法。所謂二分法是「基準A和非基準A」的分類，例如「有翅的和沒有翅的」、「四隻腳和非四隻腳的」，這樣符合上述二個要件。二分法的分類是方便訂出生物分類檢索表。老師可用遊戲方式來練習分類，讓小朋友猜老師心中想的一種物體是什麼。遊戲開始時，教師心中想「車子」，然後說：「我心中想一種東西，我都不暗示，但你們可以把全世界的東西，先分成兩大類，然後說出你猜的是哪

一類，我只告訴你『是』或『不是』，最後你會猜出來。」學生可能說：「是活的？」，師答：「不是」；「不是生物？」，師答：「是」；「是可以用的？」，師答：「是」；「要用電的？」「是」「……」。如此的對話，很明顯地可培養學生把物體一分為二，再分為二的能力。在學分類時，學童同時在學習找出分類的基準之能力。

量　化

　　傳統的過程技能項目中之應用數字及測量，可併為「量化」一項。用數字來描述某些觀察所得的結果更客觀、精準。數字是最客觀的語言，數字不含主觀的評語及個人的意見，卻能表達最正確的物理世界。例如，一張「大桌子」，所謂「大桌子」，到底有多大呢？對經理而言，2 公尺×1.5 公尺的桌面不算大，但對於學生而言是「大」桌子。較為科學的描述方法是把「大」桌子量化成數字。再如，描述某人「很聰明」，不若以智商來描述較為客觀，甲生 IQ140 比乙生 IQ120 聰明。小學階段訓練小朋友應用數字的科學方法，使他／她具有客觀的科學態度。

　　再者，許多物理現象需使用測量來表示其現象，測量包括距離、重量、時間、速度、頻率、長度、方向等的測量比較，而這些測量則需使用數字。測量的結果必須有比較的後續活動，學生由比較中了解事物現象間的關係。大多數的觀察常包含某種數量測計，使重複觀察、證驗和解說較為容易，因為將觀察結果數量化或半數量化，比僅藉語言文字描述結果較明確。

　　量化也包括了時間和空間的應用。國小自然課程中，有些教材在觀察時，需注意某一段時間和某個空間的變因關係。因此，兒童在觀察之後，應有時間、空間、形狀、距離等的一些物理特性概念。時間和空間關係的例子如：某物體在三分鐘移動多少公尺；或線香在二分鐘、五分鐘、八分鐘時各燃燒多少公分；太陽的影子長短和時間的關係；長的鐘擺擺動速度比短的慢；用坐標定出某一物體之位置等，均為應用時間和

空間的關係，這些都需要用數字來表示。培養學生量化的習慣和能力，是科學方法中非常重要的一項。

傳　達

傳達不僅是科學的方法，也是人類交互活動必不可少的手段，正如九年一貫課程綱要所揭櫫之「人與社會」的基本能力。清晰、精確而公正的傳達是任何活動所必需的，也是一切科學工作的基礎。科學家、教育學家及一般人，常使用語言、文字、圖表、線圖、數學及各種視聽演示，來傳達資料。藉這種表達使觀察公開，得以溝通，得以被檢證，並利於研究者面對所發現現象間的關係，以便進一步預測和推論。

如何培養學生傳達的科學方法呢？教師常以問題問學生，讓學生回答，訓練其合宜、有組織、有條理的口語表達；教師也多讓小組討論，在小組討論中，可以接受與他不同意見者的意見，別人說得有道理、有依據時，也應改變自己的想法。

除了口語表達之外，還應該培養學生文字敘述的表達。例如用文字紀錄寫一份簡短報告、精簡網路上下載的龐大資料成為一頁精簡的書面報告，都可以培養學生的文字傳達能力。此外，圖片、照片、錄音都是傳達的媒介，適當的使用也很重要。學習單對學生而言，是最直接培養傳達能力的第一步；記錄實驗結果、觀察現象、闡述正確科學概念及方法都是必要的傳達，甚至能把文字資料轉換成圖表，也是一種傳達。

推　理

推理包括：(1)因果關係的推理；(2)演繹的推理；(3)歸納的推理；(4)複雜的邏輯思考推理。推理對於自然科學的學習是非常重要的。許多自然現象可由推理來獲得答案。對於低年級學生或雖為高年級，但較抽象、難解的自然現象，就需要透過因果關係的推理來解釋。所以，推理是任何一個年級都必須培養的。須特別注意的是，因果關係的推理要由已呈現的結果（包括觀察到的現象）去推想造成這種結果的原因為何。

因此，推理是將結果做解釋、思考、邏輯分析。是故，推理和觀察是並行的，觀察應包括推理，推理包括理性的思考。

在「電路板的推理」教材中，當學生完成了一系列的電路板操作使燈發亮、並加以記錄之後，根據這些觀察的結果，再請學生去思考、解釋造成這些燈亮之原因為何，亦即電路板內電線連接的形式為何，這就是推理。再舉一例：假設某生觀察到一株種在盆栽內的植物突然死了，經過仔細的觀察，他發現花盆上有雞骨、有青菜等食物殘渣，該生根據所看到的現象，他「推理」植物之所以突然死亡，是因為有人將吃剩的菜肉湯倒在盆內，而該湯含有很多鹽分，因此植物死了。推理的結果不一定是正確可靠的，推理出的原因也可能有很多項；欲知正確的原因推理，必須經過驗證才能成立，但並非一定要驗證（驗證的步驟是在統整的科學方法中去完成）；在教學上讓學生發表想法即可。

低年級可著重因果關係的推理；中高年級，除了因果關係之推理外，應有演繹、歸納的推理訓練。例如從個別動物中，找出其共同具有的特徵，而歸納出牠們是哺乳動物；或反之，由於知道哺乳動物的共同特徵，而能舉例個別哺乳動物的特徵。科學知識的產生，有些是演繹推理、有些是歸納推理而成的，故推理能力的培養不可缺。

預　測

國小自然的預測，是指根據觀察到的或現有的資料，來預測未被觀察到或未發生的事。預測是有根據的，它不似算命先生的猜測，也不是隨意猜想，猜測是沒有根據的。例如甲：「你猜猜看我口袋有多少錢？」乙的回答可能有兩種情形：一為他隨便說「三百元」，一為他根據甲人每天都帶三百元在口袋中的經驗（是一種原因、一種資料），來預測他今天口袋中有三百元。前者情形是猜測，後者為預測。是故，預測是科學的、有根據的。再如，小朋友對於下星期的天氣大都是「猜測」，而氣象台人員則為「預測」。

小學自然中的預測亦包含了繪製圖表中的「外推法」和「內推法」

預測。例如，某工廠於一九八五年成立，每年的產品數量都呈現增加的情形。由圖 3-2 的曲線圖中，學生應能預測出二○一○年和二○一五年生產量大約各為多少件數。

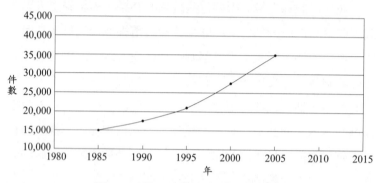

圖 3-2　某工廠每年的產量曲線圖

　　依圖 3-2 已知的資料（原因），可預測二○一○年約有 40,000 件的產量，二○一五年（延伸出去）約有 48,000 件的產量（結果），是為外推法；而由該曲線圖亦可找出一九九三年和二○○三年各約有 20,500 件和 32,000 件，是為內推法的預測。

　　以小學生而言，預測大都是在有規律性的資料下才能進行。例如，月相的變化、一年中太陽高度角的變化等都可以預測。但預測不一定準確，尤其是社會問題，需要驗證或事實發生時才能證明預測是否準確。社會議題不準是因為影響事實的因素太多，無法掌握；而自然現象較能準確預測。例如，如果你測到今天的日出為早晨六點正，你可預測明天早晨的日出也在六點左右。如果你很仔細地把今年一年內每天日出及日落的時間記錄下來，那麼你就可預測明年任何一天的日出及日落的時間，因為一年 365 天的日出、日落是一定的。

形成假設

　　觀察自然現象之後，根據所觀察的結果，先做推理，根據推理可形

成假設。觀察的結果是必要條件，沒有根據觀察的結果提出的所謂的假設，就不是假設了；例如，我隨口而出假設「衣服都會發霉」。但若觀察到衣服放在皮箱中，天氣濕熱經過一個月，打開後發現長霉了，那麼可以提出假設：「衣服在濕熱、陰暗處容易發霉。」再如學生操弄擺長和單位時間擺動次數的情形後，發現擺長較長的和較短的，每分鐘擺動次數不同，提出的假設為：「擺長愈長，每分鐘擺動的次數愈少。」

假設只是暫時的解釋，需要經過實驗驗證才能獲得正確的結果。形成假設是科學實驗必須的步驟，亦為科學方法中很重要的一種方法。欲形成假設之前，必須有觀察，觀察之後，才有資料數據，根據資料數據才可以提出合理的假設。

假設的敘述，通常是肯定句的敘述，而且可以有多個假設。例如，兒童沒有植物向光性的知識之前，觀察窗邊植物都長出窗外，他們可能提出的推理和假設可能是：

1. 推理：<u>因為</u>植物喜歡有風的地方，<u>所以</u>向外長出去。
   假設：<u>風會影響植物的生長方向</u>；或<u>植物有向風性</u>。
2. 推理：<u>因為</u>植物喜歡有陽光的地方，<u>所以</u>都向窗外長出去。
   假設：<u>光會影響植物的生長方向</u>；或<u>植物有向光性</u>。
3. 推理：<u>因為</u>植物不喜歡室內人太多、CO_2 太多，<u>所以</u>向外長出去。
   假設：室內 CO_2 會阻礙植物生長，植物有背向 CO_2 的特性。

設計變因

科學家研究科學，必先有觀察，再提出推理、形成假設。提出假設後必須要驗證自己的假設。如何驗證呢？先設計「操縱變因」來進行實驗。如「植物長出窗外」之例，各有不同的假設，要設計不同的操縱變因來實驗驗證，以檢視假設是否成立。小學最常做的實驗，均屬於「比較性」的實驗。例如不同長度擺長，擺速有何不同？不同溫度之下，植物蒸散速度為何？不同時辰，日影長短有何不同？坡度愈高，是否滑下

的速度愈大？這類比較性的實驗，均應設定不同的「操縱變因」，而「不變的變因」則維持一樣。例如「植物蒸散水分的速度和溫度的關係」之實驗中，設定各種不同溫度的研究是「操縱變因」，而其他「不變的變因」，包括一樣的植物、一樣多的葉子、容器內的水分一樣多、植株放置的地點、時間一樣等；而所表現出的植物蒸散水分之速度，就是因變變因（結果）。

茲再舉二例，呈現假設與變因設計的陳述：

例一：窗邊的盆栽彎向窗外長出去

假設一：風會影響植物的生長方向。

- ◆ 操縱變因是：在植物的一側佈置有風、無風的環境。
- ◆ 不變變因是：一樣大小、種類的植物、一切照顧均一樣……。

假設二：光會影響植物的生長方向。

- ◆ 操縱變因是：不同光照方向或單側有光、無光的環境。
- ◆ 不變變因是：植物種類、大小、水分、照顧都要一樣……。

假設三：室內 CO_2 會阻礙植物生長。

- ◆ 操縱變因是：植物在瀰漫 CO_2 的空間生長，和植物在一般的空氣中生長。
- ◆ 不變變因是：植物種類、大小、光線、水分、照顧都要一樣……。

例二：小朋友在校園或家中看到各種鐵生鏽的情形，而提出不同的假設

假設一：鐵器接觸到空氣會生鏽。

假設二：鐵器接觸到酸的水果會生鏽。

假設三：鐵器接觸到空氣中的水分容易生鏽。

根據假設設計操縱變因有：

1. 鐵釘放在緊密的瓶子，和放在不加蓋的瓶子。
2. 鐵釘沾檸檬和未沾檸檬的，放在空氣中。
3. 沾濕、不沾濕的鐵釘。

不變變因（其他條件均相同）：有相同鐵釘、數目、實驗的時間、溫度、光線等保持一樣。

自然科學之可貴，在於它能在實驗室中重複進行某一自然現象。進行實驗時必須制定一些「條件」，稱之控制變因。溫度、重量、速度、距離、光線強弱、長度等，均為大自然的物理條件，不同物理條件之下的物理或化學變化，均有不同的結果，生命世界現象亦同。小學自然必須訓練兒童控制變因的科學方法。

下操作型定義

在做科學探討時，對所欲探討的對象必須有所界定。由於科學實務係透過一連串行動操作去明瞭這現象，故對探討對象之定義，可以用敘述操作的方式來定義，稱為下操作型定義。例如，學生以雙氧水加入切碎的紅蘿蔔中，可以產生一種氣體，將燃燒的線香插入該氣體中，發現線香燒得更亮了，學生因此定義該氣體（氧氣）為：「氧氣是用雙氧水加入紅蘿蔔中，產生的一種氣體，此氣體會幫助燃燒，使線香燒得更亮。」這便是下「氧氣」的操作型定義；此定義包含了實驗的重要過程，這種定義的優點可使他人了解研究者如何去接觸要研究的對象。但操作型定義不足以完整的解釋，而只是部分解釋，因為操作型定義是在現有的條件下產生的定義。例如，小學生定義「酸性溶液是使藍色石蕊試紙變成紅色的液體」，但化學上不是這樣定義，而是 pH 值小於 7.0 的定義。

判斷一個定義是不是操作型定義並不困難。通常以「你做什麼？」「你操作什麼？」及「你觀察什麼？」做依據。

下操作型定義時，應留意下列五項：

1. 對於某一言詞的解釋或看法，有含糊不清或不一致時，需要以操作型的方式下定義。
2. 操作型定義是根據可觀察、可操作的眼光來下的，而且這觀察或操作，為使用這定義的人能夠實際做得到的。

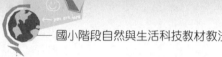
3. 在定義中必須含有要觀察什麼、操作什麼的項目。

4. 對於某一事物,能夠下的操作型定義可能不只一個。

5. 某一名詞的操作型定義,不一定和同一名詞但另一操作型定義完全一樣,例如,某甲的研究題目中所指的「學習成就」操作型定義和某乙之「學習成就」不同。

解釋資料

在國小自然與生活科技領域中,提出此科學方法的原意,是要求學生由一個圖或表中的資料,去說明解釋它的意義,也可以是對觀察所得給予合理解釋的過程,目的在進一步產生推理、預測及假設。狹義而言,是指能夠對採用特殊方式和技術傳達的資料,做口語化說明的能力;廣義而言,是能對實驗結果、資料收集、觀察結果,做一合理的解釋、推論、歸納等。解釋資料時學生必須再思考其合理性,才能對其推理、預測或假設有再確認的正當理由。解釋資料時,亦能對於非預期的實驗結果做合理解釋。九年一貫課程綱要已沒有將「下操作型定義」和「解釋資料」列為科學過程技能的要項中。

如前所言,狹義的解釋資料是由圖表中去發現事實。對中年級學生而言,這種學習是必要的。例如,表 3-1 為台灣地區主要城市月平均降雨量的統計表,我們能讓學生由此數據中發現一些事實。

表 3-1　台灣地區主要城市月平均降雨量　(單位:公釐)

地名	一月	二月	三月	四月	五月	六月	七月
台北	86.5	157.5	186.3	189.6	268.9	322.6	241.4
新竹	64.4	191.3	172.8	161.4	247.2	266.1	100.9
台中	36.3	87.8	94.0	134.5	225.3	342.7	245.8
花蓮	71.9	99.9	86.6	96.1	195.0	219.6	177.3
高雄	20.0	23.6	39.2	72.8	177.3	397.9	370.6

(續下表)

（承上表）

地名	八月	九月	十月	十一月	十二月	合計
台北	296.0	288.0	149.0	92.8	85.1	2363.7
新竹	179.7	96.0	56.5	33.9	47.4	1617.6
台中	317.1	98.1	16.2	18.6	25.7	1642.1
花蓮	260.3	344.3	367.4	170.6	67.7	2157.0
高雄	426.3	186.6	45.7	13.4	11.5	1784.9

資料來源：康軒文教《國小自然與生活科技》，第二冊（94 年 2 月版）頁 71。

教師由此表提出問題，引導學生解釋資料：

1. 你住的地區，去年總共降了多少雨呢？

2. 比較每個月的雨量，哪個月最多？哪個月最少？

3. 從資料上你還看到什麼訊息呢？

4. 雨量和季節有關嗎？

操作實驗

　　實驗是包括所有基本與統整過程的綜合能力。前述各項科學方法，有連續性關連者有：(1)觀察；(2)形成假設；(3)設計操控變因；(4)操作實驗。此四項需一一完成，才能學得完整的、統整的過程技能。當控制變因設計完成後，便應以實物進行實驗步驟來驗證或推翻假設。不論假設成立或推翻，只要變因設計適當，器材選擇無誤，對於科學探究而言都是成功的實驗。

　　培養實驗的能力，應從下列的觀點來著手：

1. **設計實驗的能力**

   (1)設計實驗時是否能夠有效地把已學得的知識、經驗及技能都用上。

   (2)設計以實驗驗證某一假說時，不要只從一個方面來著手，而要由多方面來考察。

(3)是否在較短時間內作出有效的實驗計畫。

(4)能選出符合目標的器具及材料。

(5)實驗的場所是否適當。

(6)實驗的步驟是否適當。

(7)有沒有留意安全或衛生。

(8)實驗的變因是否已確認。

2. **使用器具的能力**

(1)是否能符合目標。

(2)是否熟練。

(3)是否活用器具的特性。

(4)有沒有正確的測量。

(5)實驗環境的整理。

3. **處理實驗結果的能力**

(1)正確的記錄。

(2)應用數字、符號或文字。

(3)圖表化。

(4)是否有效地傳達給別人。

九年一貫綱要中之過程技能項目

除上述各種科學過程技能之外，九年一貫自然與生活科技課程綱要中所述之「過程技能」，包括「觀察」、「比較與分類」、「組織與關連」、「歸納與推斷」、「傳達」；在「科學與技術認知」下又有「認知層次」，而認知層次所描述之內容則為前述過程技能之內容。茲將新增項目，依據能力指標分述如下。

比 較

比較是：

1. 能將圖片、實物、人、事等相同或相異處指認出來，類如上述傳統過程技能的「觀察」。
2. 量化比較或以量來描述改變的情形，類如「量化」。
3. 能權宜運用自訂標準或自備工具，類如「分類」及「量化」。

組織與關連

組織與關連是指：

1. 由資料的呈現，整理出通則性，類如「歸納推理」。
2. 做預測。
3. 提出假設。
4. 設計控制變因。
5. 由主變數與應變數，找出相關，類如由圖表的結果去「預測」。
6. 由系列相關活動，綜合說出活動主要特徵，類如「推理」。
7. 統計分析資料以轉換成有意義的資訊，類如「解釋資料」。
8. 依資料推測其屬性及因果關係，類如「推理」。

歸納、研判與推斷

1. 雷同於因果關係的推理。
2. 由實驗資料中整理出規則，提出結果（與組織與關連雷同）。
3. 雷同於預測。
4. 由各種不同來源的資料，整理出一個整體性的看法。
5. 解釋資料。
6. 雷同於假設。

在「科學與技術認知」項目中的「認知層次」所敘述的過程技能，有：

1. 觀察，包括使用工具觀察。
2. 傳達。
3. 因果關係的推理。
4. 解決問題，包括發現問題、解決策略、設計流程。
5. 操控變因。
6. 提出假設。
7. 解釋資料。

　　有些科學方法隱藏在十大能力的敘述中，例如「資料收集」和「使用科技」，這個科學方法是很重要的。例如，國小中年級的「昆蟲」教材，是學童極有興趣的自然科教材。網路上的資料極多，不論書面或圖片，都能吸引學童搜尋大量網路資料。如何讓學生學習由收集資料到整理資料的能力？教師可給予學生數個與昆蟲相關的綱要，並規定報告的頁數。學生在數十頁的列印資料中，必須取其精華、重要、扼要的資料，書寫成報告。教師給予學生「昆蟲」相關的綱要可以包括：(1)昆蟲的外形；(2)在哪些環境容易找到昆蟲；(3)五至八種昆蟲的圖片；(4)昆蟲的變態；(5)昆蟲怎樣自衛。若再規定以上資料要整理成二至四頁，則學生便需去蕪存菁，留下重要資料。也可以在上述五個主題中只選一個作為作業，也規定報告的頁數。以此方法培養學生整理資料的能力，避免學生列印、影印極多未經整理的書面資料。

　　由上述觀之，不論傳統科學方法的描述，或九年一貫的描述，均離不開一個人從事科學探究活動的步驟。每一個科學活動可能只用一種方法，有些活動則用二、三種以上的科學方法。

第4章

科學態度

　　「態度」是促使一個人行為的原動力；科學知識和技能，如果沒有科學態度的成分，則這些知識或技能就無價值，因為態度是將科學知識和方法，轉變成行為的趨策力。科學教育的目標，可以分成科學概念、科學態度、科學方法等三個向度的素養。廣義而言，科學態度包括對科學的態度（attitudes toward science）和科學態度（scientific attitudes），本章所指乃後者。

一般科學態度的定義和項目

　　陳英豪等人（1990）定義態度為：「一個人關於特定主題的傾向、感覺、評價、認定與行動的總合」。態度乃是個人對人、事、物及周遭世界，憑其認知及好惡所表現的一種相當持久一致的行為傾向，其具備以下幾點特性：

1. 態度的產生是由人、事、物的對象引申的。
2. 態度是一種習慣性、持續性，屬於個體組織的內在心理反應。
3. 態度是可以學習而來的，它如同一般的教育學習，也可以測驗工具加以量化。
4. 態度的傾向可引導其外顯的行為；反之，也可由其外顯的行為來推估其態度傾向。

5. 態度內涵包括三項：思想層面的認知，如相信或不相信；情緒反應層面的情感，如喜歡或不喜歡；行為趨向層面的行動，如會或不會做某事。

　　本章所指的科學態度是指在從事科學活動時，所表現出的行為傾向，自然與科技的教學是要讓學生學習「科學態度」。而對科學的態度，一般傾向於多方面的定義，例如對科學家的態度、對科學學習的態度、對科學課程的態度、對科學本質的了解、對科學老師及其教法的態度等，均可列為「對科學的態度」。科學態度應包含哪些呢？早期美國學者 P. B. Diederich（引自楊冠政，1979）認為，一位科學家會表現出的科學態度是：

懷　疑

　　不要認為任何事情都理所當然，對問題現象的產生，都要問為什麼。

相信解決問題的可能性

　　一般人會認為有些問題是人類智慧所不能解決的，例如，戰爭、貧窮、無知、疾病及各種不幸等，而科學家會將這些我們一時不能解決的問題只看成是一個問題，最重要的是將它們視為可解決的問題，而非不能解決的。因此，科學家會設法解決。

要求實驗上的證實

　　科學家會將一件事作進一步的探求，主張用實驗來證明一個想法是對或錯。

精　確

　　一個科學家不喜歡對於觀察或經驗，用含糊不清或感情來表達，而

喜歡用精確的試驗。

喜歡新事物

一般人對於老式及不科學的事較喜歡。但科學家會支持一個新概念，不管這個概念是好還是不好。

願意去改變自己的意見

科學家看到可信賴的證據時，願意去改變自己原先的一些信念，尤其是「證據會說話」時。

謙　虛

一個有科學態度的人不會隨時都自大、自信地發表一些未經過證實的想法。因此，他們言語不太武斷。

忠於真理

一個科學家忠於事實，因此縱使他曾經有錯誤的研究結果，他不覺可恥。

客　觀

科學家常用各種來源的資料來證實一件事，而不是憑自己的喜惡下結論。

不迷信

對於怪力亂神的事不感興趣、願意尋求科學的解釋。

對於知識完整性的渴望

科學家常將他的知識畫成一個圓圈，像拼圖玩具似地將每一片段併入它的位置上，而對於失掉的片段常會令他很苦惱，但他寧可活在不完

全中，也不願隨便解釋來填充這個空隙。

保留判斷力

科學家對於一個既定的結果常不想表示意見，直到他已調查清楚。

分辨假設和解決的方法

假設是要經過驗證的程序，而一般人喜歡馬上有一個解決問題的方法。有科學態度的人認為，解決問題是指在實驗的情況下，考慮所觀察的事實比理論預測更完美時。

假設的覺悟

一個科學家對一件問題經常處理，就會不斷地提出假設，因此對問題有更深入的處置，它有助於使假設更明確，同時可盡量減少假設。

對理論結構的尊敬

一個外行人會認為，科學工作是由一般結論中獲得而堆積出許多事實來，但事實並非隨意堆積而成，必須由理論中產生證據而來的。

量化的習慣

喜歡把許多事件以數字來表達。

接受機率的觀念

現在的調查結果已很少能以對或錯、有或無來回答。相反的，卻以事情發生的機率來表示，雖然機率不能肯定一些結果，但一個現代人應該接受這有效而重要機率概念，而用統計方法去處理一些生活資料。

Hangey（1964）也提出了一些科學態度項目（引自鄭湧涇，1994）：

客　觀

　　忠實記錄和報導觀察及實驗結果，不管其是否與自己的想法契合、判斷時，能考慮所有的數據、能以各種不同的角度來看問題、下判斷時能顧及正反兩面的證據立場。

好奇心

　　渴望了解新奇的事物、渴望探求整體的知識、對現有的知識不能解釋的現象質疑、尋求實驗證據以驗證互為矛盾的解釋、對缺乏證據的支持的解釋質疑。

尊重證據

　　不迷信、相信科學的事實與解釋、以實驗結果來支持自己的敘述、相信有證據支持的敘述。

不輕下判斷

　　證據不足時，不隨便下判斷、避免過度推論或輕易下結論、不輕易相信缺乏證據支持的敘述、了解科學結論的暫時性、盡量收集足夠的證據後才下判斷。

虛　心

　　考慮並評鑑別人的想法；能同時考慮正反面的意見；願意改變自己的看法；當證據充分時，願意改變自己的假說和解釋；能接受別人的批判性批評。

批　判

　　不輕信權威、請教並尊重專家的意見、對結論持質疑之心、確認並欣賞別人的貢獻。

國內學者陳英豪根據態度的成分及教育目標結合下，認為科學態度是個人運用科學的方法探究科學知識，並應用到日常生活行為上的意願、習慣及處理方法，包括：

彈　性

思想新穎、思考性工作、歸根究柢、具懷疑態度，學生是否常有新奇的想法，並嘗試下新的結論。

客　觀

對於實驗結果或別人的意見與批判能開朗地接受及評估，承認現實知識大多不完全的態度。

因果關係

將零星的科學知識統合為較完整的理論體系，並探詢其間的關係，有探討成因及解釋結果之興趣，並用方法嘗試之。

好奇心

對新的觀念及各種實驗結果感到興趣，並願意去探詢，常用不同的感官來探索周圍世界，並常發問。

批判精神

學生要能根據事實做決定、下結論；能適當的應用假設與解釋的陳述。有大膽假設、小心求證的習慣。

美國的「生物科學課程研究」（BSCS）認為成功的科學學習行為中，應有科學態度的學習，這些科學態度包括下列十二項：

1. 好奇心（curiosity）
2. 坦率（openness）

3. 真實（reality orientation）

4. 冒險（risk-taking）

5. 客觀（objectivity）

6. 精細（precision）

7. 自信（confidence）

8. 恆心（perseverance）

9. 滿足（satisfaction）

10. 尊重理論結構（respect for theoretical structure）

11. 責任（responsibility）

12. 合作（consensus and collaboration）

　　鍾聖校（1983）則認為在科學探討過程中涉及的科學態度，至少包含下列幾項：

1. 好奇

2. 關切

3. 求真

4. 精確

5. 客觀

6. 謙虛謹慎

7. 堅毅

8. 獨立思考

9. 開明

10. 存疑

　　各學者定義科學態度的成分及內容所見略同。我國課程均積極注意科學態度的培養，如民國六十四年版之課程標準列有：

1. 好奇進取

2. 負責合作

3. 虛心客觀

4. 細心

5. 信心

6. 耐心

九年一貫課程綱要中的項目

教育部（2003）九年一貫課程綱要自然與生活科技領域中，將科學態度界定為處事求真求實、感受科學之美與威力及喜愛探究等科學精神與態度，並將其細分為四類：

1. **喜歡探討**：低年級之項目。

   (1)喜歡探討，感受發現的樂趣。

   (2)喜歡將自己的構想，動手實作出來，以成品來表現。

2. **發現樂趣**：中年級之項目。

   (1)相信細心的觀察和多一層的詢問，常會有許多的發現。

   (2)能由探討活動獲得發現和新的認知，培養出信心及樂趣。

   (3)對科學及科學學習的價值持正向態度。

3. **細心切實**：高年級之項目。

   (1)能依據自己所理解的知識，做最佳抉擇。

   (2)知道細心、切實的探討，獲得的資料才可信。

   (3)相信現象的變化有其原因，要獲得什麼結果，需營造什麼變因。

4. **求真求實**：國中之項目。

   (1)知道細心的觀察以及嚴謹的思辯，才能獲得可信的知識。

   (2)養成求真求實的持事態度，不偏頗採證，持平審視爭議。

   (3)了解科學探索是一種心智開發的活動。

九年一貫各階段之科學態度雖各列一大項，但其實四大項均適用於各年段。本章所列各種科學態度，較九年一貫所列之四項更為廣泛而周全。

科學態度培養之實例

教學實務上，如何培養學生的科學態度呢？舉例分項說明如下：

細　心

所謂細心是在觀察的時候，能夠看到別人所未見的事，或是能看到很細微的部分。在自然界中，當孩子能觀察到生物一些很細微的構造，或是注意一些不起眼的小地方，就具備了細心的態度。在戶外教學時，有更多的機會讓他們能細心地觀察環境及自然界的生物。如找到某種昆蟲蛻的皮，能經由細心觀察發現其有鐮刀形狀的特徵，來判定它為螳螂蛻的殼而不是其他昆蟲的皮；如果在菜園中，抓到不同的瓢蟲加以細心比較，能發現不同瓢蟲間有些許的不同；抓到一隻盤古蟾蜍，觀察後能清楚地說出蟾蜍的特徵，或說出牠和青蛙外觀上有何不同。

好　奇

學生特別去注意一件事物，並且自發地想去學習關於它更多的事就是好奇。例如，老師曾指導學生發現鳳仙花的果實一按開，就變成毛毛蟲的樣子，以後學生在看到花都會想去看看是不是鳳仙花，或是這種花會不會也裂開變成毛毛蟲的樣子。老師若引導學生觀察苔蘚植物，了解其細微處後（如不同蕨類葉背有不同排列的孢子囊群），下次學生較易對它感到好奇而多看一眼。

信　心

信心是兒童對於探討具有成功的信心，對於自己實驗所得的結果有

自信，並且表示願意接受直覺的判斷。在教學活動中，應該讓學生親身體驗自然中的事物，自己設計調查表，甚至自己規劃戶外教學的地點，如此可讓學生無形中增加了不少對於探究成功的信心。老師的肯定或同儕的讚美很重要，能幫助學生發現自己的優點，增加無限的信心，對自然科的學習更有興趣。

批判性思考

鼓勵學生用證據來判斷結論、發表其看法、指出同學報告中的優缺點、矛盾處、隨證據改變想法。例如，為什麼潮濕的地方有那麼多地衣和苔蘚？學生們可能提出什麼原因來討論？學生會提出潮濕、石頭、土都有天然的養分和水，所以適合苔蘚生長；在經由同儕、老師互相討論，大家提出各種意見，最後找出一個合理又讓大家接受的說法。戶外教學中，如果在水邊看到水蠆殼，老師可提出為什麼水蠆要脫殼，請全班同學一起討論。學生就會提出各式各樣的答案，並且提出不合理的地方加以質疑，最後找出最適合的原因或結果。透過這樣的討論，能鼓勵學生將所知的知識加以連結，並促進學生批判思考的能力。

切　實

在科學活動中，常需要用到五官或測量工具，求得實驗的結果。在這樣的過程中，有許多學生會因為某些原因，譬如怕麻煩而隨便敷衍了事，或依照自己的感覺而忽略掉眼睛所見的事實。如果學生們能在活動的過程中確實地觀察、操作，並將所見的現象或結果依照事實記錄下來，不因自己個人的觀感而更改觀察的結果，這樣就是切實。例如，用溫度計測量氣溫，懷疑溫度不對，就要求學生量久一點、再量一次、另外找一位學生量，以達切實的態度。測量長度時，得到 3.8 公分的精確值，而不是大約 4 公分。

因果關係

在自然界中我們能觀察到一些現象，常因太平常而忽略了現象背後的原因。其實，自然界中所有的現象都是其來有自，不可能無緣無故產生的。要指導學生有這樣的想法，除了提醒他們多觀察之外，還能利用全班的討論，將零碎的知識整合成有系統的知識，讓他們能明瞭哪些原因會導致哪些結果、各種現象間的因果關係，也可以訓練學生邏輯推理能力。例如，雲為什麼往那個方向飄？為什麼這裡可以發現青蛙的蹤跡？為什麼橘子葉子有缺角？什麼動物吃了它？為什麼小動物喜歡在這個樹林裡生活？透過戶外現場實際觀察，多加觀察並思考，是了解現象因果關係最佳的途徑。

嚴謹的思辯

對於某些事情或說法，能提出各種可能的原因並詳加思考，才能相信是否為真。要培養學生嚴謹思辯的能力，就是對於一個現象，能從各個方向提出各種可能的因素，並思考其合理與不合理的地方，經過這樣的過程，才能得到合理可信的知識。

客觀／願意接受別人的意見

虛心客觀是對於實驗結果或別人的意見與批評能夠開朗的接受。在許多時候，實驗的結果並不如自己預期，而要虛心接受別人所得的結果，只因別人是經過確實的過程；當自己的見解或實驗結果遭受別人質疑時，只要別人是合理的推理或有證據，就應該接受別人的批評以及更好的意見。客觀是屬於比較高階的態度，學生必須有比較豐沛的知識做基礎，才能在這些基礎上加以提出意見，並進行討論。例如，傳統保守的鄉下人家，在聽了政府區域開發人員的解說及環境評估、環境保護之後，願意接受工廠遷進村內。

喜歡科學

「喜歡」是偏向於情意方面的科學態度，表示對於「科學」是否持著正面的態度，認為學習科學是有趣的事情。實驗操作、設計製作、戶外教學、栽培飼養、創意設計，無疑的都能讓學生喜歡科學與科技學習，並表現出樂在其中且覺得有趣。因此，教師不可只用講述來進行教學。若只有聽講，何來有趣？有趣才會讓學生願意花時間去探討，就會顯示出這些事物能帶給他樂趣。

總之，具有科學態度的人，不只在進行科學活動時有正面的態度和行為，它能轉移到處理事物時也表現出正面的科學態度，是極為重要的教育目標。

教法篇

第5章

科學探究教學

　　自然與生活科技領域特別注重探究的學習過程。所謂探究（in-quiry），就是尋找問題、解決問題的過程。探究是人類一種思考的方式，一種尋找資料、了解事物的過程。所以，探究必然是學習者主動的過程，而非教師把現成的答案提供給學生的一種學習模式。探究教學有四個特徵：(1)學生對自然事物與現象主動地去研究，經過探求自然的過程獲得科學上的知識；(2)為了研究自然而培養所需要的探求能力；(3)有效地形成認識自然基礎的科學概念；(4)培養探究未知自然的積極態度（歐陽鍾仁，1987）。本章分別敘述探究的基本精神及科學家的探究過程。

探究教學的精神

　　美國「國家科學教育標準」提到，科學探究教學模式的共同階段有五（National Research Council, 1996, 2000）：

1. 學生接觸科學問題、事件或現象。
2. 學生藉由動手操作的經驗探索他們的想法，形成假設並且進行檢驗，解決問題，解釋他們所觀察到的。
3. 學生分析並解釋資料，綜合各部分想法，建立模式，與教師或其他科學知識的來源闡明他們的概念和解釋。
4. 學生擴充新理解和能力，並將所學的知識應用到新的情境。

5. 學生和老師回顧和評量學習的內容以及學習的方法。

由上述階段，對照傳統的講述教學法可以發現，以往灌輸式的教育雖能使學生獲得現成的知識，但這些知識大多停留在腦中，沒有運用在日常生活中，當面臨自然界的問題時，仍不能充分理解。再者，有探究的能力，亦即有科學方法（如觀察、預測、推理、控制變因等）的人，他觀察後所能獲得的資料，一定比沒有充分訓練者來得多。譬如，介紹學生觀察一枝蠟燭燃燒，記錄所見的一切。具有各種觀察力者，可以寫下五十項觀察結果，而沒有觀察能力者只寫出五項！其差異何其大。有觀察能力者，不只在量上要優於沒有觀察能力者，在質上也略勝一籌！經由探究活動而學得的知識是科學概念，而不是文字知識；因學生經由探究活動過程，他／她能在腦海中建構自己的概念體系。有時吾人雖在能力和知識方面不很豐富，但有積極的探究意願，則可以很快地發展能力、擴充知識。因此，積極的態度和強烈的意願是探究自然的要件，而這種態度和意願，是可以從學生對自然事物和現象的探討活動中培養出來的，它們也互為因果，良性互動。當愈多的活動被學生探究，學生的科學態度會愈積極，學生的科學方法層次愈高，則愈有信心探討更多的活動。圖 5-1 可顯示探究活動與科學能力提升之關係。

科學知識的累積，是由無數先前的科學家，經由探究過程，並把研究結果傳播給其他人或後人，以至於有今日的科學文明。科學家如何進行探究呢？圖 5-2 可說明之。

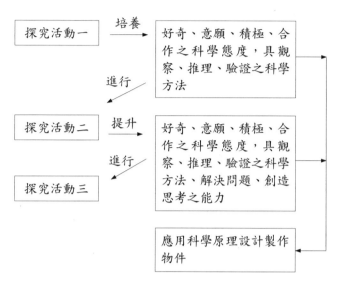

圖 5-1　科學探究與能力培養之關係

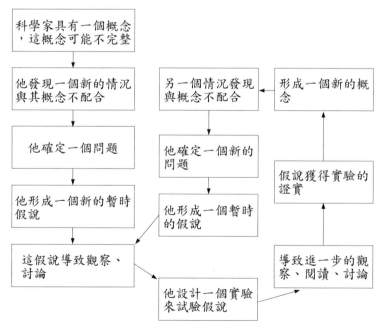

圖 5-2　科學家的探討過程

探究教學與講述教學之比較

探究教學廣義而言是相對於講述教學。探究教學由於教學過程重點不同、教學目的不同、強調點不同、切入點不同,通常可以有多種名稱來描述探究教學／學習。例如專題導向、問題解決導向、STS 導向、發現教學、學習環、實驗探究、主題探究、過程技能探究、創造思考教學、建構教學等名詞,不一而足。

探究教學雖有許多功能,但在教室現場,講述教學仍受歡迎。講述教學法的優點很多,如很經濟,包括時間經濟、人力經濟、費用經濟。講述法能在最短的時間介紹最多的教材,因此學生也「收穫」最多。講述法能使用於人數眾多的學生班級,甚至一、二百人的大班教學亦可進行。講述法因使用之教具較少,並且只有一位講師便可進行教學,因此在費用支出上不多,不必支出實驗器材及設備費。再者,講述法很方便,講述法可以不受空間限制,大部分學校內任何場地均可使用。學生也可由某一教室移到另一教室,沒有移動其他教具的困擾。不像實驗室內的器材,只能固定於某一實驗室,無法隨意移動。又如講述法適用於知識結構嚴密、概念系統完備又繁多者。教師易於進階式地講述每一概念、合乎邏輯地將知識介紹給學生,而學生在接受教師講述時,亦很容易整理出知識體系。因此,學生在紙筆測驗的表現,不低於其他教學法的效果。

講述法的缺點也不少,例如,它忽略學生認知發展,因為講述法是以教師為中心的教學法,教師只以教科書內容為依歸,忽略學生的認知發展階層;是一種強迫、被動的學習,因此學生的興趣不高、動機不強,效果當然打折扣。再者,缺少師生及學生之間的互動,教師講、學生聽的單向教學,學生不必思考,不必推論,對於教師所教的,只能全盤接受。同學之間也缺少互相討論、互相腦力激盪的機會。最後學生養成背記知識的習慣,因為學生所學的知識,全是被動地由教師講述而

來，而非自己建構的，為了應付考試，而採用記憶的學習。這對於科學素養的培養助益微小。

今舉實例可知探究教學法讓學生多想、多說，它和傳統講述法的教／學有何不同？

例一：以「物質溶解度是受溫度和其他因素之影響」為例，表 5-1 說明使用「探究教學法」和「講述教學法」五項重要的、不同的教學策略（或稱教學法）。

表 5-1　「影響物質溶解度因素」傳統與探究教學法之比較

傳統教學法	探究教學法
教師講解除溫度會影響溶解度外，外力的攪拌也可以增加溶解度。	請學生找出除了加熱外，還有什麼方法可以增加溶解度。
教師講解物質的顆粒粗細也會影響溶解度。	請學生想一想如果物質沒增加或減少，也不加外力，同樣的物質量要怎麼增加溶解度。
教師講解二匙的糖在一定時間內，會溶解得比三匙的糖快。	請學生試一試同樣是糖，但是量不同，溶解度有什麼不一樣。
教師講解水量（溶質）較多時，也會提高溶解度。	請學生試一試，物質的量不變，水的量會不會影響溶解度呢？
教師講解不同的物質各有不同的溶解度，如鹽和糖不同。	給學生糖、鹽、蘇打粉等不一樣的物質，讓學生觀察是否有不同的溶解度。

例二：以「九二一大地震」主題之探討，表 5-2 說明「探究教學法」和「講述教學法」不同的教學策略。

表 5-2　「九二一大地震」傳統與探究教學法之比較

傳統教學法	探究教學法
教師僅就教科書所載之與地震相關的知識傳授給學生。	可從家長或社區中，尋找其工作可能與地震有關者，如地質學家、結構工程師或建築師等，邀請他們向同學講述與地震相關的各種知識。

（續下表）

（承上表）

學生被動地接受課本中的知識，了解何謂地震。	學生可經由資料收集的工作，如透過網路、圖書館的書報雜誌等收集資料，或訪問也有所助益者。
透過背誦記憶的方式「了解」書中的知識，但可能無法真正的理解所有內容。	經過討論、分析、歸納、整理等過程，進而對地震的發生原因或其他相關訊息，能夠真正的了解。
學生記憶何時曾在何處發生過地震，以及它所造成的災害，並不關心未來。	教師和學生一起討論此次九二一大地震所造成的嚴重災害，並且分析預測地震的可能性，以及對未來地震發生時應有的防震常識等等。
在選擇居住地點時，並不會考量與地震相關的因素。	如居住地點的選擇，是否位於斷層帶上，建築物結構與設計是否有防震的考量。

探究教學實例

例一：以「探討光線經過透明的水和油中折射的現象」之例，如何讓學生探究。

- 把筷子放在透明的杯子裡，比較加水前後，從側面看起來，有什麼不同？
  - ◆杯子在沒有加水前，看起來沒有變化。
  - ◆加水後，水裡部分的筷子看起來比較粗。
  - ◆筷子在空氣和水接觸的地方，好像折斷了。
  - ◆可能原因一：可能是光照射到水以後，使水裡東西的樣子發生改變。
  - ◆可能原因二：可能是光照射到水以後，在水裡行進的路線改變了。
- 把筷子放在透明的杯子裡，比較加水和油前後，從側面看起來，有什麼不同？
  - ◆筷子看起來斷了三節。

◆ 光在空氣中、水裡和沙拉油裡面行進的路線可能會改變，所以使筷子看起來像斷了。

● 歸納：光由空氣進入水中，或由水中進入油裡時，都會改變行進的路線。

● 應用：

◆ 還有哪些例子可以看到光的折射現象？

例二：「水溶液的酸鹼性質」探究教學之簡案。

　　學生由實作中建立科學概念，而不是只由教師講解中記住科學知識。科學教育學者常用學習環（learning cycle）的步驟來呈現探究教學法，事實上它亦為發現式探究教學。上述教學簡案的教學流程，足以呈現二者的特色。發現式探究教學流程可分為四步驟，前三步驟可循環重複。

單元名稱	水溶液的酸鹼性質
教學目標	1. 由操作中發現酸性溶液能使藍色石蕊試紙變紅；鹼性溶液能使紅色石蕊試紙變藍。 2. 會下操作型鹼性和酸性溶液定義。 3. 由實作中發現日常生活中的酸、鹼性溶液。

教　學　過　程
第一階段：探索階段 ◆ 教師分給學生酸性溶液（醋）、鹼性溶液（小蘇打）、自來水、石蕊試紙。 ◆ 教師不事先告訴同學石蕊試紙遇到酸性會變成紅色，遇到鹼性會變成藍色的特性。 ◆ 規定學生將酸性和鹼性溶液各滴在兩種顏色石蕊試紙上。 ◆ 讓小朋友自行嘗試石蕊試紙和酸鹼溶液的各種配對。 ◆ 發現醋能使紅色和藍色的石蕊試紙都變成紅色，而小蘇打能使紅色和藍色的石蕊試紙都變成藍色，自來水都不變色。 第二階段：概念引介 ◆ 小朋友把醋（酸性溶液）分別滴在紅色和藍色的石蕊試紙上，使藍色石蕊試紙變成紅色，而紅色石蕊試紙不變色。老師提出「酸性水溶液」的定義。

（續下表）

（承上表）

> ◆ 小朋友把小蘇打（鹼性溶液）分別滴在紅色和藍色的石蕊試紙上，使紅色石蕊試紙變成藍色，而藍色石蕊試紙不變色。老師再提出「鹼性水溶液」的定義。
> ◆ 都不能使兩種顏色試紙變色的液體是「中性溶液」。
>
> 第三階段：概念應用階段
>
> ◆ 由第一階段的探索，學生有了「酸性溶液能使石蕊試紙變成紅色」，而「鹼性溶液能使石蕊試紙變成藍色」的概念，將此概念應用在日常生活中未知溶液的酸鹼性質。
> ◆ 重複第一至第三階段：實作日常生活中各種溶液（如檸檬汁、肥皂水、茶……）的酸鹼性，並記錄之。
>
> 第四階段：整理階段
>
> ◆ 操作型定義：什麼叫「酸性溶液」、「鹼性溶液」、「中性溶液」。
> ◆ 可將日常生活中各種溶液用石蕊試紙檢驗後，以酸鹼性分類。

假設與驗證陳述的教學

由科學史的實例可以發現，前人的「科學探究過程」都有一定的模式。今日學校的科學教學，也常遵循這樣的探究步驟。「科學過程技能」一章，曾述及的科學方法：「觀察」、「形成假設」、「設計變因」、「驗證」是連續的過程技能。教學時可強調這些過程能力的培養；Joseph J. Schwab 稱之為過程探究模式（process inquiry model）的教學（王美芬、熊召弟，1995）。本小節冠以「假設與驗證陳述的教學」，旨在強調學生應學會如何陳述「假設與驗證」，基本上它仍是探究模式的教與學。

培養學生會提出假設、設計操縱變因、動手執行實驗，以至於驗證假設是否成立，這便是前人科學研究的步驟，也是今日教學上強調的過程技能培養，更是探究的步驟；學生由此也可以進一步認識「科學本質」。這種取向的教學步驟有五階段：

第一階段：觀察現象。描述現象，提出問題。

第二階段：提出假設。假設的陳述並非疑問句，而是暫時性的問題解答、是肯定句。

第三階段：設計變因。包括操縱變因和不變的變因。

第四階段：設計實驗裝置。依據操縱變因，選用適當器材裝置實驗。

第五階段：操作實驗，記錄結果，檢視假設是否成立。

強調假設、驗證的教學，學生一定要根據觀察的現象提出假設，而不是憑空提出問題或假設。科學課中，若無現成的現象、結果可資觀察時，則教師可藉由學生的舊經驗、生活經驗，或教師展示實物、平面資料等為題材，要求學生根據這些資訊來提出假設。例如，戶外鐵製品和置於室內的鐵製品其生鏽程度不同的題材，可以是學生的生活經驗，可以在校內觀察實物，也可以用圖片展示。不論情境為何，這些都屬於上述第一階段：觀察現象。依據觀察的現象，學生描述現象：有些鐵生鏽嚴重、有些比較不容易生鏽！接著，學生「提出問題」：在戶外的鐵比在室內的鐵容易生鏽嗎？潮濕的地方鐵比較容易生鏽嗎？有些學生發現家裡的鐵窗在夏天時鏽得比冬天快呢！這些都是觀察後所提出的問題。

針對上述的提問，學生要自己提出暫時的答案，這就是「假設」。針對「在戶外的鐵比在室內的鐵容易生鏽嗎？」的問題，學生可能提出不同的假設：

1. 晒太陽的鐵比較容易生鏽。或
2. 淋雨的鐵比較容易生鏽。或
3. 晒太陽又被雨淋的鐵比較容易生鏽。

針對「溫度會影響生鏽嗎？」的問題，學生可能提出不同的假設：

4. 高溫比低溫容易使鐵生鏽。或
5. 潮濕又高溫的環境，比乾燥低溫的地方容易生鏽。

第三階段設計「變因」。變因有操縱變因和不變的變因。大部分的

實驗都需要變因的設計。

　　針對鐵生鏽的上述 1.假設，其<u>操縱變因</u>有：

　　　　(1)晒太陽。

　　　　(2)不晒太陽。

　　<u>不變的變因</u>，則要考慮：(1)一樣大小的鐵釘；(2)新舊要一樣（最好是同時買的）；(3)數量要一樣；(4)做實驗時放置的時間要一樣……等。

　　針對 2.假設，其<u>操縱變因</u>有：

　　　　(1)常淋雨。

　　　　(2)不曾淋雨。

　　<u>不變的變因</u>，則考慮的因素如上所列。

　　針對 3.假設，其<u>操縱變因</u>有：

　　　　(1)晒太陽又淋雨。

　　　　(2)只晒太陽不淋雨。

　　　　(3)只淋雨不晒太陽。

　　針對 4.假設，其<u>操縱變因</u>有：

　　　　(1)在溫熱的地方（如 35℃）。

　　　　(2)在室溫（25℃）。

　　　　(3)在冰箱（4℃）。

　　針對假設 5.，則操縱<u>變因</u>有：

　　　　(1)濕的鐵釘放在 35℃的地方。

　　　　(2)乾的鐵釘放在 35℃的地方。

　　　　(3)濕的鐵釘放在室溫（25℃）的地方。

　　　　(4)乾的鐵釘放在 25℃的地方。

　　　　(5)濕的鐵釘放在冰箱。

　　　　(6)乾的鐵釘放在冰箱。

　　第四階段為「設計實驗裝置」。明確知道實驗的變因後，必須備妥適當的器材，依據操縱變因去裝置實驗，並依照變因條件處置這些裝

置。

　　第五階段為「操作實驗」，記錄結果，比對結果與假設。由結果去核對「假設」是否被驗證了。

　　如果實驗結果和自己提出的假設是一致的，那麼便是「驗證」或「支持」假設，亦即假設成立。如果實驗的結果和自己提出的假設不合，就是「否定」了假設，也就是假設不成立。不論支持或否定假設，只要實驗的設計沒有錯誤，執行的過程也無誤，便是成功的驗證。前人的科學成就大都經過這樣的探究過程；科學知識在「支持」和「否定」假設中被建立起來。

　　國小自然的單元，有些單元適合培養學生這些過程技能，有些則否。教師可選擇單元，進行「提出假設」、「驗證假設」的教學。再舉下列數例供參考。

例一：「形狀影響沉浮」

◆觀察：媽媽洗碗時，筷子、湯匙沉入水中；不鏽鋼鍋沒有沉下去，或不鏽鋼便當浮在水面。

◆假設：同材質時，具有「容器形狀」的會浮（和重量無關）。

◆設計操縱變因：湯匙和便當；筷子和碗；球形和盒子形狀之黏土。

◆不變的變因：相同重的黏土、材質相同。

◆操作實驗：將不鏽鋼湯匙、便當、筷子、碗、球形黏土、盒形黏土放入水中。

◆驗證結果：哪些會沉？哪些會浮？便當、碗、盒形黏土等可以浮，而湯匙、筷子、塊狀黏土會沉。「有容器形狀的會浮」的假設成立嗎？

例二：「植物向光性」

◆觀察：植物向窗外長彎出去。

◆假設：(1)植物喜歡光亮；或(2)植物喜歡外面新鮮空氣；或(3)喜歡

風；或(4)會往溫度高的地方長。

◆ 針對上述假設，設計操縱變因分為：(1)有光、無光；(2)乾淨的空氣和用煙灰每天燻植物；(3)有風、無風；(4)不同溫度，如 35℃、30℃、25℃、20℃等。

◆ 操作實驗：植物在上述不同條件種植數週後，彎向光的一邊。其他情形植物沒有明顯彎曲。

◆ 驗證：植物生長彎向窗外光亮的地方（向光性）。

例三：「蚯蚓的行為」

◆ 觀察：在陰溼的地方容易找到蚯蚓；用腳踏地面，蚯蚓躲進去。

◆ 假設：(1)蚯蚓喜歡潮溼的土；或(2)蚯蚓喜歡黑暗的地方；或(3)蚯蚓怕震動。

◆ 針對上述假設，設計操縱變因：(1) 溼土和乾土；濕砂和乾砂；(2)強光和黑暗；(3)敲打容器；不打容器。

◆ 操作實驗的結果，驗證哪些假設可成立呢？

例四：「電磁鐵的磁力」

◆ 假設：通電的線圈愈多圈，電磁鐵的磁力愈強。

◆ 操縱變因：10 圈、20 圈、30 圈。

◆ 操作實驗：將漆包線分別繞一鐵釘 10 圈、20 圈、30 圈，接上電池形成通路，將鐵釘的一極靠近指北針的一極，指北針偏轉角度不同。

◆ 驗證結果：通電的線圈愈多圈，電磁鐵的磁力愈強；同此假設成立。

例五：「槓桿的平衡」

◆ 假設：一樣重的東西，掛在槓桿兩邊一樣距離的地方就會平衡。

◆ 操控變因：不同物品、但相同重量；或相同材料、不同形狀、但

相同重量。

◆實驗結果：一樣重的東西，掛在槓桿兩邊一樣距離的地方就會平
　衡。假設成立。

　　本章所述探究教學是一個概括的概念。本書其他有關教學法的各章
所述者，均為探究教學的精神，或教學目標不同、或教學的切入點不
同、或教學流程中強調的重點不同，因而有不同的探究策略。如以下數
章的建構主義導向、問題解決、創造思考、STS 導向教學等。其他的探
究教學策略已於《國民小學自然科教材教法》（王美芬、熊召弟，
1995）中詳述。或有名曰發現式探究、問題導向教學、專案導向教學，
基本上均是本章所述的探究教學精神。教師不應侷限於名稱，而應取其
精神、融會貫通，具體表現於教學中。

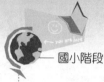

第6章

建構主義教學

　　近年來，由於科學哲學觀點的演變和認知心理學的發展，使得學生在學習自然科學時主動參與以及積極建構有意義的現象廣受重視。一九六〇年和一九七〇年代的科學課程雖是強調以孩童為中心的發現教學法，然而在科學學習的意義上，許多科學教室表面上，學生是投入較多的時間和實驗室進行探究工作，但是從學生主動建構意義的層面而言，學生的學習仍十分被動，換言之，往往只有手到（hands-on）而非心到（minds-on）。因此學生重視最後學到的成果，而非過程。這種對科學方法的過分偏重，反倒給科學方法帶來了一個扭曲和不當的形象。目前科學教育普遍受到「建構主義取向」（constructivism approach）的影響，這取向是強調學習者是一個能主動建構知識，並且個體能由自己本身的經驗建構出意義的有機體。所以，教學宜由過去重視「什麼內容該傳給學習者」，轉而重視學習者的學習過程，而且這個學習者是主動建構知識的。

 知識論的派別

　　「知識論」（epistemology）是探討人類知識來源的一種哲學理論，它討論人類知識的本質、方法和各種限制（Nussbaum, 1989）。由此定義中，我們可以看出知識論的內容包括了知識的現象、邏輯、獲得過程

及其本質等，都是知識論所應研究的。在現代派別中，最為科學教育界所津津樂道的是建構主義認知論的知識哲學觀，或謂「constructivist epistemology」（Steffe & Gale, 1995, p. 272）。知識論可由哲學、心理學和學習理論來探討。知識論演變數百年來，我們可以將各種學派依時序分為傳統的知識論及現代的知識論。顧名思義，傳統學派的知識論淵源流長，早期盛行；而現代學派則較為晚近發展，並且正盛行中。傳統知識論派別主要包括：經驗主義、實證主義、理性主義（Nussbaum, 1989）。也有學者把經驗主義、實證主義及邏輯實證論、行為學派心理學均歸納入不同形式的經驗主義（項退結，1976）。

　　十七、八世紀各種經驗主義蓬勃發展，如洛克（Locke, 1632-1704）是其中的大師。到了十九世紀，衍生了我們所熟悉的實證主義經驗論、科學主義、實用主義等學說，這些學說都有一個共同點，就是重視經驗事實，不信任理智的能力。基本上，經驗論者和實證論者認為知識是要經過經驗、實證、歸納的過程；因此感官經驗是人類知識的唯一來源，概念的形成是由經驗而來。凡是超越經驗而不能為經驗所證實的，就不算是知識。理性主義者則主張推理（reason）是知識的主要來源，知識不全是由經驗、直覺、感覺而來，而是由理性推理產生的，因此，求知必須先要啟發人們先天理性、啟發心智，而不是零碎經驗的累積。

　　美國心理學家華生（John Watson）首用「行為主義」一詞。行為學派認為可以藉由行為的觀察去了解個體。不論人或動物，給予刺激，就會有反應，不同刺激會有不同反應。巴夫洛夫（Ivan Pavlov, 1849-1936）、桑戴克（Edward Throndike, 1874-1949）和史金納（Burrhus Skinner, 1904-1990）是極重要的行為學派心理學家，他們的學習理論主張，學習是可以經由制約（conditioning）而產生。行為學派在二十世紀中葉以前非常盛行。行為學派對於看不見的內在學習歷程未加重視，它教學的目的著眼於學生學習以後的成就表現，所以要反覆機械練習。心理學上常用的聯結論、準備律、練習律、效果律、增強律、嘗試錯誤等，都是心理學派的學習理論用於教學的表現。

認知建構論

皮亞傑（Piaget, 1896-1980）可說是認知建構論的大師。皮亞傑探討「人如何得到知識」的哲學問題時，用自然科學所用的觀察和實證法去找答案，不同於傳統知識論者尋找答案是用腦想、口說、筆寫去發展理論。他於一九二九年出版《兒童的世界觀》（*The Children's Conception of the World*）一書中，描寫他的臨床研究（clinical method），探知兒童對於自然現象的解釋，是透過兒童的認知基模（scheme），與過去知識體系的解釋大異其趣。由於他的研究和倡導，幼童的認知不再被小看，而被視為成熟的觀點。皮亞傑認為，知識是由學習者組合他腦海中的新經驗和前置經驗，此前置經驗就是認知基模。認知的功能是不變的，但認知結構的質量會隨著年齡和經驗而有所改變。

認知心理學家想了解人腦是如何運作的，他們對於心智功能及認知歷程進行深入研究，個體與外在互動才能使表徵有意義。認知論者認為外在的訊息或符號之所以產生意義，是因為個體與外在世界互動的結果，知識的產生是由個體對它的解釋，學習者是以經驗為基礎主動建構意義。因此，每一個人建構的知識不同，隨著建構時機不同，建構的知識也不同。因此知識不是一成不變，它會改變，這種建構和改變都是一種心智活動的過程。認知心理學家最想了解的是人腦這個「黑箱」是如何運作的！這個黑箱接受刺激後，在裡面發生了什麼改變，才有某些特定反應，其中變化是可以知道的，這便是認知論的重點。

建構主義在我國的科學教育界蓬勃發展二十年來，已引進許多派別。依照 von Glasersfeld（1989）的論述，建構主義者到目前已形成四個派別：(1)溫和建構主義（trival constructivism）；(2)激進建構主義（redical constructivism）；(3)社會建構主義（social constructivism）；(4)寫實建構主義（realistic constructivism）。各派強調的重點不同，但基本上，有二個共識主張（Lerman, 1989; von Glasersfeld, 1989）：

1. 知識不是被動地接受，而是主動建構的。
2. 認知的功能是適應的，是經驗世界的組合，而不是實體的發現，
   也就是個體「知」是一種調適的過程。

　　「社會建構論」一詞應是來自 Berger 與 Luckman 於一九六六年所著
一書的影響（*The Social Construction of Reality: A Treatise in the Sociology
of Knowledge*）。一九八〇年代以來，期望以整合文化、歷史、政治等學
科的方式，取代實證心理學導向的知識論。維高斯基（Vygotsky）強調
人們知識建構受社會的價值觀和語言應用的影響。教與學時，師生互動
不可或缺，單獨一個兒童無法解決的問題，與別人共同處理、引導或同
儕合作時就能解決。他也強調兒童必須在成人引導之下，經過複雜工作
的過程中，以求獲得問題解決的策略。所以，教學時多用合作學習，可
促進學習。

　　傳統各家的知識論點不同，對於科學教學策略亦有所影響。例如，
經驗主義者強調五官直接獲得經驗，知識的獲得可由感覺印象重複練習
而獲得。行為學派的學習心理學應用此論點，強調刺激—反應的聯結特
性，教材上強調事實的知識、技術性和記性的教材，教法上強調反覆練
習和記憶，不重視實驗。實證主義者強調觀察、實驗、測量、驗證、歸
納等方法為主要獲得知識的方法，因此在科學教學上，就會安排食譜式
的科學實驗，或教師示範性的實驗，讓學生獲得科學知識。理性主義者
認為由經驗為起始，以實證為基礎，再經由心智的「理性」來詮釋，而
形成新知識，是用一種演繹法建立新概念。當今科學教育界以人本建構
為觀點來看待科學本質，認為人類是意義（meaning）的製造者，教育的
目標是去建構分享意義，此目標可以經由師生互動、同儕合作、共同學
習來完成。所以，建構主義教學強調有意義的學習（meaningful
learning）要比反覆練習重要，理解勝於覺察（Mintzesm, Wandersee, &
Novak, 1999）。

建構主義的教學理論

　　建構論的教師要注意學生的腦子內有什麼、它是如何進到學生的腦子以及如何出來的，因此教師要多聽學生說出「什麼」、「理由」、「如何」，因為每一個學生的經驗不同，每一個人建構的知識不同。建構主義教學不是一種固定的教學方法，是一種認知論、一種學習理論之下所產生的教學理念和策略。建構式教學常常不先行設定內容的細目，老師要安排真實情境進行教學，而不是由教師提供現成的知識。在教學目標方面不再重視教學行為目標，而是以教學重點自然呈現學習目標，並培養解決問題的能力。在安排教學情境時，與實際生活合一才是自然的情境。雖然建構主義強調學生自己建構認知，但亦強調學生有時需在教師的引導下，或在教師提供鷹架協助下，去進行建構學習。整個教學過程中，教師發問多、學生回答多，同儕間也表現出合作學習共同的機制。因而建構主義的評量也不是統一測驗的評量，因為每一學生的先備知識不同，建構的概念基模亦不同，因此，另類評量就很重要了。

　　綜合多位科學教育者之意見及筆者之觀點，建構式教學策略可歸納如下：

1. 教師運用矛盾現象引起動機；教學流程設計中，應找出所有的迷思概念。

2. 鼓勵學生說出自己的想法，尊重其科學迷思概念。

3. 從迷思概念出發，進行概念改變的教學。

4. 給學生嘗試錯誤的機會，以便進行同化和調適，而成為他自己的知識；學習者所建構的觀點不一，學習成果互異。

5. 教師多問什麼、為什麼、何時、怎樣、如果等的問題。

6. 鼓勵學生自己提問題、提假設、答案，對於一個問題能提出多種解決之道。

7. 鼓勵學生去發現概念與概念之間的關連或可比喻的情況，並把概

念模式轉換成具體實物模式。

8. 應用合作學習，鼓勵學生和學生（小組討論）、學生和老師之間的互動。

9. 教師所擔任的是佈題者和學習者間中介者的角色；教師由權威者的角色轉變為輔助者、引導者。

10. 進行多元評量而非只實施紙筆測驗。

　　自然科知識浩繁龐雜，尤其學習時數有限的情形下，若要學生一一記住科學事實是不可能的，因此，吾人極力主張學習核心基要的「科學概念」。概念的學習就應以建構主義教學為主。而教材本身若非為概念的，則應以傳統學習為輔。教學是一種藝術，沒有一種方式是全盤皆解的學習（教學）策略。經驗主義、實驗主義、理性主義、行為學派、認知建構都應適當地應用於學校教學，不能獨尊一派。

　　知識既然可分類，因其性質、來源不同，學習者當然就有不同的學習途徑，才能獲得最佳的學習效果。自然科的知識也有上述各種類型，因此，建構主義教學並非是唯一適當的教學策略。若是事實的科學知識，則必須用傳統的知識論為基礎去學習，亦即五官觀察、體驗、證明、記憶、重複練習；若為思考性的、程序性的、觀念關係的知識，則應進行認知建構的教學策略。

　　建構主義教學強調的是科學概念的學習。惟自然科的教學不只讓學生建構科學概念而已，自然與科技的學習還包括了科學方法、科學態度、思考知能、設計創造等科學和科技素養的學習。吾人常將建構教學獨立於探究教學之外，這是一種迷思；它應包含於探究教學之中。因此本節以「探究教學」相對於「講述教學」，而不以「建構教學」相對於「講述教學」的分類。民國八十二年版的國小自然教科書，亦強調探究教學，摒棄講述教學；惟課文中仍以提供現成的實驗步驟，學生依課本所述步驟進行操作，稱為食譜式探究。茲比較講述教學、一般探究教學與建構教學三者之異同如表 6-1，可窺見「探究」程度之不同，有些是

相通、互用的。

表 6-1　講述教學和不同程度探究教學之比較

→ 探究學習的程度愈多 →

	講述教學	食譜式實驗	探究教學	建構教學
1. 問題呈現	已存在課本中	已存在課本中	教師提問	學生提問 迷思概念出發
2. 資料收集來源	教師講述、轉移知識	操作後	教師引導學生收集	學生多元來源收集
3. 問題解決步驟	教師講述課本中陳述的步驟	閱讀課本中陳述的步驟	教師引導提出假設、設計變因	學生自己提出假設、決定變因
4. 資料解釋	教師講述課本中陳述的現成結論	操作後獲得知識	根據上述 2、3 項及操作實驗結果解答問題	
5. 發表傳達	學生複述課本的結果	給現成的習作格式	學生自己依據上述各步驟所做之結果用各種不同方式呈現，如圖、文、表、推理等去傳達	
6. 學習者接受模式	閱讀課本或聽講；耳到	被動觀察操作 hands-on	hands-on 和 minds-on 觀察	hands-on 和 minds-on 主動觀察操作
7. 學習者規模	個人	個人或小組合作	小組合作	社會建構
8. 學習結果	被動接受權威者之教材；知識獲得	獲得科學概念、科學過程技能、科學本質的學習		學生主動建構科學概念、獲得科學過程技能、科學本質的學習
9. 教學者角色	權威者；演員主角、知識傳遞者	說明者	引導者、導演、評鑑者	引導者、輔助者、激思者、觀察者、評鑑者
10. 評量	紙筆測驗；標準答案	除紙筆測驗外，另加總結性之實作評量	除紙筆測驗外，形成性多元評量	除標準答案外，允許合理的另類答案；形成性多元評量

建構主義教學策略實例

建構式教學應如何應用於教學呢？建構取向的教學是探究教學的一種。探究的過程就是學生學習的過程，也就是學生建構的過程。建構教學與其他探究的教學模式不同之處，也可再由下列幾個教學策略來突顯。

教師可在教學之初，用問題引出學生自己的想法，再來探究事實。這種診斷學生的迷思概念（misconception）或稱先備知識（preconception）為切入點的教學，是建構主義教學的方式之一。例如欲進行葉序教學之前，教師可以先指定校園中已有的一種植物，讓學生畫畫看葉子有哪些長法？待學生的先備概念呈現後（如下圖 6-1a），教師毋需馬上糾正，而讓學生拿自己畫的結果，去核對這棵植物的葉序，從而改正錯誤的地方（如下圖 6-1b）。這個教學實例富含了建構教學的精神──診斷學生迷思概念。因此有建構主義論者主張「學習是一種概念改變」（conceptual change），由學生的迷思概念，改變為科學概念。

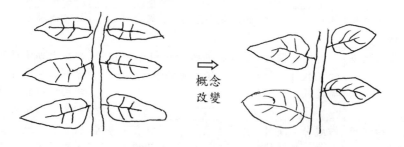

概念
改變

圖 6-1a　學生的先備概念　　　圖 6-1b　學生的科學概念（互生）
　　　　（榕樹的葉序──對生）

進行昆蟲外形教學時，先讓學生畫下某種熟悉的昆蟲外形，特別提醒學生「要畫出昆蟲的腳從哪裡長出來的」；例如，螞蟻是學童熟悉的

昆蟲，很少學生能正確畫出三對腳的位置。當學生完成了螞蟻外形繪圖後（如下圖 6-2a），教師不直接糾正錯誤，而是觀察螞蟻實體或圖片，核對自己畫的哪裡錯了？由此建構正確的昆蟲外形概念（如下圖 6-2b）。

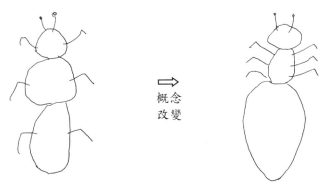

概念
改變

圖 6-2a　學生的先備或稱迷思概念　　　圖 6-2b　學生的科學概念

　　教師應用矛盾現象（discrepancy）作為引起動機也是建構教學的特色之一。教師展示一個自然現象的情境，讓學生先預測會有什麼結果。隨後，教師操作後所呈現的結果，卻與學生預期的結果不同，而產生矛盾現象；學生的先備概念（preconception）和真正的科學家認可的科學概念（scientific concept）不同，以此引起學生「為什麼會這樣？」的好奇，進而探究真正的原因。

　　下面列舉數例，是矛盾現象應用於教學的實例。先列出實驗步驟，再討論實驗過程或內容。矛盾現象的應用可引起動機，提高學習興趣。

　　例一：「輕的反而沉了？」

1. 事先選購一個柳丁及沒有破損的葡萄數顆。
2. 準備一杯水及一杯無色汽水。
3. 讓小朋友預測柳丁會沉還是葡萄會沉。
4. 將柳丁和葡萄放入同杯水內，觀察浮沉。
5. 預測葡萄放在汽水杯中的情形，再實作。

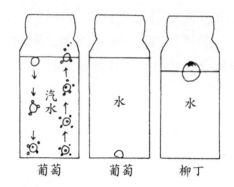

結果：柳丁浮著，葡萄沉在水杯底，但葡萄會浮在汽水杯上。

討論

　　物理性質常常產生一些戲劇性的效果，可吸引小朋友的興趣及注意，進而學習為什麼有這種出乎意外的結果。厚皮柳丁雖大，但內有空氣而密度減小，因此浮在水中。葡萄雖小，但沒有厚皮，比重大於水而沉下。但在汽水杯中，二氧化碳的氣泡附著於葡萄表面，減少了葡萄相對於水的比重，而使葡萄浮上來；當表面氣泡一旦消失，葡萄就沉下去了。此實驗可以用鹽水有較大的浮力原理，變化實驗內容。本實驗尚可使用檸檬、橘子代替柳丁，或用小番茄代替葡萄，做浮沉實驗。

　　例二：「吹不開的乒乓球」

1. 空的汽水鋁罐二個（或兩個乒乓球）。喝完汽水後，將空罐用綿線吊起來（乒乓球可用膠帶將球黏於線上）（兩個乒乓球放桌上亦可）。吊起來時，需維持罐子垂直。二罐相距約三至五公分。
2. 在二鋁罐之間，用力吹氣。吹前，讓小朋友預測罐頭會怎麼動。

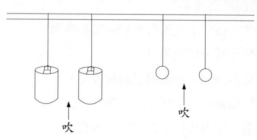

結果：二個罐頭靠攏而非分開。

討論

小朋友原以為罐頭會被吹開。事實上，用力吹時，在兩罐之間，暫時缺少空氣，也就是流動快速的空氣密度減小，壓力大減，罐頭外側的壓力大向內壓，而迫使二罐靠攏。但隨後附近的空氣流入內側，恢復兩側相等的壓力，二個罐頭又恢復了它原來的樣子。乒乓球的情形也是一樣的。

前述建構主義取向教學的原則，應落實在教室教學中，才不至於落入講述教學的巢臼之中。建構概念的情境很多，如學生在實作中建構科學概念，在同儕合作學習中建構概念，在問題解決的過程中建構概念，在回答老師的問題中建構概念，用「學習環」的探索過程（王美芬、熊召弟，1995）中建構概念。是以，建構教學就是探究教學，它所強調（或曰教學的切入點）的是學生的先備概念、矛盾現象、概念改變、同儕及教師的互動學習為核心的一種教與學的方式。教師應靈活應用各種不同策略，配合適當的教材，進行建構教學，則可收事半功倍之效。

第 7 章

問題解決教學

　　問題解決（problem solving）導向的教學目的，是要提高學生實質解決問題的能力，此問題的範疇是科學、科技上的核心，再擴大至生活上的問題。問題解決的能力養成，應先有解決問題的習慣與態度，遇到困境、疑難，先有自己願意設法解決、不求他人的想法，常有此想法就養成一種習慣，有此習慣才會持恆解決問題，日積月累，解決問題的能力慢慢提升。試想，學生若遇任何實質問題便問教師、家長或同學，雖然可快速獲得解決，但他們的能力永遠無法提升。學生經由解決問題的過程，他們學會做事的方法。俗語說「成功的人找方法，失敗的人找藉口」，找方法去解決問題，正是科學教育的目標之一。

問題的定義和問題解決步驟

　　什麼叫做「問題」？吳德邦（1988）認為的「問題」就是個人或群體所遭遇需要解決的「狀況」。心理學家為了研究人類解決問題的歷程及方法，給「問題」各種不同的定義。但 Mayer（1992）的定義較明確而容易了解。他認為問題有三個特色：

1. **有已知的條件（given）**：問題起始階段，包含的一些訊息、條件、因素。

2. **目標（goals）**：問題預定達成的另一個階段。問題解決就是由

第一個階段移到第二個階段。

3. **障礙**（obstacles）：由第一階段移到第二階段時有困難，因為對解決問題者來說，目前沒有明確與直接的策略，稱之有障礙。由此可知，若由第一階段移到第二階段，如果沒有困難或障礙，那麼就不算「問題」了。

問題解決不是回答試卷上的問題（questions），有答案即可。問題（problem）解決是許多環節的複雜過程，它有一連串的步驟，包括心智活動及行動。教育的功能是強化解決問題的基本知能，使個體在實際的困境中洞察關鍵，應用所為的知能解決問題；當然，最終目標希望在個體的未來生活及職業上，具有有效的、如專家般的解題能力。

生活科技課程常安排解決問題的教材。生活科技方面的問題類型有：

1. **修正型的問題**，例如，電燈不亮了，需檢修。
2. **改良型的問題**，這是對一種產品能改良增進其功能，例如，做好的橡皮動力車會跑了，但如何讓它跑得遠、跑得直。
3. **創發型問題**，以新的、不同於現狀為導向的，例如，怎樣解決能源不足問題。

從學習者的角度而言，問題解決是一種學習方式，也是學習者高層認知的表現，這種表現可以依學習者產生新的觀察力，並能重視其思考歷程。解決問題其實也是一種創造思考的過程，是一連串自我發現的活動過程。要解決問題必先了解問題、把握問題，並且自我尋找達成同樣途徑的方法，教育學者所提出的解決問題步驟各有千秋，繁簡不一。

蓋聶（Gagné）、杜威（Dewey）或波亞（Polya）等教育家提出「問題解決」的步驟不外乎：

1. 發現問題、提出問題。
2. 界定問題、了解問題。

3. 提出計畫或假設，或其他可能解題的途徑。

4. 選擇最佳的假設或做決定並執行計畫或考驗假設。

5. 回顧、評鑑或檢討。

柯華葳（1994）提出的解決問題模式，對教師而言是較容易實施的。她建議的步驟依序為：

1. 解釋問題，包括：(1)什麼是造成這個問題的主要原因？(2)這些原因之間有什麼關係？

2. 確定問題。這個問題到底在問什麼？

3. 提出解法。不同解法有效嗎？有什麼限制？

4. 還有其他次級問題嗎？若有再返回步驟 2.。

Treffinger 等人（1994）所提出的解決問題具體步驟如下：

1. **了解問題**（understanding the problem），包括有下列三個階段：

   (1)察覺狀況（mess-finding）：確認並選取問題，在未明朗的事實情境下，找出困境的問題。

   發散式思考：收集與情境相關的事實及經驗。

   聚斂式思考：找出有系統的方法，去決定應對的方向。

   (2)尋求資訊（data-finding）：運用 6W 策略（who、what、where、when、why、how）進行相關資訊收集，找出重要的事實、想法、相關事物和議題。先收集許多相關的資訊，由不同觀點、不同感覺來考量問題，或自問自答找可能的答案，再分析、找出重要的資訊。

   (3)發現問題（problem-finding）：發現、確認特定的目標或問題。先盡量激盪出各種可能的問題，再選擇一個最具挑戰、最有興趣或最有可能被處理的問題。

2. **產生想法**（generation of ideas）：也就是尋求想法（idea-finding），盡可能想出各種主意、方法，新奇、奇怪的皆可，勿立即作出評

判，最後再檢視、選擇一個較適宜的方法。

3. **行動計畫**（planning of action），其階段如下：

　　(1)首先發展出一套評鑑的標準，去評估前一階段所選擇的方法。
　　　評估後選出較適宜的方法。

　　(2)接受所決定的方法，發展出行動的計畫。要先考慮可能幫助計
　　　畫進行的各因素，再擬定一個可行的行動計畫。

　　學生不一定要按Treffinger等人主張的順序進行，也不一定要進行所
有的階段，各階段也不應拘泥既定的線性流程或步驟依序產生，只要把
握住其基本精神即可。每一個階段先讓學生盡可能地想出多種方法，再
從中選擇一個較佳的方法執行。

　　教學現場中解決問題的教學策略，教師應該：

1. 規劃學生能力所及，但不熟悉的活動。

2. 提供學生不同類型的問題。

3. 教導學生思考技巧。

4. 鼓勵革新及創造性的構想及解法。

5. 學生面臨挫折前給予幫助。

6. 讓學生自己想辦法或查資料，不要依靠老師提供現成方法。

7. 和同儕合作討論出方法。

8. 師長介入。教師可從合作討論出的方法中，引導出可能的解決策
　 略。

9. 若老師也無法解決，則可請教專家。

　　王鴻儒（2005）提出設計與製作教學方面問題解決的「八自態
度」，不先求老師代為解決，學生自己先嘗試解決可為參考。

1. **自動**：自己的動機，自己運用材料和工具，從實際活動中去完成
　 工作。

2. **自做**：自己設計、計畫，自己實行。

3. **自學**：自己找資料解決問題，找老師（包含電子益友）討論問題。

4. **自然**：不急不徐，不強迫，依個人的個性自然發展。

5. **自責自省**：自己負成敗之責，做不出產品不是怪老師不對、怪工具不好、怪同學……，一面做一面反思，即時做正確的決定。

6. **自評**：自我評鑑、評量。

7. **自擇自決**：自己決定、自己選擇，為自己而工作，不是為父母或老師而工作，自己設計，是有目的行動。

8. **自問自思**：經由腦力激盪，自問自答。例如，目的、如何做、優缺點。之後與同儕或老師討論，才能言之有物且掌握重點。

問題解決教學實例

　　除了上節所提之複雜解決問題過程之外，教學上，教師以開放性問題，讓學生針對一個問題，提出多個解決策略，亦可以培養其解決問題的習慣與能力。茲舉例「問題解決」之單純的問題類型及參考答案，以使教師利用於教學中，養成教師常提出困境、學生解決的習慣，讀者亦可自行增添問題解決的方法。

●**如何收集水蒸氣？**

　◆利用三角錐裝水，下面用酒精燈燃燒，瓶口套上塑膠袋。

　◆在燃燒瓶的上方放一斜板，斜板的最底端擺一小燒杯裝蒸發凝結流下來的水。

●**如何在粗塑膠管上打洞？**

　◆用一線香燒出一個洞。

　◆利用放大鏡將陽光匯聚於一點燒洞。

　◆利用工具鑽一個洞。

●**在一大袋米中如何估算袋中米粒的大概數量？**

◆ 量出少量（約 20 或 30 顆）米的重量，再秤整袋米的重量，便可以估算。

◆ 將一袋米倒入一底面積小的瓶子中，數出底面積有幾顆米，再量出高度相乘，便可得到數字。

● 如何從攪混在一起的木屑及鐵粉中取得鐵粉？

◆ 將之拿去燒，木屑燒完後留下鐵粉。

◆ 利用磁鐵將鐵粉吸出。

◆ 將之丟入水中，木屑會浮起鐵粉會沉澱。

● 怎樣將一塊重五百公克的鐵塊浮於水上？

◆ 將鐵塊打造成船型，像船一樣浮在水上。

◆ 將鐵塊放在大木頭上，靠木頭的浮力將鐵塊撐起來。

● 怎樣不用水平儀去測量一張桌子的桌面是不是呈水平狀態？

◆ 在桌面上放一個圓球，看圓球往哪個方向滾動，則桌子就向哪邊傾斜。如果不動就是呈水平狀態。

◆ 在桌子上倒水，看最後水流向哪邊，就是往哪邊傾斜。如果亂流沒有一定的方向，就是呈水平狀態。

● 如何使一塊油土可以浮在水面？

◆ 做成船形、碗形、盆形。

◆ 把油土放在保麗龍板上，或放在空瓶中將瓶放於水面。

● 哇！鐵釘掉到魚缸了，怎樣不讓手濕又可以將鐵釘拿起來呢？

● 用什麼方法可以收集一些螞蟻，拿到教室來觀察？

● 怎樣讓橡皮動力車跑得直又遠？

● 若要將一顆蛋從五層樓高的地方丟下，怎麼樣才能使它不會破掉呢？

再舉一個複雜的科技問題例子及國小學生提出的參考方法。「人類要到月球上去建立一個社區住下來，需要解決哪些問題呢？」

● 首先問如何到達月球：

月球距離地球平均約三十八萬公里，如果搭乘時速一千公里的火箭，需要三百八十小時、十六天才能到達。所以，如果能發明以光速前進的太空梭，只要約二分鐘就可到達，免去上洗手間、吃東西的麻煩，而且增加便利性，相信可以吸引更多的人想到月球居住或旅遊。

● **到了月球，如何在月球上生存：**

分成幾部分來解決，試看學生想像的策略舉例。

◆ 防護罩：月球沒有大氣保護，太空中的大小隕石會直接撞擊月球，所以首先安全措施要做好，可以在月球的整個天空先裝上防護罩，以保障生命安全。另外，因月球外圍沒有臭氧層保護，所以防護罩上需塗上隔絕紫外線的化學藥劑，以免人類皮膚產生病變。防護罩的裡面，可以將壓力、氣溫調節至適合人類生存的環境，到時候，一年四季如春。

◆ 空氣：人沒有氧氣只能活五分鐘，所以一定要提供氧氣，但是每人揹一桶氧氣桶太笨重了，所以最好在防護罩內提供中央空調處理，不僅可提供呼吸用的氧氣，還可以將呼出的二氧化碳再利用。

◆ 食物及垃圾的處理：月球上的土壤不適合植物生長，所以蔬菜或牲畜最好由地球運送過去，反正只需二分鐘。不過為了避免重蹈地球所面臨的垃圾危機，一定要發明某些細菌將垃圾完全分解，使月球的環境保持乾淨無污染。

◆ 行：因為月球的引力約只有地球的六分之一，所以物體的重量相對較輕，物體比較容易浮起來，而且為了避免地球上常常塞車的狀況，所以可以開發能在天空飛的車子，多利用三度空間的車道，以確保行車順暢。

◆ 住：鋼筋水泥的房子建造起來耗費太多資源，建議可用組合式的房子，廚房、廁所、臥室等可因主人的喜好選購適合的空間及設備，加以拼裝；並且材質是可回收再利用的，這樣搬家可

隨意帶著走，方便又省事，而且也不怕產生無法處理的垃圾破壞環境。

◆ 美化環境：月球上是一片荒蕪的大地，需要一些綠色的植物點綴，也需要大型公園提供休閒場所，但是月球上的土壤不適合植物生存，有兩個辦法解決：一個就是從地球上將土壤運過去，另一個就是用合成土壤，讓植物能適合生存。

最後再舉一適合國小學生閱讀之問題解決的實例，包含了製作的原理、步驟、挑戰及秘笈；學生藉由此活動，培養解決問題的能力。

「沉浮玩偶之製作」——你會解決問題嗎？

原理

● 物體在水中是浮？還是沉？決定於該物體之密度。
● 物質（體）的密度是怎樣算出來的呢？
　公式：重量（公克）÷體積（立方公分）＝密度
● 如果有一個物體的重量是 50 公克，體積是 100 立方公分，那麼這個物體的密度是：
　$50 \div 100 = 0.5$
● 水的密度是 1.0。
　當物體的密度小於 1.0 時，這個物體就浮在水面，當這個物體的密度大於 1.0 時就沉下去。
● 可以利用這個原理來做一個沉浮玩偶。

步驟

1. 把塑膠吸管尾端剪成如圖 1，並在乳頭上畫臉譜。
2. 用數支小鐵釘插在吸管乳頭上。如圖 2。
　乳頭下方插鐵釘有什麼作用？

（續下頁）

（承上頁）

圖1　　　　　　　　　　圖2

3. 在裝水的杯子中，調整乳頭內的水量，使之能剛好浮在水面上，如圖3。
4. 垂直取出乳頭，放進裝滿九分滿的寶特瓶中，如圖4。

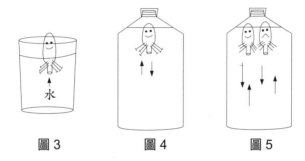

圖3　　　　　　圖4　　　　　　圖5

5. 蓋緊蓋子，雙手捏瓶子，玩偶應該下沉；放手，玩偶會上升。
6. 再重複步驟，做第二個玩偶。
7. 把第二個玩偶也放進寶特瓶中，如圖5。
8. 用力捏瓶子，第一個玩偶下沉，繼續用力捏，第二個玩偶又下沉。輕輕放手，兩個玩偶陸續浮上來。

問題及解答

1. 吸管乳頭內空心時，它的比重很小，用什麼方法能增加它的比重呢？
   （不加東西）重量（小）／體積（大）＝比重小
   （加鐵釘）重量（大）／體積（一樣大）＝比重比較大
2. 如果加太多鐵釘會怎樣？
   加入鐵釘讓它的比重接近 0.9 或是 0.95 時，我們只要再擠一點水進入乳頭內，比重很容易就超過 1，就下沉了。
3. 放手時，乳頭內的水流出來了，比重減少到小於 1，所以就浮上來了。

（續下頁）

（承上頁）

挑戰自己

1. 做＃1、＃2、＃3三個一樣的沉浮玩偶，放入寶特瓶中，當你用力時，1號玩偶下沉；繼續用力捏，2號玩偶下沉；繼續用力捏，3號玩偶下沉。放手時，依序浮上來。

2. 試試造形不同的沉浮玩偶吧！

秘笈

1. 三個玩偶調節它們的比重時，要差一點點，就容易依序下沉、浮起。

2. 調節玩偶比重時，愈接近1（例如：0.95、0.90、0.85）愈容易下沉。如果比重很小，就要用大力氣才能把玩偶擠下沉。

3. 想一想，鐵釘為什麼要這樣放？它的作用是什麼？可不可以把小鐵釘放進乳頭內？可不可以用別的東西替代鐵釘呢？

第8章

創造思考教學

　　學校教育一直重視學生創造力的培養，尤其今日二十一世紀，社會變遷飛快，科技日新月異，創造力是每一位國民必備的能力。創造是進步的根本；一人有一件創新產品，千萬人皆受用不盡。

創造思考內涵與教學

　　何謂創造力？鄭昭明（1997）對於「創造力」的解釋是：由創造力所產生的事物、理念或成果，除了有新奇性之外，還必須是適切的、有意義的、有價值的或對社會有益的。創造力若錯用於對社會負面價值者，不能謂之創造力。

　　毛連塭（1995）將中外有關創造力的定義整理如下：

1. 創造乃是創新未曾有的事物。這種能力謂之創造力。
2. 創造是一種生活方式，能夠具有創造性生活的能力就是創造力。
3. 創造乃是問題解決的心理歷程，創造力也就是問題解決的能力。
4. 創造是一種思考歷程，在創造過程中運用創造力，在思考結果表現創造力。
5. 創造是一種人格傾向。
6. 創造力乃是將可連結的要素加以聯合或結合成新的關係。
7. 創造力乃是個人整體的綜合表現。

若以 Torrance（1970）的創造思考測驗項目來分，創造力應有下列四個特性：

1. **流暢性**（fluency）：是指能想出很多可能性或答案。
2. **變通性**（flexibility）：是指能從不同的角度、類別，或不同層次的思考。
3. **獨特性**（originality）：是指想法和別人或固有的不同。
4. **精密性**（elaboration）：對各種想法或意見能提示運作細節，或相關資料，而且是有效的。

所以，創造力就是創新事物、問題解決的能力，是一種思考的歷程，有此能力的人能表現出一些人格特質。具有創造性潛能的學生，會表現出好奇、機智、喜歡處理困難的工作，能享受解決問題的樂趣、反應敏捷、涉獵廣、喜歡閱讀、綜合及透視問題內涵的能力很強，也常看見別人所未看見，自覺力很強、善於聯想、喜歡面對挑戰、富於想像力，這些都是有創造力的特質。創造行為產生之前，必有創造性的特質、態度或習慣，有此態度或習慣才有創造思考的興趣，有興趣才有行為；在創造思考的歷程中，獲得創造能力的擴展或提升。以教育的立場，應思創造力是人人均具有的能力，因此透過教育，可以開發、培養每位學生潛藏的創造力。

創造力既然是每人均有的潛能，又有步驟地表現於行為之中，在教學實務上，則可以用教學策略來培養學生的創造力。例如，多應用擴散性（divergent）的思考、提問，教師不提供現成的答案，多鼓勵「想多一點答案」、「用什麼東西取代現有的，又能保有相同功能！」、「不要和別人一樣的答案」、「跳出既有的範圍想想看」，這些鼓勵的語句，均能激發孩子的流暢性、變通性和獨創性。有時教師要提出模仿的物品或對象、示範作用，以使學生能踏上開始的第一步，進而有多元的創意。

張玉山（2002）提出九種創造策略，這些策略對於「設計與製作產

品」尤為有效（實例將於第十六章「生活科技的教學」中敘述）：

1. 用途（use）
2. 適應（adapt）
3. 修飾（refine）
4. 放大（enlarge）
5. 縮小（reduce）
6. 替代（substiture）
7. 重組（rearrange）
8. 顛倒（reverse）
9. 組合（combine）

　　一件作品可由上述策略想出很多富有創意的新產品。科技教材特別注重創造性解決問題，教師常可提出問題：沒有Ａ材料，可以用什麼取代呢？這樣做能有什麼功用？不放上面、放下面可行嗎？把輪子縮小一半來設計會怎樣等等，都可以引導學生創意解決問題的思考。創造思考的教學，可以和解決問題的能力培養同時進行教學。因為在問題解決的過程中，需使用到創造思考的特性。

　　教師對於學生所提的突兀問題或答案，甚至觀點都應給予尊重，教師也可以評論學生一些超理想或想像的看法，允許學生在教室中可以自由發揮創意。當解決問題只有一套時，就不太算有創意了，應該要有多個方法。老師口頭上的鼓勵、諮詢、支持、認同，可以刺激學生勇於多元表現，以增進其創造力。學生害怕失敗或錯誤，常常不敢多言、多做，而泯滅了創意。下列參考問句可用來鼓勵學生，發揮創造力：

　　◆ 這種東西（或想法、意見、作品……等）可以有新的用途嗎？
　　◆ 我們怎樣來應用你的想法？
　　◆ 我們怎樣來修改你的想法？
　　◆ 我們怎樣來擴展、增進你的想法？
　　◆ 我們怎樣來縮減、聚焦你的想法？

◆ 用其他什麼想法（物品、觀點）來取代你的想法？

◆ 和你的想法相反的是什麼？

◆ 讓我們來把你的和他的想法合併起來考量！

創造思考教學實例

　　培養學生創意的教學，與培養解決問題一樣，先養成習慣和態度，再談能力。教師在教學進行實驗時，應養成學生變通性的創造思考。變通性可以由實驗器材的取代著手，能想出愈「多」的取代物，愈有創意。例如：

● 用什麼材料可以做小話筒？

　　◆ 養樂多瓶、紙杯。

● 如何在缺少玻璃圓柱筒時，作「空氣對流」的實驗？

　　◆ 可以用紙捲成筒、用寶特瓶剪洞。

● 做「熱傳導」實驗，可以用什麼把小牙籤豎立在金屬上？

　　◆ 蠟、奶油、巧克力。

● 用什麼材料的容器可以做一個水車？

　　◆ 牛奶紙盒、寶特瓶、罐頭。

● 用什麼材料可以做橡皮動力車的車身？

　　◆ 用鋁罐做車身。

　　◆ 用 CD 片貼在衛生紙滾筒的兩邊做車身。

　　◆ 用洋芋片筒做車身。

　　◆ 用寶特瓶做車身。

　　◆ 可以用水桶做車身嗎？

● 如果沒有槓桿教具，我們可以用什麼方式代替？

　　◆ 用筷子、竹籤、尺做槓桿。

　　◆ 用螺帽、迴紋針、同大小的鐵釘，設法一個接一個掛在槓子的

兩邊。

　　看一看有創意的人如何將一塊大石頭搬動（下列方法有些是小朋友的想法，它符合流暢性的特性，但不一定有精密性）：

● **如何將一塊大石塊搬動？**

◆ 槓桿原理。

◆ 將大石塊下方畫出一道斜線即可滾動。

◆ 去問造金字塔的埃及人啊！

◆ 把大石塊敲成小石塊分批移動。

◆ 請冰河幫忙一下，在冰河上滾。

◆ 用電腦動畫的移動選項移多遠就有多遠。

◆ 利用 PHOTOSHOP 軟體改變圖片背景，再經過剪接就是移動過的了。

◆ 把自己想像成螞蟻，螞蟻可以搬很重的東西。

◆ 石塊不動，但我的視線從原本看到石塊移動身體到視線區看不到石塊，也是種變相的搬動。

◆ 將石頭以修辭學擬人化後，再請他動一下身體。

◆ 用棉花和紙作成的大石塊的背景道具，就可以輕易地搬動。

● **常見的「輪子」，可以如何發揮聯想呢？**（引自陳得人，1999）

◆ 輪之材質：木、鋼、鐵、橡膠……等。

◆ 輪之種類：輪軸、滑輪、齒輪、車輪……等。

◆ 輪之運用：交通工具、遊樂器材（如摩天輪、直排輪）、計時（如鐘錶零件）……等。

◆ 輪之動力：人力、獸力、化學能、太陽能……等。

◆ 科學原理：槓桿原理、摩擦力、慣性、運動（precession）……等。

◆ 有了輪子之後，社會有何影響？

讓學生用「輪子」來繪聯想圖（類如本書十一章的概念圖），亦可培養其創造力。

● 教師可以用簡單的線條為起始，讓學生繼續完成一幅圖，而且創造出很多的圖來。例如，以兩個半圓形為開始，畫出各式各樣的圖。給學生一星期的時間，學生可能畫出一百種以上的圖呢！如圖 8-1 之例。

● 再試一試用數字造句；任由孩子去想像，用數字的諧音造國語的句子。

　◆ 8879576　　爸爸吃酒我吃肉。

　◆ 5711438　　吾妻一一是三八。

　◆ 5201314　　我愛你一生一世。

　　學生學了地球的運動以後，知道日夜和四季的形成，是由於地球以 23.5 度傾斜軸自轉和公轉造成的。老師提出問題：如果地球的自轉軸沒有傾斜地自轉，會有怎樣的結果？請由植物、動物、氣候、人類等各方面去思考，可延伸出許多的創意問題和解答。如果學生學會了水的三態與水循環，老師提出問題：「你想當水、當水蒸氣、還是想當雲？為什麼？」學生可能的答案會是：

　◆ 我要當水，因為：

　　我將永遠不會死。

　　我有大力量可以把石頭沖走。

　　我可以變不見了、隱藏起來。

　　生物都需要水。

　　……

　◆ 我要當雲，因為：

　　我可以飛。

　　我可以隔開太陽光、紫外線……

　　我可以變成雨。

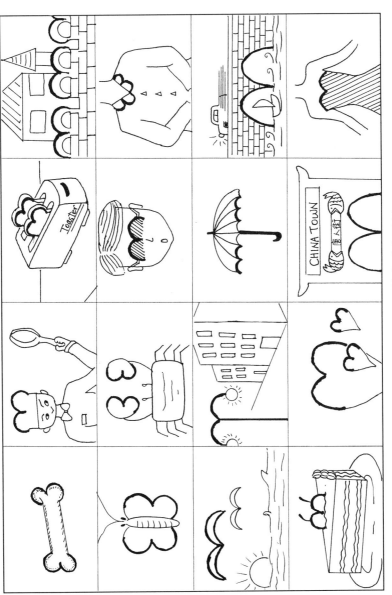

圖 8-1 以〈〈為啟始完成之圖例

我可以千變萬化形狀。

我可以很低，飛到大廈的窗口；也可以很高，高到大山的山頂上。

我可以讓天空更美好。

……

何偉雲（2003）設計了創造性思考解決問題的範例來檢驗學生的表現，看學生是否能：

1. **發現問題**：學生是否能由數個觀點或條件中看出可能問題，並把範圍縮小到主要的問題。

2. **形成問題**：從發現的各種問題中，不斷調整自我形成一個待解決的問題。

3. **提出想法**：產生多個主意或可能解決問題的想法。

4. **提出最佳解答**：在數個可能的解決方法中，選出最可行的方法。

何偉雲所設計的範例步驟清楚、目標明確，值得參閱。下列二例的問題能指引學生一步步趨向解決問題，教師可引用此步驟於教室的其他問題解決上。

1. 小華將木塊置於斜板上，讓木塊由斜板滑下。

   ⑴你認為決定木塊離開斜板可以滑多遠距離的原因有哪些？任何你想到的原因都可以寫出來，不用考慮是否正確。例如，a.木塊的重量；b.……等（要標上號碼，寫出愈多項愈好）。

   答：＿＿＿＿＿＿＿＿＿＿＿＿＿＿＿＿＿＿＿＿＿＿＿

   ⑵在第⑴題寫出的答案之中，你認為哪一些是最重要的原因？例如，我認為木塊的重量……等最重要。

   答：＿＿＿＿＿＿＿＿＿＿＿＿＿＿＿＿＿＿＿＿＿＿＿

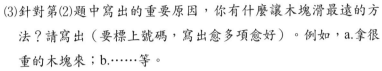

(3)針對第(2)題中寫出的重要原因，你有什麼讓木塊滑最遠的方法？請寫出（要標上號碼，寫出愈多項愈好）。例如，a.拿很重的木塊來；b.……等。

答：＿＿＿＿＿＿＿＿＿＿＿＿＿＿＿＿＿＿＿＿＿

(4)在第(3)題寫出的方法中，你認為哪種方法是最好的、實際上最可行？

答：＿＿＿＿＿＿＿＿＿＿＿＿＿＿＿＿＿＿＿＿＿

2. 大明因參加學校的電動船競賽，要製造一艘電動船，比賽規定這艘電動船的動力是利用電動小馬達（用電池驅動的小馬達），比賽誰的船在水中能最快到達終點。

(1)你認為大明如果要獲得第一名，他製造電動船時應考慮到的問題有哪些？任何你想到的問題都可以寫出來，不用考慮是否正確。例如，a.船的大小；b.……等（要標上號碼，寫出愈多項愈好）。

答：＿＿＿＿＿＿＿＿＿＿＿＿＿＿＿＿＿＿＿＿＿

(2)在第(1)題寫出的答案之中，你認為哪一些是最重要的問題？例如，我認為船的大小……等最重要。

答：＿＿＿＿＿＿＿＿＿＿＿＿＿＿＿＿＿＿＿＿＿

(3)針對第(2)題中寫出的重要問題，你有什麼解決的方法？請寫出（要標上號碼，寫出愈多項愈好）。例如，a.把船做得小一點；b.……等。

答：＿＿＿＿＿＿＿＿＿＿＿＿＿＿＿＿＿＿＿＿＿

(4)在第(3)題寫出的方法中，你認為哪種方法是最好的、實際上最

可行？

　　答：_____

　　總之，創造思考問題解決導向的教學，是把教學的主要目標設定在創造思考解決問題能力的培養，學生在自然科教材中提升創造思考的能力，雖不若人文學科之開闊，但在實驗設計、生活科技學習方面，仍能在教師適當的指導之下，獲得創造思考能力的提升。

第 9 章

批判思考教學

九年一貫的「自然與生活科技」領域中所提的「批判思考」的能力，是屬於思考智能之一。什麼是批判思考（critical thinking），從字面來看，包括了「批評」和「判斷」。當我們對某些事情有不同看法或不滿意時，我們會加以批評，但也應提出具體的理由和建議，所以批判思考要考慮正反兩面的意見。

批判思考是什麼

在文獻上論及批判思考的定義繁多，例如魏美惠（1999）綜合各家之說，認為批判思考能力是：

1. 反省判斷、獨立思考能力。
2. 建設性的思考歷程。
3. 推理、反省、判斷的能力。
4. 分析、辯證、解決問題的能力。
5. 對人、事能洞悉正、反兩面意義的能力。
6. 分歧性的多元能力。
7. 開放、有彈性的思考方式。
8. 是種對事不對人，秉持誠實、客觀、中立的思考方式。

Norris 與 Ennis（1989）把批判思考的內涵分成特質和能力。其特質有十二項（引自潘裕豐，1993）：

1. 掌握陳述的意義。
2. 判斷在推理過程中，是否有模糊不清的地方。
3. 判斷是否有互相矛盾的敘述。
4. 判斷導出的結論是否必要。
5. 判斷陳述是否具體、特定。
6. 判斷陳述是確實運用了某些原則。
7. 判斷觀察而來的陳述是否可靠。
8. 判斷歸納性的結論是否有正當的理由。
9. 判斷所有問題是否被辨認清楚。
10. 判斷陳述是否只為一種假設而已。
11. 判斷某一定義是否周延。
12. 判斷出自權威人士的宣稱之敘述，是否可接受。

Walsh 與 Paul（1986）認為：「批判思考是一種解釋、分析、評估某種訊息、論點或經驗的過程；在此過程中，運用一些反省的態度、技巧和能力，去指導我們的思想、信念和行動。」因此，批判思考是一種反思判斷，是一種積極性的思考歷程。從社會領域來看一個有批判思考的人，他能以理性的思考態度去面對自己或是周遭的人、事、物，而不是一味地考慮自己的立場，謀一己之利（引自魏美惠，1999）。台灣的中小學生由於筆試的評量制度，在教學過程中，老師也極少提供這個機會去學習，批判思考能力沒有被重視，因此學生在此方面的能力不足。

溫明麗（1997）將批判思考定義為：「一位自主性自律者之心靈進行質疑、反省、解放與重建之辯證性活動，以促使生活更具合理性。」此處所指的質疑，乃指主動的、有意的對結論、現象、定義、推論、權威、方法、原理、原則、過程，乃至對偏見、語詞的清晰性、精確性、矛盾性、周延性、一致性與權威性加以探究或詰問，以追求其論據與理

由之合理性。「反省」是指謹慎、深思、耐心、專心、持久性、警覺性與敏感性。反省的方法很多，其中較常使用者，如：歸納、演繹、分析、比較、類比、推論、詮釋等。反省時，除了對所質疑者加以省思外，亦包括自我的反省。「解放」一詞，指的是捨棄自己不合理或不正確的理念或價值觀。故欲從事解放的心靈活動，必須具備開放的心靈與隨時接受新知的心理準備。「重建」主要指價值觀的重新定位，表現於外的是正確、合理的抉擇。

由以上文獻看來，批判思考的定義廣泛；但從邏輯推理的角度去定義，是對言論或主張的合理評估，能根據客觀資料、依憑規範、常模或標準去比較事物或言論內容，從而提出總結的能力；從解決問題的角度來定義，則為認清問題、檢視問題、了解各種可能的解決方案、明辨各方案之可能結果，繼而作一抉擇。

對於有批判思考能力的人，會表現出怎樣的特質呢？Elder 與 Paul（1994）認為有批判思考的人常懷謙虛，意識到個人在知識上的限制；常設身處地為他人著想；也能公平、客觀看待所有的觀點，不受個人情感或喜好影響其判斷；喜歡尋求真相、開放的心靈、自我信心等，都是一個具有批判思考者的傾向。願意容納各方不同意見、集思廣義、接受不完美及無關的結果，常會合理質疑，理性分析找出矛盾的地方，判斷事情的真偽及合理、公平性。

有批判思考的人相信理性的科學探究過程，對權威和傳統的信條會提出質疑的挑戰，不會盲目地接受權威、有理性的意見、有準則的判斷，而非隨意下定論。思想開放而能接受多元觀點，而且可靈活運用，能公平評價各種觀點所具的理由，不將個人主觀偏好融入評價中，亦即能公正地覺察自己可能有的偏見、成見等，對於自然界的定律原則也可能提出質疑。可見沒有批判思考的人，往往是權威、教師的跟隨者、人云亦云，不愛提問、不愛思考，也不敢表示懷疑或提個人意見。政治人物、決策者若能多有批判思考，則國家之福；公民若有批判思考的能力，則社會法治、知性、合理、公平、正義、理性、科學創新之生活環

境和條件自然油然而生。公民能理性批判思考，則許多矛盾衝突的社會問題易於化解，這對改善人際關係、促進國家進步和諧，是無形但偉大的貢獻。

　　九年一貫的教育目標十大能力中，有兩項是與批判思考有關的：一為主動探究，二為獨立思考與解決問題。若能主動探究，則會想要尋求真相、也有強的動機想把問題釐清；若能獨立思考，則會自我省思、檢視資訊的可信度，這是現今國民不能或缺的能力。若無批判思考的能力，則人云亦云，社會豈有進步之可能？國小階段應培養最基本的三種批判思考能力：(1)澄清的能力，這是指能注意到問題的重點所在，能提出疑問和解答。(2)推論的能力，這是指觀察以及判斷觀察報告的可信度、能解釋、實驗設計、提出結論。(3)價值判斷，尤其能對衝突、正反主張提出合理主見然後作抉擇。

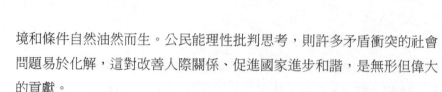 批判思考教學策略

　　教學應如何培養學生的批判思考能力呢？盧玉琴與連啟瑞（1999）也建議科學教育要落實批判思考，應有幾個重要的方向：

1. 培養學習者與教育工作者具有批判性思考的胸懷，避免閉門造車，剛愎自用。
2. 養成學習者有輕批嚴判的胸襟，能以體諒寬容的態度論點辯證活動。
3. 加強學習者自省能力。
4. 讓學習者了解批判思考不是憑空想像。學生自己去發現問題、分析、評估、結論。
5. 培養學習者理性、合邏輯的思考習慣。落實「大膽假設、小心求證」、「有多少紀錄、相信多少話」。
6. 利用批判性思考教學，促成科學教學課程中各學科間的科技整合。生活中問題的產生常常不是以某單一學科知識就可解決的，

常需要各領域的知能，如健康問題、科技問題，都需科際整合。

7. 避免科學批判思考教學與生活產生疏離。學以致用才是教育之目的，故批判思考的教學範疇需與生活緊密結合。

　　批判思考的教學有如探究教學的前提，它必須是學生中心的，老師多發問，引導學生如何去思考，而不是回答思考的結果；也鼓勵孩子發問，會發問的孩子，表示他有動腦去思考。所以，學的過程重於教的過程，老師不是知識的傳遞者。如此，教師便可以想像這是一個怎樣的教室學習氣氛了！它應該是充滿了對話、辯證、討論的氣氛。

　　學生要進行批判思考的學習，當然背景知識的充實很重要，這樣才能言之有物。溫明麗（1997）建議進行批判思考的教學時有些通則需要注意，而這樣的教學過程顯然是探究教學法的精神呢！

1. 因材施教。
2. 民主的教學方式與氣氛。
3. 運用詰問與省思。
4. 提供創造與反思的機會。
5. 提供自由想像的空間。
6. 多討論，少直接給予答案。

國小階段進行批判思考導向的教學，應從下列方向著手：

1. 多提供爭議性的議題，讓學生辯明。
2. 提醒學生正反兩面意見均應表述，並尊重別人意見。
3. 提醒學生要經過充分的討論之後，再作出評斷，提出建議。
4. 培養學生能夠循序、合理、有邏輯地提出自己的想法說服別人，要有充分的證據支持才可以。
5. 養成容許沒有絕對結論存在的態度。
6. 讓學生在評斷之後也能有反省自己的過程，並且能適度地回饋給身邊的人。

7. 應該營造一些氣氛以鼓勵教學中較沉默的學生發表自己的意見。同時也要提醒其他較活躍的學生有耐心地傾聽同學的意見，這也是民主社會中國民基本的素養。

8. 提升教師專業自主的能力。批判思考教學必花費較長的教學時間，勢必擠壓到其他教學進度。可以在平日教學中以穿插的方式，配合教材內容，隨時安排小主題培養學生批判思考的習慣，是比較可行的方式。

日常生活中涉及批判性思考的議題極多，這些議題在國小階段可粗略地由正反兩方來探討，藉批判思考釐清問題的癥結，爾後才有適切的行動。批判思考的教學目標不同於創造力培養的目標，也不同於歸納、演繹或推理能力培養的教學。批判思考是要培養學生合理判斷人、事、物的真／偽、利／弊、贊成／反對、好／壞、可行／不可行、取／捨、可能／不可能、是／否等議題，最後能做合理、正確的決定（decision making）。

茲舉一些實例，看學生如何批判這些問題。

1. **個子高的人有何優缺點？**（均為學生的回答）

【優點】

(1)穿衣服好看。

(2)增肥的空間較大，可以放心享受美食。

(3)可以呼吸較新鮮的空氣。

(4)可以有較多的就業機會，例如：模特兒、空中小姐等。

(5)看得比較遠，高的東西較容易取得。

(6)游泳、跑步較占優勢。

(7)打籃球、排球等運動較占優勢。

【缺點】

(1)太高的人買衣服不容易找到合適的 size。

(2)容易因重心不穩而跌倒。

(3)太高的人床與家具都需要訂做，花費較多。

(4)因為手長腳長，所以容易撞到天花板或物品。

(5)彎腰不容易，較容易骨折。

(6)不能成為跳高選手。

(7)太高的人鶴立雞群，容易成為被攻擊的目標。

(8)根據醫學研究，太高的人壽命較短，因為心臟負荷很大。

2. 在台北市開車的利弊？

【優點】

(1)很方面。

(2)不受颱風下雨，天氣變化的影響。

(3)機能性質高。

(4)家人一起坐車聯絡親人感情。

(5)坐在車內穿著打扮不受拘束。

(6)節省時間。

(7)想去哪裡就去哪裡。

(8)自己控制出門回家的時間。

【缺點】

(1)塞車浪費時間。

(2)造成交通擁擠。

(3)空氣污染。

(4)停車問題嚴重。

(5)若喜歡開好車，造成虛榮心，花費多。

(6)需要更多的費用，油錢是一大筆開銷，平常的車輛保養費高。

3. 反對或贊成繼續設立核電廠？

【贊成】

(1)設立核電廠發電，消耗的能源較少。

(2)發電量足夠，因應目前遽增的家庭及工廠用電量。

(3)發電量大，足以代替水力發電、火力發電、潮汐發電所產生的電量。

(4)與其他發電方式比較，經濟效益高。

(5)所產生的廢棄污染，除了放射性之外，比火力發電、水力發電所產生的污染來得少。

(6)節省買石油的錢。

(7)不受地形（河川）的影響，沒有河川也可以發電。

【反對】

(1)核廢料所造成的放射性污染直接危害生物。

(2)放射性物質影響時間長，會影響到下一代。

(3)核廢料造成環境污染，無處置放。

(4)如果核電廠出現問題，後果會很嚴重；輻射污染影響範圍包含整個台灣。

(5)成為政治鬥爭的話題。

(6)非核家園是世界趨勢。

4. 如果發展經濟會破壞自然環境，如何取捨？

【重視經濟】

(1)經濟發展蓬勃，人民的所得增高，生活富裕。

(2)設工廠，增加就業機會。

(3)發展科技工業，設立工業區，穩定台灣經濟。

(4)經濟安定，政局也較安定，外交及國際名望也增加。

(5)經濟發展，政府有錢，公共設施較完善，天災人禍可減少。

(6)各國經濟穩定，全球往來活絡，有良性的循環。

(7)經濟穩定發展，有多餘的能力可以發明更有利於生活的事物。

【重視環境】

(1)地球只有一個，環境保護是絕對必要。

(2)保護環境，生物得以生存，減少生物絕種。

(3)重視環境，減少污染，臭氧層破壞速度減緩，以免紫外線對人體直接照射，形成病變。

(4)減緩能源的使用速度，增加能源使用年限。

(5)注重環境，維持生態平衡。

(6)減少環境破壞，增加居住品質。

(7)減少工廠所排放的大量二氧化碳，減緩溫室效應的速度。

(8)使大自然的天氣變化趨於穩定，減少不合常理的現象出現。

5. 如果某預言家預言二○一○年台灣會有大災難。你相信或不信？為什麼？

【可能】

(1)最近地震頻繁，大天災快來了。

(2)人禍太多，老天爺要懲罰我們。

(3)火星會撞地球。

(4)氣候異常。

(5)如果那一年是閏年，就有可能有災難。

(6)台海情勢緊張，恐被攻擊。

【不可能】

(1)沒有科學證據。

(2)天災是自然循環，沒有一定的時間。

(3)社會及自然界仍在軌道上，並未脫軌。

(4)火星大衝年是迷信，不必理會。

6. 某有神力的人可以隔空抓藥，無論何種病，藥到病除。你認為是真或假？

【真】

(1)親自見過隔空抓藥的情形。

(2)親自吃過那種藥,有效。

(3)聽朋友說是真的。

(4)此人有神助。

【偽】

(1)自然現象中不可能由無變有。

(2)應該是騙局。為什麼不能在別人安排的場地抓藥,只能在他安
　排的場地抓藥。

(3)可能是變魔術,手腳快,讓你看不出由口袋中拿出藥。

(4)吃那種藥,病未見效果。

7. 住在公寓或大廈一樓有何優缺點?

【優點】

(1)不用爬樓梯。

(2)進出方便、逃難方便。

(3)停車方便。

(4)可以做生意。

(5)房子價值高。

(6)水壓充足。

(7)適合家中長輩。

(8)敦親睦鄰容易。

【缺點】

(1)淹水最嚴重。

(2)人、車多比較吵雜。

(3)灰塵、蚊蟲多。

(4)視野不佳。

(5)買的時候房價高。

(6)地震被壓得最嚴重。

(7)空氣不好。

(8)排水管堵塞較嚴重。

(9)沒有隱私權。

(10)小偷光顧方便。

　　再列舉一些較複雜的題目，師生需有自然科的基本知識才能批判。請讀者加以判斷可能或不可能，並說明理由。

8. 某班同學想利用暑假組隊登南湖大山，做生態調查二星期，可不可行？請列舉各種條件。

9. 新聞報導謂某人在阿里山附近發現長毛象化石，可不可能在台灣發現長毛象化石？為什麼？

10. 張小華設計的實驗，操縱變因和不變變因合不合理？有沒有可以改善的地方？

　　除了上述之正反兩種理由都需顧及、權衡輕重，利取其重、弊取其輕，再「做決定」，應是國小學童所謂的批判思考能力培養的起始點。對於年級較高者，批判思考應更廣泛的定義，至少應有下列的觀念：

1. 對權威和傳統的知識或信條，會提出質疑和挑戰。

2. 思想開放能接受多元觀點。

3. 能面面顧到多方的意見和多種方案。

4. 願意並充分理解與自己相同或不同的意見。

5. 能公平、公正、不存成見地評價各種觀點或理由。

6. 能覺知自己可能存在的偏見。

7. 在衡量、形成判斷時非常慎重。

8. 願意根據充足的理由、客觀形勢，修訂自己原先的意圖或行為。

　　由此可知，批判思考的能力是一種非常重要的能力，它不僅是一種態度，也是一種思考、一種行為。教師在教室中應常常要求學生問「這是什麼？」「為什麼？」「有其他的方法（理由、材料……）嗎？」

「真的是這樣嗎？」「怎麼做？」鼓勵學生提問、質疑、探究、多提策略，以提升學生批判思考的能力。有此能力的人，相信理性是探究事物和解決問題的方法，也有較佳的自信心、思想開放、胸襟豁達。相較之下，沒有批判思考的人往往是老師眼中較乖、沒有意見的學生，凡事順從權威，不太提問。在判斷他人論據時，往往表現出不公正的樣子，卻又極力否認自己有成見和偏見；在需要做決定時，常依自己喜好或情緒來決定。我們的社會需要有批判思考的人，而不是唯唯諾諾的公民；在自然與生活科技領域中，需要有批判思考的學生，才能連帶提升推理、創造思考、解決問題的能力。

第 10 章

科學—科技—社會（STS）的教學

科技發展帶給人類生活上的滿足及改善，另一方面，它也隨伴產生一些負面的影響，尤其是科技發展帶給環境破壞尤其嚴重；例如農藥、肥料的發明，使農作物增產，也污染土地與水，再危害人類；人類砍樹伐林製造紙張及家具，提升生活品質，卻也使得生態破壞、影響天氣，而有不平常的災害。美國科學教育學者於一九八○年代初期提出，科學教育的目標，不應只以科學知識及科學過程技能為主要目標，也應注重科學知識的應用對個人幸福生活及社會和諧的影響。由科技產生的直接、間接對個人、社會、環境的爭議性問題，也需要解決。這些問題的解決涉及價值判斷（value-judgment）的過程（NSTA, 1991），而科學教學可以培養學生這種價值判斷（Carin & Sund, 1989）。因而 STS 的課程及教學理念遂逐漸推廣於學校教學中。

STS 教學的定義

所謂 STS（Science-Technology-Society，科學—科技—社會）教學，就是以學生日常生活中或社會上所發生與科技有關之問題為主題，以科學的態度及探究的過程、科學概念知識去尋求解決問題之道，讓學生產生創造力或解決問題，並加以應用於社會上。這樣的教學，基本上並不需要固定的教科書，教學主題常由學生自行提出，或由教師從熱門

社會議題中提出，教師再以此主題進行教學。

「科學」是對自然環境的探討，科技是人造環境的探討，社會環境決定前兩者的價值；學生在學習此三者的互動關係，便是STS的教育本質（Aikenhead, 1994）。STS的教學可以說是在培養學生具有解決問題、批判思考、做抉擇與探究的能力，並且要有正確的價值觀、社會觀與世界觀（陳文典，1997）；價值觀、社會觀與世界觀就是「社會」的部分。

據研究指出，對於排斥自然科學的學生，使用STS的教學理念，可以提高他們的學習興趣（盧玉玲，1993；Yager & McCormack, 1989）。在STS的教室中，能為學生提供一個憑自己條件以獲得成功的獨特機會，這些學生可能是因其無興趣或無動機於學習，以致未充分發揮其能力，另有很大可能是評量工具欠缺真實反應學生能力，致使學生能力被低估，這種問題在傳統教學下是易於見到的。因為以教師講授為主要活動內容，卻忽略學生興趣，使得他們的能力未被學科內容或教師的教學策略所充分激發。如果教師只注意到程度較好的學生，所問的問題也只有在教科書才能找到答案的知識，結果造成了惡性循環，學生自尊亦被破壞。但STS教學方式較能提升學習、提供挑戰。研究顯示，低能力的學生工作表現顯著較傳統教學好。

九年一貫課程的設計，著重知識統整性，結合自然與科技為一學習領域，並「以生活上及社會上關心的議題、鄉土的題材來選編教材，使學生能激起自發性的、主動的學習活動」。這樣的觀點實質上即包括了科學、科技與社會三個成分，且可用與科技有關的社會議題來連結科學；換言之，新課程與STS的理念是一致的，而這也是目前的課程所無法全面滿足「純粹STS內容」取向教學的關鍵之一。因為，若依照八十二年版的課程，國小自然科學實為物理、化學、生物、地球科學等四門學科交錯置放而成，各學科知識的界限是很明顯的，而如此設計的結果，與現實生活所面對的問題是有差距的，尤其是社會上的議題，這些問題、議題牽涉到的知識往往是跨學科的，絕非僅靠單科知識即可妥善

解決。儘管新課程的實施尚有一些技術問題尚待克服，但由學理的角度，可發現STS教學正是促進落實九年一貫課程精神的具體做法之一，從課程統整的角度觀之，九年一貫課程恰可提供STS教學發揮的空間（劉國權，2000）。

　　STS教學相當重視態度的培養，期盼教師在設計教學活動時，以學生為中心，著重生活化、趣味化、活動化及多元化，使學生建立正向看法，喜歡且願意上自然課。STS的教學是以學生為中心，達成以個人為基礎的單元計畫目標，而教師則為教練、協助者、營造正向且有益的學習環境者。正因為如此，所以STS教學可為這些學生提供一個機會，使科學成為與個人相關且有意義的課程。

　　到底STS的教學應有哪些理念與做法呢？美國著名科學教育學者Yager提出STS課程理念，供教學者參考，茲引述如下（引自黃達三，1992）：

1. 目標應：

　　(1)著重人類的適應（human adaptation）及對未來的選擇。

　　(2)經由為應付社會問題（problems）及議題（issues）來孕育學生學習科學的動機。

　　(3)應用某些科學過程來解決特定的問題。

　　(4)在社會情境中應用科學知識來形成決斷。

　　(5)把生涯教育及體認（career education/awareness）作為整體學習不可分的部分。

2. 課程應：

　　(1)是問題中心的（problem-centered）、彈性的、在文化及科學上是有效的。

　　(2)以人類為中心的。

　　(3)多層面的，即包含地方及社區性的問題及議題。

　　(4)把自然環境、社區事物及學生本身作為學習的焦點。

　　(5)視資訊的學習是把學生置身於實際文化及社會情境的實況之

中，亦即資訊的學習不應脫離日常生活。

(6)把科學和社會，以及科學研究串連在一起，而孕育出更真確的科學本質（nature of science）。

3. **教學應：**

(1)以學生為中心。

(2)個別化、個性化，並體認學生間的歧異性。

(3)要求學生在問題及議題的研究學習上能共同合作。

(4)把學生當作教學中的重要元素，即學生為主動的參與者。

(5)教學方法要符合現代教學理論及發展心理學的研究結果。

(6)教師要建立學生的經驗，以符合學生的學習是以學生個人經驗為基礎的學習建構論。

4. **評量應：**

(1)注重應用科學概念及過程來解釋個人及社會的問題及議題。

(2)把應用科學概念及過程視為必要的學習成就，也是一個新的起始。

(3)注重創造力及積極態度的評量。

(4)注重多元評量。

5. **教師應：**

(1)改變自己對科學教學的想法，要體認科學教學對人類的幸福及進步是有責任的。

(2)老師自己也是學習者。

(3)學習隨時激發學生的學習興趣和參與心。

(4)具有以研究為基礎的理念來進行科學的教學。

(5)了解自己的哲學觀會全面地影響課程及教學的實施。

6. **學生應：**

(1)成為教室的中心。

(2)更積極參與實際生活問題的解決。

(3)更能轉移所學於日常生活的應用，及解決社會的要求。

(4)能延伸教室的學習活動到校外。

(5)表現出極大的興趣於學習活動中。

(6)會提出更多、更有用於學習活動的問題。

STS 與一般教學的比較

　　STS 的教學與一般目前的教學有何不同呢？表 10-1 可茲參考。

表 10-1　科學─科技─社會（STS）課程的理念與一般自然科教學的比較

傳統	科學─科技─社會（STS）
1.以教科書中主要的概念為教材。	1.區域性的、有趣的、衝擊的問題。
2.教科書及實驗手冊為活動依歸。	2.利用當地資源（包括人物）以解決問題。
3.學生被動地同化教師或教科書所提供的資訊。	3.學生主動尋求資源利用。
4.學生學習重點放在老師所提到的重要觀念。	4.學習重點放在個人和環境衝擊、好奇以及關懷。
5.視科學為教科書上的知識和老師授課的內容。	5.科學不僅是印出來供背誦的材料而已。
6.學生熟練科學方法的目的是為了評量。	6.不特別強調學習科學家所具備的科學方法。
7.並不會特別注意生涯規劃，也不會注意當代科學家的發現。	7.強調生涯規劃，特別注意那些科技方面學生可以從事的職業，如研究、醫學、機械等方面。
8.科學侷限於學校及科學課程。	8.學生從機構及社區中去學習科學所扮演的角色。
9.科學是一種必須去獲得的資訊整體。	9.科學是一種鼓勵學生去享受的經驗。
10.科學課程強調已發生的部分。	10.科學課程著重探討未來。
11.學生視科學過程為一抽象、偉大而不可及的技巧。	11.視科學過程為科學課程中以及生活操作的重要部分。
12.科學知識用於日常生活中者極少。	12.科學知識可用於日常生活。

（續下表）

（承上表）

13.學生不認為所學的科學對於解決當前社會問題有幫助。	13.學生相當關懷社會問題，他們視科學為實行全民職責的方法。
14.學生背誦科學知識。	14.學生去「尋求」科學知識。
15.學生所讀的不能與當代科技聯結。	15.學生注意當代科技發展，並從中了解相關性。
16.學生很少問能引起思考的問題。	16.學生會問他們真正感興趣而獨特的問題。
17.學生的原創性有限。	17.學生富有創造力。
18.學生對科學的興趣各年級均不高。	18.學生對科學的興趣隨年級的增加而增加。
19.對科學的好奇心逐漸減少。	19.對物理世界愈來愈好奇。
20.學生視老師為知識的供應者。	20.學生視老師為協助者、指導者。

由上表可知，STS 的教學理念與建構主義的教學理念極為契合，尤其契合於社會建構（constructivism）。Lockhead 與 Yager（1996）提出一個具有建構主義色彩和 STS 精神之相似項目表（Constructivist/STS Grid），如表 10-2 所示，其實，此表亦清楚地顯現「參與者」的人數不同時，其面對問題的處理類型、反應的型態及達成的結果亦不同。由於問題的複雜度及互動需求不同，參與者的人數亦不同，且透過合作學習的方式，建構主義與 STS 得以融合在一起。

表 10-2　STS 和建構主義教學相似項目（引自 Lockhead & Yager, 1996）

參與者 （Who）	問題類型 （Problems）	反應類型 （Responses）	結果 （Results）
個人	辨認問題	建議反應	自我分析
兩個人	1.比較想法 2.產生問題	同意問題的取向	兩人的一致
小組	1.思考不同解釋 2.如何達成共識	1.思考不同的反應 2.設法達成共識	小組的一致
全班	1.討論 2.辨認各種觀點	獲得共識的行動	全班的一致
科學社群	尋求比較班級和科學家間的觀點	比較班級和科學家間的觀點	共識／新問題／行動

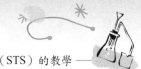

　　STS 既然可以在自然與生活領域中進行教學，但若由師生提出學習的教材，不顧教科書的進度，是否可行呢？Heath（1989）提出將STS教學內容融入學校課程中的三種方式（引用自蘇宏仁，1996）：

1. **將 STS 融入現有的單元中。** 現存課程的結構、目標及內容仍然不變，而僅在正規課程中適當單元內，引入關於科學、科技、社會的相關議題。其最大的好處在於能強化現存課程的完整性，因而易被學校或家長接受，且視為既定課程的一部分。缺點則在於難以抉擇該捨棄哪些已有的教材內容，使有足夠的時間容納STS的教學內容而不影響進度。

2. **延伸現有的課程單元。** 將課本的單元內容做修正或創造一些新的單元教材，將其併入現有課程中，作為延伸活動，以供數星期或數月的教學使用，這可以用在科學社團的學習活動。此種方式的優點，乃在於有機會將 STS 議題作深入的研究，而且對於在何時及該如何呈現 STS 內容，有極大的彈性。

3. **創造一個全新的課程。** 如果是校本課程，則可用此方式進行。學校課程委員會，可以根據社會議題、欲達到某特定目的，設計一個月或一學期的全新課程。此種課程常標榜統整課程。此種方式最大的優點，乃是有機會發展一套具有深度及內涵，且又緊密完整的課程，可充分探討科學、科技與社會三者間之互動關係。缺點是會排擠教科書內容的教學，忽略學習重要基本概念、技能；對於入學考試（聯考）制度仍存在的台灣，及家長重視教科書教學的文化下，很難實施。

　　教師如何進行STS教學呢？如果以生活科技為例，則可以社會議題為引起動機，如新聞報導「可載500人的客機問世了」，STS的教學主題就讓學生探討飛機的演進史、運輸科技的內涵、飛機相關的科學概念或知識、飛機製造的材料、用各種變因製作紙飛機等活動（鄭峻玄，2003）。

國內學者盧玉玲與連啟瑞（2001）在其發展的 STS 教學資源網站中（http://sts.ntptc.edu.tw/main.asp）詳述教學流程，由三個層面、十個步驟進行，並建議教師可依此步驟發展自己課堂中的 STS 教學。國小教師可取其精神簡化之，依據上述三種方式訂出學習議題後，教師把握重要步驟，亦可使教學合乎 STS 理念。亦即：

1. 發現生活周遭有什麼問題、社會新聞議題等；例如，為什麼近視眼要帶凹透鏡？為什麼酸雨變多了？登革熱是怎麼回事？

2. 以科學探究的方法進行資料收集、討論；學生可能找出很多資料或方法。

3. 評估解決問題的可行性。

4. 決定解決問題的方法；可從書面資料中或設計、操作實驗入手。

5. 教師、同儕參與檢討成果。

6. 以多元評量為原則，檢視學生對於該議題的學習成效。

全面進行 STS 教學有其困難，但偶爾行之，能充實教學的豐富度，維持學生的學習興趣，也能藉由 STS 的教學，啟發學生站在科學立場，檢驗社會問題。

第**11**章

概念構圖的教學

美國科學教育學者 Novak 和 Gowin 在一九八四年之著作 *Learning How to Learn* 一書中，詳細介紹他們發展的科學概念圖（concept map）及其功用。自此，許多科學教育從事者將此教學策略推廣於研究及教學中。目前不同領域也應用此一方法於學生的學習中。

概念圖是將學習者的認知結構用視覺表徵出來，一張圖就能窺視全貌，它可顯示某人所理解的科學概念所包涵的一些組成成分。其將教材或文章中的概念抽取出來，並以一個核心概念（focal concept）為主題，圍繞著此一核心概念，經由學習者的理解，把所有相關的概念組織起來，用以表徵學習者在相關學科上的知識結構之語意網路圖。而概念圖的建構歷程即稱為概念構圖（concept mapping）。

概念圖的功能

概念圖在教師教學及學生學習上的應用，可有下列幾項功能：(1)探索學生已有的認知結構；(2)根據概念圖的結構，可以規劃一個學習的路徑圖；(3)閱讀課文時，可藉由繪製概念圖以增進對課文意義的了解；(4)實驗室、工作室及野外的研究工作，也可以經由概念圖的繪製，而使研究計畫的意義與內涵更為清楚；(5)可以幫助閱讀報紙、雜誌及期刊；(6)可以運用概念圖法於論文計畫或文章結構規劃上（Novak & Gowin, 1984）。顯然，概念圖可以使學生和老師都知道學習的重點在哪裡，也提供視覺的路徑圖（visual road map）。

除了上述 Novak 與 Gowin 所描述的功能之外，概念構圖不但可以用在診斷、評量學生的知識結構，還可以診斷其迷思概念，甚至探知學生科學概念改變的情形。余民寧與陳嘉成（1996）在「概念構圖：另一種評量方法」的研究中也指出，概念圖評分的成績比前測的成績更具有對後測成績的預測效果，亦即概念圖得分高者，其後測成績也高；且大多數的學生在學習概念構圖後，對學習均抱持正面的態度和認識。因此，概念圖對學生的學習成效而言，確實是一個很有效的評量工具，為傳統評量方式外的另一種選擇。

「概念圖」也可以用來整理一個科學單元的重要內容。在學生學習一個完整的單元或活動後，教師可引導學生畫出概念圖，整理學生所學習到的概念，如此將會使學生的學習更加有系統。每一位學習者所繪的概念圖不一定完全一樣。依據建構論，每一位學習者在其腦中建構認知是不一樣的，因此所呈現的概念圖亦不太一樣。

學生已經知道了什麼？這是教學上非常重要的事，而概念構圖則是一個很好的工具，讓我們知道什麼是學生已經知道的。根據學生所製作的概念圖，教師可以掌握哪些是學生已經學會的？哪些是部分學會？哪些尚未學會？如果是課前畫概念圖，則可根據這些資料來決定要教什麼？從哪裡開始教？如果是課後畫的，則為評量、歸納整理的功能。

而在學生最後所繪製的概念圖中，教師亦可從和學生的晤談中發現，哪些是學生的創造想法，哪些是他的迷思概念（misconceptions），以作為補救教學的依據。另外，教師可在教學前製作好一份概念圖，利用概念圖來說明單元中概念間的結構關係。概念構圖另一個功能是應用於課程架構上。小則可架構一個單元的教材、活動內容，大則可架構一學期或一個大領域的教材內容。

科學概念圖有四種成分，包括：

1. 科學概念（science concept），這個概念又有上位概念和下位概

念。

2. 關係（relationships），包括上、下位關係或交叉、橫向關係。

3. 命題關鍵用語（proposition of linking words），這可以是重點事例、方法、器材、過程。

4. 層階性（hierarchy）。

怎樣畫概念圖

如何畫概念圖呢？自然課程的每一個單元都可以找出很多重要的關鍵詞，例如：單元和活動的名稱、事件、物品、方法、步驟、觀念、概念、科學名詞等，把這些關鍵詞先圈起來或寫在草稿紙上；先把最重要的詞或可以包括最廣的概念（上位概念）排在最上面的位子，次要的或比較狹窄的概念（下位概念）排在比較低的階層，然後在它們之間畫線，並用簡短的連接詞把它們的關係連起來；上下層的文字唸起來可以形成一句通順的陳述句；一層一層地把一個單元內的各種關係畫好，就可以形成一個概念圖。

以下以「熱的傳播」為例，詳細介紹概念圖各階層的敘述方式及畫法。熱傳播這個上位概念中包含了三個下位概念：(1)傳導；(2)對流；(3)輻射。先把「熱的傳播」和「傳導」、「對流」、「輻射」的關係畫出來：「熱的傳播」是上位概念；傳導、對流、輻射是下位概念，如圖11-1顯示熱的傳播上位和下位概念的關係圖例。

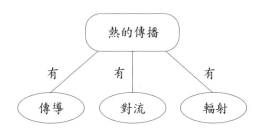

圖 11-1　熱的傳播之上位和下位概念關係圖例

　　「傳導」的概念之下包含哪些項目呢？該單元學習的過程是：金屬加熱後，看見蠟因熱而融化。熱可以在金屬固體上傳播，而且由高溫傳到低溫；還有小朋友操作的過程也可以寫、畫出來。最後還可以寫出例子，如圖 11-2 顯示熱的傳導實驗過程的概念圖例。

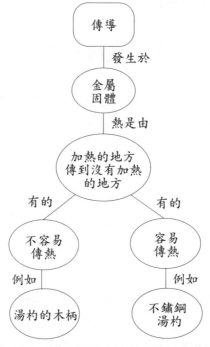

圖 11-2　熱的傳導實驗過程的概念圖例

　　依照單元的內容，繼續畫出「對流」和「輻射」的部分。完整的概念圖如圖 11-3，顯示熱的傳播完整的概念圖例。

　　概念圖的畫法並沒有標準答案，故教師檢查學生所畫的概念圖只要沒有錯誤即可。每個小朋友畫的概念圖都不太一樣，開始練習時，概念圖的階層比較少。教師要盡量引導學生將所有學習到或已知的經驗寫出來，熟練以後可以增加比較多層的概念。概念圖能夠幫助學生統整許多看起來是彼此無關、獨立的概念，能夠促進學習者明瞭概念之間統整的、互補的性質。這個方法也可以用在增進學生的閱讀能力，並提升學

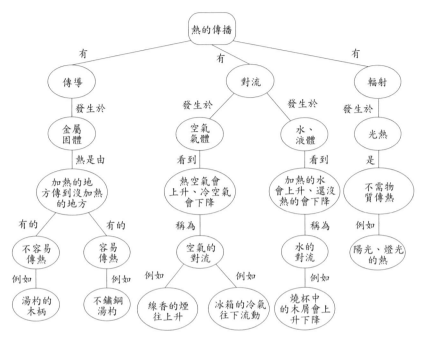

圖 11-3 熱的傳播完整的概念圖例

資料來源：引用自康軒版《自然與生活科技》五下〈熱的傳播〉單元，指引。

生提綱挈領整理資料的能力。

　　畫概念圖的練習方法，除了上述標準步驟之外，可有不同的方式進行。例如，教師把已經排列好階層關係，但未標上聯結線和聯結語的概念圖給學生，然後和學生進行討論，要求學生連連看、看圖說故事、解釋概念間的聯結關係，藉此了解學生有無觀念錯誤或學習困難所在，並幫助學生歸納統整所學過的重要概念（余民寧，1997）。

　　也可以將學習的主題之所有關鍵詞寫在小卡片上，把這些卡片依據上下概念或發生的前後，在桌上擺好其相關位置。若有需要調整的，則可以移動卡片。確定這些卡片位置適當後，抄寫在大張紙上，在這些關鍵詞之間畫上線，並在線上寫上簡短語詞，使它成為一句有意義的陳述。這樣的練習方法，可以省去塗塗改改的步驟。

另一練習的方法是老師畫好概念圖的架構，有些關鍵詞已填好，未填好的關鍵詞置放圖外，由學生選擇適當的詞句放入圖中的適當位置。這種方法的缺點是，學生是依照老師的認知去完成概念圖，而不是由學生自己的認知所完成的；優點是，初步學習畫概念圖，它不失為一種簡單的方法。目前已有電腦軟體可畫概念圖，如 EDGE iagrammer、Inspiration、Sem Net 等軟體。

　　前述概念圖的功能之一是架構課程和教材。例如，想架構一個「月亮」單元的課程架構，則必須考慮學習「月亮」應包括月亮的面貌、月相、模擬登陸月球、月球運轉、月亮的故事等次主題。由上而下的畫法和由圓心向外擴展的畫法，其意義是相同的。依此，圖 11-4 顯示「月亮單元」課程架構。

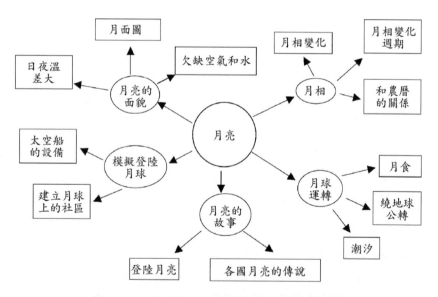

圖 11-4　「月亮」主題統整單元課程架構圖

　　總之，概念圖的教學可作為診斷、歸納、統整、評量、架構課程內容等，甚至在語文、社會科領域均能使用此教學策略。例如，「鐵達尼號沉船事件」，可以由事件的人、事、物架構整個圖，或由原因、過

程、結果、影響，來架構鐵達尼號沉船事件的概念圖（如下頁圖 11-5
）。學生欲進行寫作創作時，亦可先架構一個概念圖，再延伸、發展成
一篇作文；這種方法不失為良好的寫作練習。

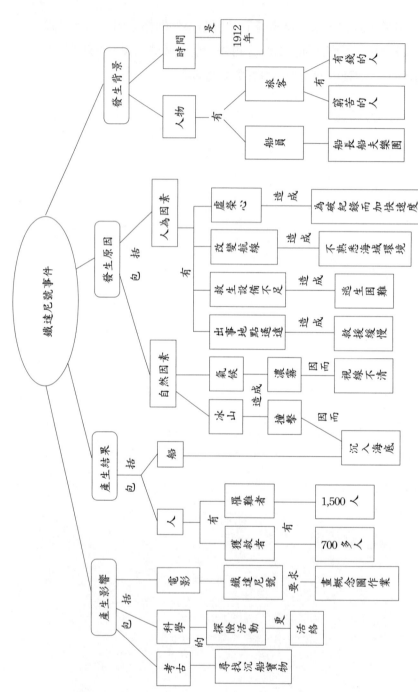

圖 11-5　鐵達尼號沉船事件的概念圖圖例

第12章

角色扮演與遊戲教學

探究學習法並非是自然科學唯一的教學法。為了使教法多元，以維持學生的學習興趣，角色扮演法及遊戲教學法亦可應用於自然與生活科技教學。

角色扮演與遊戲教學的功能

角色扮演

角色扮演（role playing）源自於心理劇，心理劇是輔導領域一種治療方式，但許多學者亦認為它可以用於教育情境，成為一種有效的教學方法。其教育的功能有下列六點：

1. 透過角色扮演，可讓學生在自由的氣氛下，充分表達出真正的感情。

2. 透過角色扮演，可擴展學生對各種角色的認識，並學習以彈性的態度來面對多變的社會環境。

3. 藉由安全氣氛的建立，以及同學友伴的支持鼓勵，角色扮演法能提供給學生嘗試各種正負向角色的機會。

4. 教師可以引導和催化的角色，來代替權威角色，使學生在更多的參與和互動下，獲得更深的體驗，來達成更好的學習效果。

5. 透過角色扮演，讓學生嘗試以他人的角度來了解事物。

6. 以自然領域而言，透過角色扮演，將自然現象或科學原理呈現，扮演者和觀察者均能理解之。

楊榮祥（1985）認為角色扮演學習方式的好處如下：

1. 探索人們的感受。

2. 深入了解人們的態度、價值觀以及知覺。

3. 發展問題解決的能力和態度。

4. 探討所要學之教材的內容。

　　並非所有的自然與生活科技領域教材都容易轉換成角色扮演。教師須做功課，思考哪些教材可以轉換成角色扮演法，並設計如何實施。教師在設計角色時，要盡量以動作來呈現自然領域的現象。若是社會議題，則可多以言詞表達。

　　角色扮演的教學是一種「演戲」的教學方法。「演」可以是以動作為主來演，亦可由語言為主來演。當確定一個問題或一個主題之後，學生把問題中心各種角色「演」出來，最後大家來討論。一部分學生可做演員，教師及其他學生做觀察員（observer），教師也在演戲之前指導扮演某一角色的重點。對於小學生而言，這是一種很令他們興奮而有趣的學習過程。學生在角色扮演中能學得他在社會中的自我，能「將心比心」地體會對方的立場，了解「他我」，促進社會和諧、解決社會問題。

　　不管學生扮演何種角色，他都需要對於該角色認識清楚。例如角色的功能、構造、能力、思想觀念均應有所了解，才能將角色演得深入得體。如何認清角色呢？對於兒童來說，應由教師協助其收集資料、演練角色。每班分成幾組，每組可自行編寫劇本，自行分配角色。當每組輪流演時，其他人則觀察，記錄每一角色的表現，以便事後討論。角色扮演的基本要素就是參與（involvement），即使沒有在台上演出者，也要

參與。

　　雖然角色扮演是一種模擬情境的再現，但教師應鼓勵學生有自己的創見或創意。在角色扮演之後，演員與觀察者的討論，可擬出許多新的觀念、方向、思路，能開拓出新的認知架構，這種教學法與以上各章所述之教學方法不同。此外，同一學生可以演數次不同的角色，亦即角色互換，以便具體體驗對方不同立場及想法。

　　角色扮演的教學活動有七個步驟：

1. **提出問題的核心**。在此階段，教師應拋出問題，它是一個能引起學生關心與興趣的問題，例如，植物如何吸水？吸了水以後送到哪裡？然後呢？看來，這不是一個有趣的問題，但可以在低年級用角色扮演方式，將植物的生理過程簡明地用動作「演」出。或是「我的家鄉要設立垃圾掩埋場，鄰居反對，可是隔壁鄉鎮的人都贊成。如果你是環保局長，如果你是當地居民，如果你是鄰鄉的清潔工人……你的想法如何？」

2. **選定扮演各角色的演員**。有些兒童可以扮演「根」、「樹幹」、「枝條葉子」，大家集合起來成為一棵大樹，用動作表現吸水、送水、蒸發、光合作用、被風吹動等。後一例中，則可自己選擇各種角色，如環保人員、居民、地主、學生、鄉民、鄉長……等。每一個人有其角色定位，每人表達的立場與意見均不同。

3. **準備演出**。上述環保問題的例子中，包括編劇、課外演練，收集有關植物簡單生理的資料及環保人員、居民、地主、學生等，在此問題上不同立場的想法或意見。因演出人員是小學生，所以應將自己要演出的資料，記錄於書面上，以便討論時不致遺忘。

4. **準備觀察**。這是沒有（或未上台）演出之學生所應觀察的事項。包括評鑑演員的逼真性、意見情感的表達是否真切、說明推論是否合乎邏輯。哪些是需要改正或補充者，這些事項教師均應提出給觀察員記錄。

5. **演出**。這是教室內的活動，所以只需在教室內把桌椅擺到周圍，

中間留個空處,簡單的佈景就可以上場。

6. **討論與評鑑**。所有的演員與觀察員都應能充分參與。大家討論剛才某一個角色所演的,是否說或做得不妥當,演得好不好,有沒有準備充分等。在討論的過程中,教師可以發出問題,由學生加以討論、評鑑。有不適當之處,觀察員和演員均應記錄,準備下一組再演時能有所改善。

7. **重演**。重演可以安排在下一節或下一次上課。因需要一些時間讓學生修改劇本,再按修改內容由不同組別重演。

老師在這種教學方法的角色上並非主角,而是製作人,要負責選擇適當的問題以供探討,要領導討論、選擇角色,最重要的是要決定學生們所探討的問題是什麼。應注意者,教師對於學生所做的建議、意見及任何反應、感受都須表示接受。教師應告知學生任何一個角色都可能有好幾種不同的演出,也會有不同的結局,學生所提出問題解決的方法也非標準方法,常提醒演員「你演的是……而不是你自己。」

遊戲

至於遊戲,對兒童來說是一種將內在心理表達出來的活動,它有很多成分是他們的生活經驗,也可以藉由遊戲來探知他們不熟悉的世界。兒童在玩遊戲時是歡愉的。Rubin、Fein 與 Vanderberg (1983) 認為遊戲有數項特徵:

1. 遊戲是一種轉借行為,只以主題或範圍來加以界定,無固定模式,亦不能由外在行為區分(nonliterality),與固定的日常生活經驗有別。

2. 遊戲出自內在動機(intrinsic motivation),是兒童自我主導的活動,並無外在的目的行為。

3. 遊戲是著重過程而輕忽結果(process over product),活動的目標具有彈性與自主性,可以隨著遊戲活動的課程而改變,因此遊

戲是富於變通的。

4. 遊戲是一種自由選擇（free choice），但是隨著年齡漸長，這因素便不那麼重要。

5. 遊戲與探索不同，是自我指示（self-referenced），而非以物體為參考（object referenced）。

6. 遊戲是愉快及歡樂的，對成長具有正向的影響（positive effect）（引用自潘怡吟與王美芬，2003）。

　　遊戲有很多形式，例如比賽性的遊戲、練習的遊戲、戲劇表演的遊戲、模仿的遊戲、玩具遊戲（Rubin, et al., 1983）。遊戲可以在教室外發生，也可以在教室內發生；在教室內的遊戲，就有教學目的了。自然科的教學也可以設計遊戲教學來達到學習目標，使教學方法更豐富，維持學生較高的學習興趣及注意力。自然科教材需經選擇，加以設計遊戲型式，便可在教室中進行活動。

 角色扮演與遊戲教學示例

　　何種自然科教材適用於角色扮演呢？太陽系和九大行星、地球公轉、自轉、月相形成、環保有關的價值衝突性問題、水在植物體內運送過程、方向、空間的認識、人體內臟的功能、電池並聯與串聯等概念，以及構造功能之教材，均可用角色扮演來進行教學。茲列舉自然科可做為角色扮演或遊戲的教材示例，以便讀者使用。

纖維素和澱粉（同分異構物）

　　由一排學生拉手，手向下表示纖維素分子，手向上表示澱粉分子。

空氣的體積可以擠壓

1. 數人一組拉手圍成一圈，每個小朋友都面向圓心，手牽著手圍成

一個大的圓圈,而且不能任意放手。

2. 其餘的人喊「壓!」,小朋友向圓心走一小步。

3. 第二次「壓!」,再向圓心走一小步,使圓圈持續縮小。

4. 直到圍成圓圈的小朋友彼此間沒有空隙,已經是身體貼著身體為止。

5. 這是空氣的體積可以擠壓的體驗活動。

認識冷暖氣團和冷暖鋒

1. 請兩組小朋友出來,一組小朋友手拉手當冷氣團(或綁黃絲帶);另一組當暖氣團(或綁紅絲帶)。

2. 當兩個氣團接觸時,小朋友把手放開。側身與另一組的成員擊掌。這種接觸的動作叫鋒面。

3. 如果組員一樣多,表示氣團一樣大,互相推不開,鋒面就會滯留不去,雨會下個不停(用動作表示下雨),叫做滯留鋒。人數一樣的冷暖氣團相遇,暖氣團在上面(站著),冷氣團在下面(蹲著)。

4. 人數多的氣團表示強度大,可以推動人數少的氣團移動。

找北極星

1. 請七位小朋友站出北斗七星的位置。

2. 亦可請五位小朋友站出仙后座W的圖形位置。

3. 然後經由教師的指導再尋找出北極星的位置(這個活動要在學習完如何利用北斗七星或仙后座之後,作為評量;圖請參閱本書第二十三章)。

磁鐵的吸力

1. 老師請一位小朋友出來當大磁鐵,並掛上寫著大磁鐵的紙牌。

2. 請其他的小朋友出來當生活常見的物品,並掛上寫著原子筆、塑

膠袋、迴紋針……等的大紙牌，假裝是那樣東西。

3. 當大磁鐵的小朋友：「我是大磁鐵要來找朋友。」大磁鐵依序去找那些生活常見物品，如果碰上可以吸引的物品，就把那個小朋友的手牽起來，依此類推，一個接一個，最後再由老師和其他小朋友檢查大磁鐵有沒有都找對好朋友。

4. 另外，也可讓小朋友用不同動作表示不同物品，而不需掛物品牌（參見圖 12-1）。

1. 磁鐵

2. 鐵製品：迴紋針　剪刀　釘子　鐵夾子

3. 非鐵製品：積木　玻璃杯　紙　鉛筆

圖 12-1　以動作表演不同物品示例

雲和雨

1. 一群小朋友坐著當做水分子，老師當太陽，用手勢表示陽光照射小朋友。

2. 坐著的小朋友開始動來動去→後來站起來→走來走去→走到講台上、椅子上，表示水分子升到空中。

3. 到了講台上就聚集一堆變成雲。

4. 老師變成風用手勢或說風來了。

5. 雲散開到地面表示下雨了。

串聯和並聯（圖 12-2）

1. 一個人當燈泡，數人（或男生）當電線，一人或數人（或女生）當電池。

2. 數個電池串聯時，小朋友手拉手（右手當正極，左手當負極），一個燈泡亮了。燈的亮度用站、蹲、彎腰來代表不同亮度。

3. 數個燈泡串聯（手拉手表示），兩端的小朋友各以左、右手拉扮演電池者的左右手（正負極）。

4. 用一個電池、數個燈泡並聯時，扮演燈泡的，每人都用右手接電池的「左手」（正極）；用左手接電池的「右手」（負極）。這樣，有一個燈泡移走，其他燈泡還是亮著。

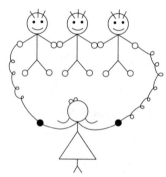

電池串聯，一個燈泡

電池並聯，一個燈泡

燈泡串聯，一個電池

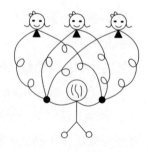

燈泡並聯，一個電池

圖 12-2　電池和燈泡的並、串聯角色扮演示例

5. 電池串聯時，燈泡很亮用站的；移去一個電池，燈泡較暗用彎腰；只剩一個電池，燈泡更暗用蹲的。

水的三態

　　水的三態變化：三至六人，每一人表示一個水分子，另有一人當溫度計。當溫度低（蹲著）、水為固態時，則許多人擠在一起，雙手緊緊相繫。當半蹲時水為液態，手不若前者連結緊密，表示其形狀可改變。當溫度高時站立。水為氣態時，手放開，扮演水分子者分散各處或跳舞，表示氣體無固定形狀（圖 12-3）。

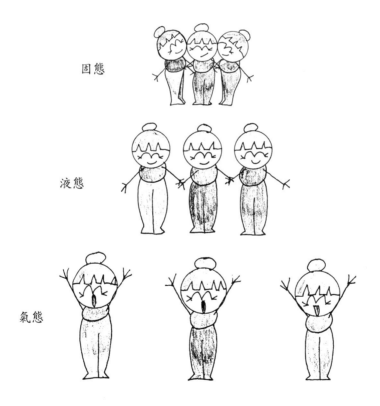

固態

液態

氣態

圖 12-3　水的三態角色扮演示例

模仿鏡子的影子

讓孩子成為鏡子裡的影子跟著另一個小朋友做動作，以了解鏡中的像和原物體左右相反。

空氣的壓力

首先請五位小朋友圍成小圓圈，當作氣球，圓圈愈小愈好。請其他同學在周圍隨意移動，所有的小朋友都是一個獨立的氣體分子。然後老師將一個一個氣體分子「吹入」氣球，隨著氣球內分子的增多，氣球也稍微擴大，氣球內分子間的運動、碰撞非常頻繁，有時可以把圍成氣球的小朋友撞開（氣球破了）。

聲音的回音

全班分為兩邊（前後），中間擺一些桌椅當作屏障，一邊喊出：王小毛，則另一邊亦在一秒後回應王小毛，表示回聲。

九大行星的運行

1. 請十位小朋友身上掛九大行星的圖卡，分別扮演太陽、水星、金星、地球、火星、木星、土星、天王星、海王星、冥王星。
2. 按照九大行星與太陽的距離來排列小朋友的位置。
3. 試著在相同的時間內，九大行星都繞太陽一圈，讓學生觀察哪一個星球要走得快，哪一個要走得慢，才能同時繞一圈。

食物鏈對抗賽

在教室四周設有四個站，分別為草、羊、獅子、人四站。請全班同學兩兩分別開始扮演草的角色，猜拳，贏的人就可以前進一階段，前進的順序為草→羊→獅子→人。

最後一站同學至「人」猜拳，若勝出則可不用再玩，並獲得獎品，

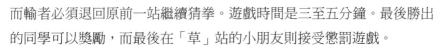

而輸者必須退回原前一站繼續猜拳。遊戲時間是三至五分鐘。最後勝出的同學可以獎勵，而最後在「草」站的小朋友則接受懲罰遊戲。

　　藉由遊戲食物鍊消費者分級概念，使學生知道第一、二、三以及最高級消費者的階層觀念。

水土保持

1. 先請三至四位同學扮演樹木，並請同學圍成一圈，面向外，表示形成森林。

2. 老師旁白：「下雨了。」然後，被老師點到名字的同學（五至六位）扮演雨滴。

3. 請扮演雨滴的同學圍著「森林」繞圈圈，然後老師吹哨子，哨聲響起時，扮演森林的同學用手抓住扮演雨滴的同學，被抓住的同學（雨滴）必須站到森林（同學）的圈圈裡面，表示被樹根吸收了。沒有被抓住的同學回到座位（表示消失在大自然中）。

4. 拿數把椅子放在森林的前面，並排成一排，請數位同學（三至四位）坐在椅子上，而這些同學扮演房子，椅子表示房子的地基。

5. 一位同學扮演伐木的人，當伐木的工人砍掉一棵樹，少了一棵樹，則一位扮演雨滴的同學可以從圓圈的缺口流走，並搬走一把椅子；再砍伐一棵樹，又有一位扮演雨滴的同學從缺口流走，再帶走一把椅子，最後椅子都被雨水沖走了，房子也都垮了。

我是什麼動物？

　　把全班同學分成兩人一組，在每位小朋友的背上別上一張圖片，不要讓他們看見自己的圖片，每位小朋友只能看見對方的圖片，看不見自己的圖片。他們應該互相問對方有關圖片的問題，答案只能為「是」、「有」或「不是」、「沒有」，例如：

問　題	答　案
我有腳嗎？	沒有
我有四隻腳嗎？	是
我生活在森林或水池邊嗎？	在水池邊
我是烏龜或不是烏龜？	不是
我是……嗎？	是

動物分類或棲息地的遊戲

1. 全班每人一種動物名卡或圖卡。

2. 老師說出幾乎所有動物都可初步聚集的地方或時機（如開動物大會或森林……），請全班同學都集合起來（或站起來）。

3. 老師再說出某一種特定的環境或條件，以便可以把不適合的動物請出去（或坐下），如這裡太熱，請身上多毛的出去。

4. 老師說：大風吹，生說：吹什麼，師說：吹身上有長毛的。

5. 老師每次都用大風吹走一群動物（或坐下）（如淹水小昆蟲死了；淹大水四肢腳的動物死了；流行病發，在地上爬的動物出局；只剩水果可吃，肉食性動物出局等等）。

磁　鐵

1. 小朋友二人一組（A、B），一手拿紅紙，另一手拿藍紙。二人紅藍相遇則牽手，同色相遇則推開（或用退後一步表之）。

2. 另一個小朋友 C 遇異極的 A 或 B，被吸去變成比較大的磁鐵。

3. 磁鐵在小朋友堆中相吸或排斥，愈來愈大。

4. 可以全班分兩隊比賽看最後哪一隊的磁鐵數多。或由一個人演大磁鐵，在教室內各角落走動，吸引異極磁鐵。

族群的消長

1. 先將班上同學三個人扮演老虎（胸口製作老虎掛牌）、五個人扮

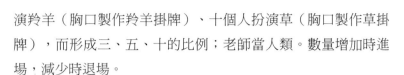

演羚羊（胸口製作羚羊掛牌）、十個人扮演草（胸口製作草掛牌），而形成三、五、十的比例；老師當人類。數量增加時進場，減少時退場。

2. 人類喜愛虎皮製品，使得人類捕殺老虎，此時老虎被獵殺一隻，羚羊因為少了一隻老虎的侵襲，羚羊的數量增加，扮演羚羊的同學再加入兩位，使得羚羊增加為七隻。

3. 原本有十位同學（草），但是因為羚羊增多兩隻，吃草使得草變少了，此時扮演草的同學減少四位而為六位。

4. 草減少了，有一部分羚羊因沒有草可吃而死亡，此時羚羊減少為四位，老虎也因為羚羊數目的減少，老虎因沒有食物也跟著減少。

5. 老虎數目減少，沒有老虎來吃，羚羊數目又增多，羚羊數目增多了，草被吃而數量減少了；羚羊數目減少了，老虎數目減少，就這樣一直循環下去。

從整個角色扮演的經驗中，讓同學深深去體認老虎、羚羊和草之間會不斷互相成為對方的食物，並且食物的影響和限制，剛好供養彼此的需求量，這種情形下，老虎、羚羊和草的數量不會太多或太少，自然形成一種「平衡狀態」。

食物網

1. 教師指定數位小朋友，分別扮演不同的生物，其中必須包含：生產者如小草、樹木等；初級消費者如牛、羊、麋鹿等；次級消費者如人類、老鷹、老虎等；分解者如細菌、真菌等。在空白紙板上寫上所扮演的角色，黏貼於身上。

2. 小朋友們所扮演的生物中，可以吃和被吃的兩人間搭一條紅線（一組人合成一條食物鏈的關係）。教師重申各紅線之間代表的意義。

3. 教師編一個故事，因為某種原因，某一食物消失了，此時紅線拿

走，紅線一端的食物走掉，另一端的動物因沒有食物而死亡，由於連鎖反應會影響很多生物死亡，代表生態失去平衡。

科學—科技—社會議題因牽涉人的社會問題，較容易進行語言為主的角色扮演教學法。茲舉「水污染」的教學設計示例簡案。

STS 污染問題的角色扮演教學設計簡案示例

單元名稱	水污染	
探討問題	工廠排放廢水，社區居民請議員帶領出面，前往商議	
思考階段	學習活動	指導要點
第一階段 引起動機	1. 提示問題： 　小朋友表演：教室中的水族箱被惡作劇的小朋友倒進了墨水，所有同學都感到生氣。其中有同學想勸阻這位同學（請小朋友發表意見）。 2. 請不同的小朋友依劇情再飾演一次（最好不同的劇情出現）。 3. 問題所在：水污染。 4. 問題情節：在我們學區中有家大工廠——中肥公司，生產大量化學產品，家長中也有許多人在其中工作，但每天排放高溫廢水，造成附近水域污染，於是居民商請議員出面，帶領居民與廠方協商。	同學推舉適當的表演同學。 歸納為「水污染」的主題。
第二階段 選定角色	5. 分析角色的立場及觀點： 　(1)議員：堅持工廠遷移。 　(2)廠長：堅持不遷廠。 　(3)警局人員：希望合理合法地解決問題。 　(4)員工：為了方便工作，不希望遷廠。 　(5)環保人員：希望廠方能改善其設備。 　(6)社區居民數人：怕水質受污染，直接或間接影響自身健康。	共同討論角色的立場。 推舉扮演各角色的同學。 分發寫上各角色立場的角色卡。

第三階段 準備演出	6.各角色覆述自己角色的立場。	演員必須堅守本身的立場。
第四階段	7.分配觀察員。 8.分配工作。	分組觀察其中一個角色。 每位同學都是觀察員。
第五階段 演出	9.安排、佈置會場。 10.演出。 11.維持角色：注意角色的立場是否偏離。 12.中斷角色：只要偏離主題，隨時中斷。	發給每位觀察員一張觀察記錄紙。 觀察員隨時記錄下演員的表現，記下優缺點。 每位觀察員和老師皆需注意。
第六階段 討論與評鑑	13.各觀察組發表各觀察角色的優缺點。	
第七階段 重演	14.角色互換（正反兩面互換）。	

第 13 章

科學史融入自然與科技教學

　　科學史是記載科學家成就的歷史。科學史的教學在國小一直沒有被重視，而事實上，科學史教材能讓學生了解科學知識如何孕育成、如何累積，更了解科學家怎樣去探究一個自然現象，但有時新的發現又會推翻前人的發現，因此，科學史可以增進科學本質的學習。

　　科學史融入自然和科技課程有下列優點：

1. 科學史能吸引學生，以提高其學習動機。
2. 科學史讓學生了解科學家如何探究科學的過程及其心理，進而體會創造力對科學的重要與解決問題的科學精神。
3. 科學史中描述科學發展的進步過程，使學生了解科學知識並非真理而是具暫時性的。
4. 科學史上多元理論競爭的故事，可讓學生了解科學社群之間的爭論，使之有較真實與人性化的科學形象。
5. 科學史中豐富的社會脈絡情境，讓學生了解科學與社會之間的密切關係。
6. 科學史上科學概念的發展，有助於教師預測學生的迷思概念，進而設計破除迷思概念的教學活動。
7. 科學史也是科學方法的變遷史，使學生學習更豐富的科學方法。
8. 可以認識科學本質（如知識的公開、暫時、可複製、創造和累積性等）。

　　由於前人的科學研究背景、過程，常和當時人社會背景相關，因此，與學生在探討科學史時，亦應同時探討社會影響科學的議題。例如，早期為什麼人們堅持地球是長方形的？為什麼人們否認演化論？為什麼孟德爾能專心地從事於豆子的遺傳實驗？阿基米德是在什麼背景下發現了比重的祕密，當年科學家的發現有被當時代社會接受嗎？為什麼接受或不接受等，都是很好的社會議題。

　　老師在進行科學史時，使用的教學策略可以多元，例如：(1)閱讀；(2)提問；(3)討論；(4)辯論；(5)角色扮演。閱讀科學史的書面資料，閱讀後學生應能理出當時社會背景，主角所從事的科學研究動機、如何提出假設、如何驗證、結果是什麼？這些有關科學家探究過程的題目，可以事先提出，以引導學生閱讀時加以注意。

　　當學童閱讀完畢，教師可以用提問、回應的教學步驟，了解學童知道些什麼，也能藉提問再次點出教材的重點。提問的題目不能只偏重記憶性的「what」問題，還要有「why」、「how」之類思考性的問題。甚至可以小組討論，再依教師的提示問題加以回答。若遇有爭議性的問題，可以用辯論的方法，讓學童辯論澄清。或者可以編寫劇本，演一齣話劇（如牛頓的故事），但劇本要能呈現科學本質的內容，而不是一般的對話。

　　「歷史個案研究」也是可行的教學方法。也就是教師給學生一個科學家名字，學生去查資料，收集該科學家的背景、研究方法、發現等，再以此資料加以討論科學本質的相關議題。也可由教師先提供個案研究的閱讀內容，學生閱讀完畢再用不同教學方法深入探討閱讀教材的內容。

閱讀教材範例：諾貝爾（1833-1896）的故事

　　瑞典化學家阿爾弗雷德・諾貝爾出生於瑞典一個貧窮家庭裡。使諾貝爾沒有機會受到正規的學校教育，只在學校讀過一年書，受過幾年家

庭教育。由於目睹了勞工開山鑿礦、修築公路和鐵路，都是用手工進行的，耗費體力效率又低，年輕的諾貝爾想：要是有一種威力很大的東西，一下子能劈開山嶺，減輕工人們繁重的體力勞動，那該多好啊！於是他開始研究炸藥。

　　起先，一切研究較順利，他和父親、弟弟一起發明了「諾貝爾爆發油」。不料在一次實驗中，不幸的事件發生了，實驗室和工廠全部被炸毀，諾貝爾的弟弟當場被炸死，父親炸成重傷，從此半身不遂。在沉重的打擊下，他並未灰心喪氣，決心制伏「爆發油」的易爆性，造福人類。經過四年幾百次艱苦而危險的實驗，終於在一八七六年的秋天，成功地研製了硅藻甘油炸藥。之後，在一八八〇年又發明了無煙炸藥——三硝基甲苯（又名 TNT）！對工業、交通運輸作出了巨大的貢獻！

　　諾貝爾研製炸藥的本來目的是為和平建設服務、為民造福，可是，有人把它用作屠殺人民的武器。因此，諾貝爾感到很痛心，在他去世的前一年，即一八九五年十一月二十七日，他本著科學造福人類的思想立下遺囑，將他所有的財產存入銀行，把每年的利息拿來獎勵世界上「給人類造福最大的個人和機構」，不管這些人屬於哪個國家、哪個民族；這就是諾貝爾獎的來源。現在每年都把這個豐厚的獎金頒給在文學、醫學、物理、化學、和平、經濟六大類的傑出貢獻者。

　　閱讀上文「諾貝爾的故事」之後，教師可以點出本文主旨及重點，再提出問題進行討論、說明、推理等教學。

1. **本文主旨及重點：**
   ⑴敘述諾貝爾發明炸藥的背景。
   ⑵他發明炸藥的貢獻。
   ⑶設立諾貝爾獎的緣由。

2. **提問／討論：**
   ⑴諾貝爾是哪一國人？哪一年代的人？
   ⑵威力強大的東西可以做什麼？

(3)諾貝爾獨立研究成功「爆炸油」嗎？後來有什麼悲劇產生？

(4)為什麼諾貝爾要把遺產捐出來？

(5)現在每年有哪些項目的獎項？

3. 辯論：

學生分二組，辯論題目如「火藥的貢獻／缺點」或「支持／反對研究火藥」，各提出理由來支持自己的立場。

4. **角色扮演：**

(1)學生分組；(2)各組討論劇情；(3)編寫劇本；(4)下次上課表演。每組以十分鐘劇情為限，可以增減情節，以檢視學生對於此一科學史的認知、推廣、理解的情形。

5. **歷史個案研究／資料收集：**

(1)查閱收集「諾貝爾」其他文獻的相關資料，包括出生背景、他的研究動機、研究方法、發現或發明、有何貢獻、當時的人對他的評價。

(2)學生寫成一至三頁的報告。

(3)上課時，發表自己的資料收集內容。

(4)討論該科學史中人物的成果有無科學本質的成分。

第 14 章

科學閱讀的教學

　　科學學習最直接的方式是動手操作、利用各種科學方法和思考進行學習。但有些實驗活動本身未能展示其原理及解釋現象，又有些教材無法用實驗操作來進行學習，此時，科學的學習活動便不能只限於動手（hands-on）進行科學學習了，而必須以閱讀（reading science）的學習來進行。科學閱讀能更深入了解教材，所以動手做是第一步，再來就是閱讀。

　　科學閱讀不受限於教科書的內容，也不受限於教室中，更不受限於上課時間。哪些是科學讀物呢？一般而言，內容上以自然科學領域相關的知識傳播的文件均屬於科學讀物。科學讀物不像文學性讀物，它是描述、解釋相關事物，很直接，所用的科學詞彙也有一定的意義（洪文東，1997）。一般文學作品有情境、有情節，常有人物，使文學作品常需由字裡行間去體會作品；科學讀物常是事實的陳述、解釋性的說明，在句子之間的陳述合乎邏輯。科學讀物可提供資訊，而文學讀物可欣賞。Sprague（2003）認為兒童文學作品可以提高學生對科學及閱讀的興趣，也能激發學生科學思考。因此，課外科學讀物值得教師利用於科學學習中。

　　科學讀物的課文常常出現什麼樣的內容呢？讀者可以聯想科學的內涵有哪些，例如：(1)事實、形態、外形、性質等的描述；(2)因果的描述；(3)過程的敘述；(4)分類的基準和分類的結果；(5)比較相異同點；(6)

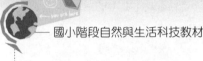

循環、平衡等自然準則；(7)問題解決的步驟等；(8)過去的歷史、未來的展望等，都可以是科學讀物的內容。在科學讀物中，讀者很容易從標題或問句、圖表和圖片、例句和解釋名詞等關鍵部分，快速掃描讀物的內容。

哪些是無法在實驗室、操作中獲得的科學知識呢？例如介紹科學家，一篇介紹科學家的文字只有數百字，便能讓學童了解從前的科學家如何進行實驗、他們的貢獻、他們的人格特質。這些可以讓兒童模仿，也能從中學習科學的本質。科技發展史亦為重要教材，九年一貫課程綱要特別訂出「認識科技發展史」的指標。又有些自然現象不易在現實生活中呈現，如海面下或地面下的世界，包括生物、地形，地質結構，板塊運動亦不易眼見；生物演化或生物滅絕，這類題材大部分需從閱讀中才能獲得知識。

很多科學原理必須從閱讀中獲得，如國小低、中、高年級都有水的三態單元，這個活動很容易讓學生由操作中看見三態的變化；眼見三態變化的部分可由操作學習。但「液體」、「固體」和「氣體」的名詞定義，必須訴諸文字，才能讓學生建構有意義的概念。到了高年級，結冰時體積如何增加，用圖說明才能讓學生了解：由液態水結成冰時，分子相連接時的結構改變了，以至於體積增加。又「為什麼地面的水蒸氣升到高空又變成雨，雨下到地面又蒸發成水蒸氣」，如果用一張「水循環」圖說明，就一目了然。水的三態各有不同特性，若一一描寫，文字太多不易閱讀，用一個表格來呈現，就很容易閱讀了。如表 14-1：

表 14-1　水三態性質填空表

	液體	氣體	固體
形狀			
重量			
體積			

　　閱讀學習與操作實驗學習方式不同。例如，學生在學習「聲音」單元時，由操作獲知不同質材物品經由不同的力，可產生不同的聲音；但若再進一步提出問題：聲音如何傳到我的耳朵？我為什麼知道我聽見了？此時，閱讀是另一種學習活動。當然，這種閱讀與全盤閱讀學習是不同的。所謂全盤閱讀的學習是，教師一進教室便說：「今天我們要來上聲音的單元，請打開課本第三課，大家來唸一段……這一段談到聲音的種類……這一段談到聲音怎樣傳到耳朵……。」

　　科學童話最能吸引學生閱讀。什麼是童話？童話的定義是「童話是專為兒童編寫，以趣味為主的幻想故事」（李麗霞，1993）。所以童話一定是兒童的、故事的、幻想的、趣味的。科學童話內容雖為虛構、想像的，但需有正確的內容，並且對讀者需有啟發性和引導性，兒童對此類讀物有極高的興趣閱讀。目前，國小自然與生活科技教科書內容的閱讀教材仍嫌不足，因此，教師應多提供機會，讓學生接觸科學讀物，並在閱讀後加以討論、寫心得、發表。

　　科學閱讀的教學目標是培養學生的閱讀能力。什麼是閱讀能力呢？若由聯合國經濟合作與發展（DECD）機構所做的國際學生評量計畫（Program for International Student Assessment, PISA）所訂的項目來看，閱讀能力應包含三個層面：

1. **擷取資料**：能否從閱讀的文字資料中，擷取所需的資訊，可能由分析或推論中找答案。

2. **解讀資料**：閱讀後，能否正確解讀資訊的意義，建構文章的意義。

3. **思考與評價**：能將所讀的內容與自己原有的知識、想法和經驗做聯結，綜合判斷後提出自己的觀點。學生要將文章與自己的經驗、知識與觀念聯結起來；也能評價文章的特徵，這些要用自己的口語表現出來。

　　科學閱讀能力，還可以從不同面向來看，包括：

1. **詞彙、專有名詞**（vocabulary）：科學閱讀素材中有極多的專有名詞，讀者要能從字面，知道其內涵是什麼。如「通路」的內涵是由電源、導體、燈泡或其他用電作功的物件所形成，而不是只有讀到「通路」二字。

2. **理解**（comprehension）：用圖、數字幫助文字理解的能力，也能區隔事實真相與個人意見差異的地方，閱讀後，能摘要、因果推論、比較異同等。

3. **探討的能力**（study skill）：能把全文內容用類似概念技巧繪圖、能應用所讀的內容推類到其他的情境中；若為實證過程的描述，則可以嘗試複製實驗過程。

教師指導兒童閱讀時，有些原則必須注意：要向學生指出閱讀目的、重點所在。如要學生找出結論、找答案、找其他的資料或其他的理由等，並要學生筆記他所唸的部分。再如，要由多方面的書面資料去閱讀，這點可以要求同一學生擁有（或去查閱）多種資料，或由每一人查閱同一主題不同的資料，大家分享閱讀結果，分享不同觀點的書面資料。當然，閱讀書面資料不限於文字敘述的部分，應包含圖片、表格、海報、期刊、報紙、雜誌，甚至於網路上的資料或其他數位資料。

兒童在閱讀讀物之後，要能做分析、比較、綜合、具體法、抽象法。教師可以用下列問句，提醒學生摘要出重點，如：

◆看過這本書之後，這本書的主題是什麼？

◆舉出你的生活經驗中，和書中所說內容相似或相反的情形？

◆這本書中所說的事實有哪些？

◆這本書中所說的假設性問題有哪些？

◆書中說明怎樣去收集資料（做實驗）、去驗證假設？

◆唸了這本書之後，你有什麼新的問題產生？

　　兒童讀物中，甚至是文學作品，亦可引導學生做科學學習，進行語文—科學的統整學習。我國的詩詞或成語極多涉獵生物領域知識，可作為學習的教材。例如：

　　　　離離原上草，一歲一枯榮。
　　　　野火燒不盡，春風吹又生。

　　此二句詩句，可以讓孩子思考：「為什麼一歲一枯榮」，為什麼「野火燒不盡」，為什麼「春風吹又生」。這些都隱含了許多草木植物的生長情形。又如：

　　　　江南可採蓮，蓮葉何田田。
　　　　魚戲荷葉間，魚戲荷葉東，魚戲荷葉西。……

　　此時可以讓學生思考：「蓮花生長的自然環境」、「蓮花生長的條件」、「有水生植物，就會有水生動物」等生態問題。

　　　　人有悲歡離合，月有陰晴圓缺，此事古難全。
　　　　但願人長久，千里共嬋娟。

　　此詩可以探討「農曆一個月中月亮的形狀如何改變？它的改變有什麼規律性？」「月亮每天升起來的時間一樣嗎？」「不同的地方，同一天晚上可以看到相同月相（形狀）嗎？」

　　　　相見時難別亦難，東風無力百花殘。
　　　　春蠶到死絲方盡，蠟炬成灰淚始乾。

　　此詩可思考「蠶在什麼季節、什麼溫度下長得最好？」「蠶在什麼

年齡會吐絲？」或「蠶一生的變態是怎樣？」「蠶吐完絲就死了嗎？」

　　與生物相關的成語例子更是不勝枚舉。由於生物的形態、特性、生長等，而造就很多成語。以生物相關成語進行教學，既有趣亦可達成教學目標。教師可用下列成語例子延伸出許多生物文學的教學，藉由生物的構造、功能，統整生物與文字。例如：

　　蠶食鯨吞、河東獅吼、藕斷絲連、飛蛾撲火、

　　南橘北枳、萍水相逢、為虎作倀、螳螂捕蟬、

　　曇花一現、鷸蚌相爭、飛鴿傳書、蜻蜓點水、

　　朝生暮死、狼狽為奸、老蚌生珠、螳臂當車、

　　揠苗助長、鵲巢鳩占、畫蛇添足、鐵樹開花、

　　如蟻附羶、狼吞虎嚥、作繭自縛、金蟬脫殼

　　期盼讀者能在正常教學之外，多增加課外科學讀物的教學，不只豐富學習內容，亦能藉由閱讀，擴展科學知識、欣賞自然之美，增進學生閱讀理解能力。

第 **15** 章

戶外教學

　　戶外教學是指教室中以課本為教材中心，以及實驗室中以操作實驗為主之外的教學方式。戶外教學沒有固定的場所、沒有固定的教學模式，它包含的場地範圍較大、較廣，具有彈性，是一種更能吸引學童的教學過程。戶外教學用之於自然科教學，更能訓練兒童觀察、傳達、測量以及解決問題的科學方法，並培養正當的休閒和樂觀的人生態度，是符合九年一貫教育目標的教學方式。

　　我國教育部為有效推展戶外教育，訂定的戶外教學的原則有五：

1. 活動教學以課程內容為主。
2. 鄉土資源應充分利用。
3. 教學設計應以活動為中心。
4. 教學過程要培養獨立學習能力。
5. 教學活動設計應重視學習階層。

　　環境教育與科學教育是相並行的，戶外教學亦指校外教學，戶外教學可以同時實施環境教育及科學教育。自然學科的戶外環境教學，以生物、生態、地質、景觀的觀察為主。戶外教學的場所，小至教室外的走廊、校園、社區、各種博物館，大至遠足、旅行至其他縣市的公園、動物園、植物園；時間安排上，可以是一、二節課、半天、一天或過夜。設計戶外教學，應依時間的久暫、行程遠近以及教學範圍的大小，而有

不同的設計內容。戶（校）外教學內容可以配合課本，也可由課本內容予以延伸，以增添校內教學之不足，增進兒童生活常識、擴展生活領域、增廣生活見聞。王順美（1993）歸納目前戶外教學活動的方式而將其分為七種：以欣賞大自然為主、探索／調查現況、訪視歷史遺跡、參觀現有設施運作過程、參與現實社會的環境聚會、在社教機構學習、改善環境為目的等七種。

戶外教育的活動含有三個範疇的內容，如圖 15-1：

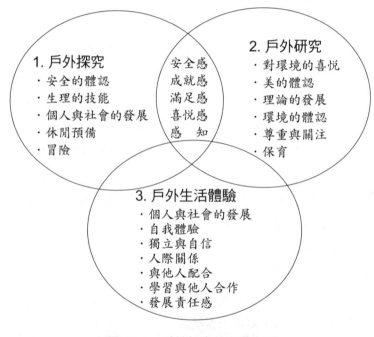

圖 15-1　戶外教育的主要內涵

資料來源：引自王鑫，1995。

戶（校）外教學的場所，可依內容及活動特性分為：

1. 室內型：指一般室內的陳列展示活動，如參觀博物館、科學館、核電廠、水族館等。

2. 戶外型：指室外的、大自然的、活動空間大的教學活動，包括校園、公園、野外考察、科學遊樂區、自然保育區的探訪等活動均

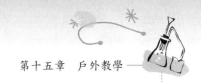

屬之。

戶外教學並非出遊，而是教學，因此要有周詳的計畫、有教學目標，亦需有組織。戶外教學的過程要有教育理念，而且需在教育法規範圍內，從事有意義的校外教學（李崑山，1993）。什麼是戶外教學的教育理念呢？對於兒童方面，英國倫敦大學教育哲學教授皮德恩提出三點理念：

1. 活動要具有價值，有助於學生成長的。
2. 具有認知性的活動，校外教學所安排的活動，要能使學生獲得科學知識、科學方法以及科學態度。
3. 要自願性，所指的是重視學生身心發展及個性興趣，並能激發學生主動學習的興趣。

實施戶外教學時，教師應注意行政的細節和辦理的原則（楊龍立、潘麗珠，2001）：

1. 知性與感性兼顧，亦即認知和情意並重。
2. 城市與自然環境並重。不同環境有不同教學重點。城鄉交流亦為良好的安排。
3. 教學與娛樂並行。
4. 自然與人文通識，能在同一次教學中，同時有自然的與人文的統整教學，最能引起學生興趣。
5. 聽講不忘操作，老師少說，學生多看、多想更佳。
6. 自由與紀律並重。自由能讓學生接觸更多角落，但要訂定活動範圍，以掌控學生的行動。
7. 安全第一。

校外教學不但可獲得直接的實際體驗、擴展知識和學習領域，更可以激發對環境研究的興趣，尤其對鄉土環境的了解與關懷，從戶外教學

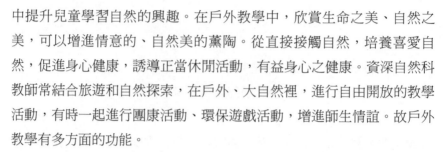
中提升兒童學習自然的興趣。在戶外教學中,欣賞生命之美、自然之美,可以增進情意的、自然美的薰陶。從直接接觸自然,培養喜愛自然,促進身心健康,誘導正當休閒活動,有益身心之健康。資深自然科教師常結合旅遊和自然探索,在戶外、大自然裡,進行自由開放的教學活動,有時一起進行團康活動、環保遊戲活動,增進師生情誼。故戶外教學有多方面的功能。

九年一貫課程的特色之一是學校本位課程的實施。各地學校可充分利用學校社區及鄉土特色設計戶外教學,培養學生由認識家鄉的自然,進而有愛惜家鄉的情操。教師善用社會資源、鄉土特性,選擇學習活動、設計戶外教學時,應注意到下列幾個問題,如是,則戶外教學才有其意義。

1. 能否使學生獲得練習目標的機會。
2. 能否使學生發展多種目標。
3. 能否使學生的活動多變化。
4. 能否符合學生的能力、需要和興趣。

此外,蘇禹銘(1998)建議設計自然科戶外教學教材應掌握幾項要點:

1. 應注意區域性,以本地區為主,才能使教學內容與生活結合在一起,也能激發其愛護鄉土、尊重自然的情操。
2. 活動設計安排以特殊景觀、特有生物為先,應注意其特殊性。
3. 重視學生的生活經驗(直接的體驗)。
4. 事先評估學生心理及智能的發展,由淺而逐漸提升層次。
5. 教學活動設計要具有彈性,同一種教材可安排多種教學活動,以適合不同層次的學生。
6. 教學活動設計要與課本相互連接,與正式課本知識相呼應。
7. 環保教育、價值性教育、人文教育應列為主學習且均衡呈現。

　　成功的校外教學，一定要有周全的計畫。計畫可分成三階段：(1)行前規劃；(2)活動當天；(3)活動後。茲分述如下。

1. **行前規劃**

　　(1)活動地點之選定及勘察。活動地點可以在學年會議或行政會議上提出討論、決定。地點的選擇應注意活動路線的時間、活動空間大小、安全性，該地是否值得去、能否在認知上有收穫、交通是否可行等條件。先前的會勘極為重要，因為會勘才能更精確決定何條路線、時間、應該設何種活動內容。

　　(2)詳細計畫。計畫應包括活動目的、教學目標、時間、日程、行經路線、參加人數、對象、活動經費，工作分配、公約、家長通知書、應帶／不可帶物品等內容。

　　(3)資料收集。可由網路或已出版的文獻找到資料；亦可在會勘時，自行收集資料，如當地的植物相、地質、歷史文物、鄉土特色等。

　　(4)編製「家長通知單及說明書」。通知單內容包括了校外教學的日期、地點、費用、應攜帶物品及注意事項。

　　(5)設計活動單。校外教學的精華部分是學生活動單的設計。戶外教學進行時，學生多為站立、行走，因此活動單的形式，避免讓兒童回答長篇大論的問題。彩繪、選擇、打勾等方式則可多加利用。遊戲、猜謎、訪問、指認的活動生動有趣，學生較為歡迎。當然要契合教育目標，適合年級對象，給學生思考的空間。

　　(6)行前說明。行前向學生說明此次活動的主旨、地點及大要介紹，使學生能知所聞、能知所看。鼓勵學生自行找有關資料，則活動內容將更充實。

　　(7)要事先有行動公約，出發前教師應宣布常規及注意事項。要分成幾個小組，每小組或每一個成員均有不同的活動報告。這一點常能使戶外教學更有收穫。

(8)辦理平安保險。

(9)租車要與業者訂契約。

2. **活動當天注意事項**

(1)清點人數，宣布在車上的安全行為。當宣布在車上的安全行為時，教師務必嚴厲規定。一般而言，兒童能集體在同一車上遠行，必定興奮莫名，比平常好動、新奇，因此會有脫軌行為，如搬動安全門栓、頭伸出車外等行為應嚴格限制，並訂定處罰規則，絕不寬容，不准脫隊自行活動。在海岸時，應告知學生不可超越安全線、不可背向海岸站立，以防海浪侵襲而不自知。若有家長數人協助照顧學童更佳。

(2)教師要有危機意識，對於危險狀況提前警覺，如注意司機精神狀況、路況、活動地點是否有隱藏性的危險，學生體力、精神如何等，提早預感，可免除意外事件發生。

(3)允許學生在探究問題上有適度的彈性空間，如教師帶領學生共同觀察、探究、說明以外，要開放某些時間，讓學生做自發性的探究，並記錄之；但個人不能離開到團體視線以外的地方。

(4)進行計畫性的活動，務必遵循原計畫，如路線進行、活動單的填寫、休息、用餐時間，均應準時完成。

(5)隨時提醒學生環保的行為，勿亂丟垃圾，勿摘花折枝、捉蟲，愛惜資源。在海邊，教師可以藉由海面上一個垃圾會漂浮到日本、加拿大而說明「地球村」的觀念。

(6)回程上，應教導學生心存感激的心，如政府的建設（包括公園闢建、馬路維修、清潔人員）、老師的籌備、司機先生的辛勞等均應提出，養成我們的國民注意他人的貢獻，而不是批評別人的不是。

3. **活動以後應辦事項**

(1)批閱活動單或活動手冊。

(2)鼓勵學生寫心得。

(3)領隊人員（包括同行家長）的檢討，有必要修改活動內容者，應留紀錄，以作為下次活動之參考。

(4)結清收支，並會知家長，餘款的處理要公開。

綜合以上所述，有效的戶外教學活動設計，要有周全的規劃、有目標導向性、有系統性、有計畫性、有程序性、能符合學生學習層次、能與學生的生活經驗結合、能與課程相關連、能以教育為主軸，這樣的教學活動設計對學生的學習將具有意義和價值，學生也樂於主動參加，且可激發自動自發的學習動機。

茲以台北木柵動物園為例，列舉計畫書的內容項目及學習單示例。

壹、活動日期：民國＿＿＿＿年＿＿＿＿月＿＿＿＿日

　　集合時間：＿＿＿＿＿＿＿＿返回學校時間：＿＿＿＿＿＿＿＿

貳、交通工具及費用

參、教學目標

　1.體驗動物世界的奧妙。

　2.認識及觀察世界各地動物形態，覺察動物的多樣性。

　3.由實地參觀動物園，了解動物外形特徵及與棲息地的關係。

　4.欣賞動物之美，培養愛護動物的情操。

　5.培養細心觀察的科學態度。

肆、家長通知書，含括下列各項：

　1.通知家長活動之日期、行程、接送時間、交通、經費。

　2.徵求是否同意子女參加？家長是否隨隊參加並協助教師秩序管理？

　3.簽名回條。

伍、給小朋友的話及應帶物品清單

（續下頁）

（承上頁）

1. 規定應帶的物品項目。

2. 規定不可帶的物品。

3. 說明注意事項。

陸、當天活動流程

1. 出發時間。

2. 早上每一站（區）預定起訖時間。

3. 中餐時間、地點。

4. 下午每一站（區）預定起訖時間。

5. 集合上車返程時間與地點。

6. 預定返校時間。

柒、參考資料：能增進學童參觀時把握重點。

1. 動物園的分區示意地圖。

2. 簡介夜行性動物、非洲、沙漠、澳洲、熱帶雨林、兩棲動物、昆蟲、溫帶動物、可愛動物（含無尾熊、企鵝）等動物棲息地，及動物外形特徵或相關背景知識。

捌、學習單

1. 每一站（區）動物外形明顯特徵的觀察紀錄。

2. 辨別異同的觀察紀錄。

3. 思考性問題及稍具挑戰性問題。

4. 圖文並貌，增加趣味，有些題目要容易回答的。

5. 題目份量要適中，不可太少或太多。

題目示例：

●你可以在可愛動物區發現十二生肖中的幾種動物？把牠們寫下來。

_____

_____

_____

_____

（續下頁）

（承上頁）

● 下面哪一隻才是台灣黑熊？牠在什麼區？

（　　）　　　　　　（　　）　　　　　　（　　）

● 大象的鼻子，可以做什麼事？你認為可以的打∨。你有看到的行為
　打○。

□□搬重的東西　　　□□吸水洗澡　　　□□摘東西吃

□□打架　　　　　　　　□□搔癢

● 夜行性動物的眼睛有什麼特別的地方？

（續下頁）

（承上頁）

●選出你最喜歡的三種動物。並說明為什麼？

_____

_____

●你發現哪一隻猴子是猴王嗎？你怎麼知道？

_____

_____

●這些動物迷路了，請你把他們帶回去。連連看。

【沙漠區】　　【非洲動物區】　　【可愛動物區】　　【澳洲動物區】

| 駱駝 | 長頸鹿 | 獅子 | 金剛猩猩 | 食火雞 | 袋鼠 | 兔子 | 烏龜 |

●（回家以後再寫）今天動物園的戶外教學，我的收穫是什麼？寫寫看。

_____

_____

_____

_____

_____

_____

_____

_____

_____

_____

第16章

生活科技的教學

　　世界文明的演進與科技有密切的關係。科技已深入我們生活的各種層面之中，例如食、衣、住、行、育、樂，樣樣受到科技的影響，就連藝術也有許多科技的參與。國小的科技教學在九年一貫實施前，仍屬於陌生的領域，但九年一貫課程綱要已將「生活科技」併入「自然科」成為同一個領域，可見國民教育已認知「科技」對人類生活貢獻之深。

　　「科技」（technology）一詞雖然大部分的讀者都知其意，但不同學者常對它有不同的說法。羅文基（1990）綜合多人對於科技的定義，整理出：「科技乃人類運用知識、工具和技術，改變資源使成為個人及社會所需之財貨或服務，一方面解決人們所遭遇的問題，同時亦擴展了他們的能力，以滿足人類在各方面之需求並提升其品質。」由此可知，自然科學是發現自然的一門學問，科技是利用自然的一門學問。

　　雖然科技的定義看似簡單，但其內涵包含有創新和解決問題在內。有創新才有新的產品滿足人類的需求；人類遇有困難，欲求解決，而思考解決的途徑方案，找出最佳的策略去試做、改善，因而產生科技。因此，科技是由於人類的「需求」而產生；而科學是去發現自然現象的真實和原理、原則。例如，探討腳踏車的輪子、輪軸、齒輪，其間的關係和原理的探討是屬於科學，怎樣把它應用製作成腳踏車，並改良使它耐用、好用、變速等則是科技。科學的研究大致上「不利用」自然資源，但科技卻是「應用或改變自然」；因此，科技愈發達，對資源需求愈

多。科技發達雖造福人類,但也可能破壞自然環境或社會環境。難怪近代科學教育者要提出「科學—科技—社會」(Science-Technology-Society, STS)的課程教學理念。

「科技素養」是九年一貫課程綱要中新列於國小階段之能力指標。何謂科技素養?「在科技社會中,為與科技產生適切互動的過程所需具備的基本知識、能力與態度」(黃能堂,1997)。科技素養是人類在解決實務問題以改善生活的前提下,善用知識、創意、機具、材料及產品等資源,以適應科技社會及在科技社會中發展的基本能力。由此可知,具備科技素養的人,可適切地運用科技,結合相關的資源,解決所面臨的問題,滿足人類的需求,並進而延伸人類的潛能。一個科技發達的國家,其國力亦盛、經濟競爭力也必強。

上述的定義是從生活層面來看,若從教學層面來看,科技素養可包括六項(羅文基,1990):

1. 了解科技的意義與內涵。
2. 認識科技發展與人類社會暨文化變遷的關係。
3. 了解當前各科技次級系統的基本結構、內涵及未來的發展趨勢。
4. 體驗當前及未來科技發展對人類社會暨文化造成的影響與衝擊。
5. 具備評估及選擇一般科技方案之能力。
6. 統合科技與人文,培養科技哲學觀與科技文化的涵養。

我國國中小學九年一貫課程綱要中之生活科技素養有:

1. **科技的發展**:學生應了解科技在生活中的重要性及認識科技的特性;了解機具、材料、能源、運輸工具、傳達、營造、製造、資訊,認識科技的演進等。國內學者李隆盛指出,科技教育課程的內涵包括:技能、工藝、生產、工程學、現代科技、科學與科技、設計、解決問題、實用能耐、科技與社會關連等十種取向(李隆盛,1999)。

2. **設計與製作**(designing & making):國小中年級的「自然與生

活科技」領域能力指標中，無「設計與製作」一大項能力指標，但第七項「應用科學」的「認知」次項能力指標，則見於2-2-5-1；如製作風向器、空氣槍、水槍、小檯燈、橡皮動力車、玩具樂器、磁鐵玩具、簡易滅火器。有關「設計與製作」者列於科學素養第八大項高年級（見附錄）及國中，有確定的能力指標：利用多種思考的方法發展創意、變化事物的機能和形式、認識並設計基本的造形、了解製作原型的流程等。

國小階段的生活科技是初次列於課程標準中，範疇不若行之有年的國中課程。國小階段除生活科技的教學外，教師也可以結合「應用科學」進行「設計與製作」的教學；亦即將「設計與製作」的教材融入自然教學中。設計與製作可培養學生創造、發現問題、解決問題、定義需求、資料查詢、資料處理與分析的能力，再加上美學創意。設計與製作是一個完整的創造性問題解決的實踐過程，教師應引導學生發現問題、確認問題、情境的理解、確立任務目標、了解和收集資源、發展構想、選定方案、動手執行、完成作品、評鑑（魏炎順，2001）。可見，設計與製作是一種解決問題或創新的歷程。

電腦（資訊）亦屬於科技。依據九年一貫「資訊議題」課程綱要，我國國小中、高年級的資訊技能教材包括：軟硬體的保養、備份資料等資訊安全概念，視窗環境軟體的操作、磁碟的使用、電腦檔案的管理，以及電腦輔助教學應用軟體的操作、中英文輸入、網路基本功能操作、繪圖軟體創作、使用網站資源等。

各國科技課程

世界各先進國家的基礎教育總目標，都不缺「應用科技資訊」的能力，可見科技學習之重要。美國的科技教育，目前是以美國的「科技教育學會」（International Technology Education Association）在一九九六年

公布的「美國全民科技教育專案」中所述的為主。該專案指出，科技是人類付諸行動的開創（human innovation in action），所謂科技素養是使用、管理和了解科技的能力。美國中小學的科技教育旨在培養所有國民使之成為具有科技素養的人，同時科技包含了發展行動系統所需的知識和程序，以解決問題或擴展人類的潛能教學，內涵包括「科技程序」、「科技知識」及「科技系絡」（contexts）三領域。其「科技程序」領域又包括：(1)設計及發展科技系統；(2)決定及控制科技系統的作為（behavior of technological systems）；(3)使用科技系統；(4)評鑑科技系統所帶來的影響與結果。「科技知識」領域包括：(1)科技的特性與演進；(2)關連（linkages）；(3)科技的概念與原則。科技程序及知識領域中的七個要素分別交織在下列三個「科技系絡」中，包括：(1)資訊系統；(2)生化系統；(3)實體系統（張玉山與李隆盛，1999）。

美國以維基尼亞州為例，是將它放在發展學生對科技的覺知（awareness），使其對科技社會具備應有的初步知識、能力與態度，以科技導向的活動來整合其他科目的學習成果，使學生在獲致科技覺知的同時，也提高對其他領域的學習動機（Virginia Department of Education, 1998）。

其小學階段之科技教育目標包括：

1. 探索人們如何創造、使用及控制科技。
2. 在解決科技相關問題時，應用數學、語文、社會、自然、健康、美術等知識。
3. 利用工具與材料。
4. 探索自身對科技的興趣。
5. 透過科技的使用，發展自信心等。

英國在一九七〇年前，就有「手工藝」（craft）課程的設置，主要是強調工具操作的知能與技術，透過作品或專題教學法（project method，我國常譯為「專案」教學法），讓學生學習有用的技術。課程涵蓋

下列幾個傳統科目：技藝與設計（Art and Design）、商業教育、手工藝、設計與科技（Craft, Design and Technology, CDT）、家政；之後，漸漸蛻變成為「設計與科技」（Design and Technology, D & T）課程。

　　英國認為科技是人類發展的重要文化之一，是增進社會進步的主要利器，因此非常重視設計能力的培養。英國中央在一九八八年制定全國中小學的國家課程之後，內容有三大核心學科及七大基礎學科，科技是其中七大基礎學科之一，內含設計與科技（design & technology）及資訊科技（information technology），形成獨立的必修「科技」一科，適用於五至十六歲學生，一九九五年又加以修訂。在國小階段的課程目標有：設計與製作作品研究、發展與實作技能與知識、調查、重組與評估簡單的作品。在國中階段則有：介紹人造器物、系統、環境的發展、運用與批判、學習使用科技工具、發展設計與製作的基本能力等。此外，亦強調資訊科技融入各科教學中，一如我國九年一貫中的「資訊教育」議題，強調融入各科教學中，雖未設科獨立教學，但各校幾乎都設立「電腦」課，利用彈性時間教學；有此正式教學後，學生才有能力展現於其他各科的學習中。

　　日本的小學階段亦無獨立設「科技」一科教學，它被置入於家事科、美勞工藝、理科的教材中，來發展其科技教育。到國中以後單獨設科，並大量加入電腦資訊、環保議題等教材，呼應了 STS 的課程理念。

　　日本科技產品設計與製作、資訊與電腦的課程內容包括（引自黃嘉勝，2002）：

1. **設計與製作**

(1)科技在生活與工業上的價值與影響。

(2)產品的設計與製造。

(3)製造過程機具與儀器。

(4)製造機具的結構與維修。

(5)能源轉換使用與產品的製造。

(6)農作物之培育。

2. **資訊與電腦**

(1)認識資訊產品的功能與影響。

(2)有關電腦的結構、功能與使用。

(3)電腦軟硬體的認識與使用。

(4)認識並使用網路資源。

(5)各種軟體的評估、選擇與操作。

(6)軟體的功能與簡易程式設計。

澳洲在一九九二年通過七個基本能力（後來又增加一個能力：「理解不同文化的能力」成為八大能力）；其中能力之一與我國十大能力之一「運用科技與資訊的能力」雷同。在一九九四年由澳國政府公布其課程架構，包括四個領域（Technology Education Federation of Australia, 1994）：

1. 設計、製作與評價（designing, making & appraising）

2. 電腦資訊（information）

3. 材料（materials）

4. 系統（system）（系統是指在進行設計、製作與評價時，整合支援的系統）

上述課程分別在 K-4 年級、4-7 年級、7-10 年級、11-12 年級四個階段實施。小學階段不特別設科，初中為必修，高中為選修。在國小部分的教材有：認識日用品、安全有效的使用、製作產品及資源；會運用、建構、呈現、儲存、傳遞資訊；會辨認材料並適當使用材料；認識簡單系統中的共同運作情形，及其對人與環境影響的因果關係等。

設計與製作的教學

了解我國及先進國家的科技課程目標及內容，有助於教師把握生活

科技的教學。科技教學活動應注意下列事項（魏炎順，2001）：

1. 著重學生的實作經驗。
2. 力求簡單機具應用、材料檢選與利用。
3. 鼓勵學生應用創思技巧。
4. 相信科技創造力是可以培養增強、可以學習的。
5. 科技的學習過程應該和科學過程技能緊密結合。例如：觀察、實驗操作、分析歸納、推理解釋、溝通表達等。

　　除此之外，設計與製作的科技教學既然是一種創造思考的教學，張玉山（2003）以增進創造思考有七要訣，以創意陀螺的教學實例的建議極有參考價值：

1. **取代**：將原有事物的部分或全部，以新事物取而代之。例如，傳統的陀螺是以木頭為主要材料，中間再裝上鐵製軸心而成。也可以將陀螺的材料換成塑膠、黏土等。軸心也可以用別的原料來取代，於是，新的陀螺就出現。
2. **組合**：將兩個以上的構想或事物加以結合。例如，將小娃娃裝在陀螺上，變成旋轉娃娃。
3. **調整**：將原事物的用途，作功能上的轉變。例如，將陀螺應用在算命的用途，或是彩繪之後，當作裝飾品。
4. **放大**：將原事物的尺寸加以放大。例如，將陀螺放大一百倍，成為休閒涼亭；放大五百倍，成為住家建築；放大五千倍，成為台北「最新京華城」購物中心。
5. **縮小**：將原事物的尺寸加以縮小。例如，將陀螺縮小為十分之一，成為手機吊飾；縮小二十分之一，成為項鍊的墜飾；縮小三十分之一，則成為耳環墜飾，甚至是鼻環墜飾。
6. **除去**：將原事物去除掉其中的一部分。例如，將陀螺的內部挖空，可以當作置物籃。
7. **重排**：將原事物的安排方式或順序，加以顛倒或改變。例如，將

　　陀螺的尖端，分別裝在陀螺的四周，讓它旋轉時，具有切削或刺穿的力量，於是成為具有破壞力的「陀螺破壞王」。

　　張玉山更建議用此七種技巧，每一種再思考四個創思對象及三個創思目標，形成非常擴散式思考的方向，如圖 16-1。教師若依上述七法及圖 16-1 的創思 7×4×3 法去指導教學，則製作的創意產品極多。

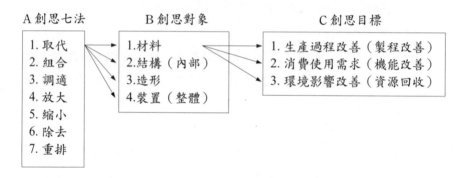

A 創思七法　　　　　　B 創思對象　　　　　　　C 創思目標

| 1. 取代
2. 組合
3. 調適
4. 放大
5. 縮小
6. 除去
7. 重排 | 1. 材料
2. 結構（內部）
3. 造形
4. 裝置（整體） | 1. 生產過程改善（製程改善）
2. 消費使用需求（機能改善）
3. 環境影響改善（資源回收） |

圖 16-1　設計與製作的自由組合創思法

資料來源：張玉山，2003。

　　國小「設計與製作」的教學均融入自然單元教學，先認知科學概念，再進行科技的設計與製作。科技的教學要有其步驟，對於國小學童而言，要由「無」變「有」較為困難，「模仿」可以作為「應用科學」、「設計與製作」、「發現問題」、「解決問題」的開端。建議有七個步驟可資參考（參閱許金發，2004）：

1. 觀察產品：以現有的商業產品為觀察對象。
2. 指認該產品的重要組成部分及其功能。
3. 改變產品的機能或形式：由於市面產品精緻、複雜，學生必須簡化。
4. 設計屬於自己構想的產品：以繪圖方式初步繪製設計圖，但需有自己想要的功能，或需維持商業產品相似的、基本的功能。
5. 修改設計圖並選擇材料：材料要容易取得，又能獲得相同功能

者。

6. 製作：依照設計圖進行實作。

7. 試用後，若有不理想的地方，應找出問題所在，加以改良，直至
　滿意為止。

　　上述的製作過程，包含了繪圖、選擇材料、執行製作、改良等過
程。若以解決問題的步驟來進行設計與製作，則可由下列步驟進行教
學。茲以製作「橡皮動力車」為例，說明教學過程。

橡皮動力車的設計與製作教學流程示例

1. 確認問題先找到想製作的物品。例如，橡皮動力車。確認問題就是思考
　想要製作的物品的相關因素。製作橡皮動力車有哪些相關因素呢？例
　如：
　⑴這組組員有哪些同學一起合作？
　⑵每一個人分配做哪一部分的工作？
　⑶預定花多少時間完成？
　⑷有沒有相似的產品可以參考？
　⑸在上課時、課後或在家裡完成呢？
　⑹需要準備什麼工具和材料？
　⑺要做怎樣的車子？跑得快又直的動力車？還是只要跑得遠的？
　　　老師可展示已做好的數個現成橡皮動力車（可以是大的、小的、不
　同材質的作品），以便學生由觀察成品中，確認問題；或由老師提出完
　成的車子的條件。

2. 收集資料：
　⑴查一查圖書資料。
　⑵網路資料。
　⑶課本等製作橡皮動力車的資料。

3. 提出構想：
　⑴小組成員觀察老師提供的產品或由收集來的資料中，都可以引發學生
　　的構想。
　⑵小組討論，腦力激盪時可能會產生很多構思，要把構想都寫出來。包
　　括用什麼材料、大致的形體。

（續下頁）

（承上頁）

(3)每一個學生的想法，要經過小組成員評估，討論哪一個是可行的，一一刪除不可行的構想，或選擇組員認為最可行的構想。

(4)學生可由創意七法的步驟來改變現成的成品。例如，可以把小輪子改成用光碟片（大輪子）取代嗎？橡皮筋可以多接一條或三條呢？車軸可以用什麼來做（如用飲料罐或用捲筒式衛生紙的軸）？軸可以縮短或加長嗎？怎樣把輪子美化？

4. 執行製作：

(1)繪圖。把認為最可行的構想繪製成圖，註明材料、尺寸。

(2)寫出製作方法與步驟。

(3)動手實作。

5. 測試評估：

(1)做好的橡皮動力車跑得直又快嗎？

(2)有沒有創意？喜歡嗎？

6. 改良：若車子跑得不直、不久、又慢，可能的原因是：

(1)軸沒有對準輪子的中央，所以輪子滾動不穩。

(2)可能是車子太輕了，沒有摩擦力，車子反而無法前進。

(3)可能橡皮筋太緊或太鬆了。

(4)珠子的位置放對了嗎？

(5)竹子太長或太短或沒有影響？

(6)用鐵罐做輪軸比用鋁罐好嗎？

(7)放在不同的地面，是不是可以跑得遠一點？

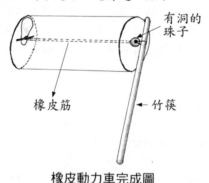

橡皮動力車完成圖

理論篇 B

第 17 章

自然與生活科技的
教室經營

　　教室管理的問題，不僅是初執教的新老師挫折感的主要來源，也是造成資深教師專業倦怠的原因之一；它亦是中外學校教師深感頭痛的問題。不論是研究報告或教師個人的經驗均指出，教室內的常規問題干擾教學，教師要花費比平常教學更多的時間去維持教室秩序。教師關心「如何有效從事班級教學工作」，不但應關心如何準備與呈現教材，同時也應關心如何管理學生行為，以落實教學工作。教師不僅希望帶著科學知識去教學，也需要更多的教學實務技巧。畢竟能做好教室管理的工作，才能有效地教學。自然與生活科技的教學乃以「學生為中心」的實驗、操作為主要教學活動，有時會至戶外上課。這種教學大都以學生分組實驗操作，比別科目的教學更容易陷於混亂，因此，班級經營就更加困難和重要。

教室經營的目的

　　教學活動的成效，端視學生能否達成認知、技能與情意三項學習目標。而有效的教室經營有助於教學活動的進行，教室能有良善的經營，可建立師生良好的人際互動、激勵學習，進而培養學生正確的人生觀，以使學生更能適應社會生活。因此教室經營的目的有下列五項：

1. 良好的實驗室秩序，能使學生專心於實驗、操作過程，學習效果

較佳。

2. 培養學生良好的行為習慣、自治能力。

3. 培養學生的民主精神，使學生能有良好的人際關係。

4. 避免實驗室危險情況的發生。

5. 維持學生在分組的社會互動中，學習部分科學與科技本質。

教室經營的原則

　　班級常規的建立是班級經營的第一步，教室常規輔導若欠當，教師則無法積極有效從事教學管理和處理班級學生問題行為，輕則降低學習興趣與動機，也不能把握時間完成學習任務；重則導致學生徬徨迷惑、不滿、疏離。因此在處理教室管理問題時，有下列一般原則應遵守（吳清山，1990）：

1. 管教學生應以可見的行為為主，不要聽信學生一面之詞。

2. 事先確立學生行為標準。

3. 不要仇報不良的行為，或避免懲罰不良行為。

4. 要以好的行為取代不好的行為，告知學生什麼是好的行為。

5. 鼓勵好的行為，使學生對於自己的好行為加深印象。

6. 顧及一貫性、公平性和個別差異。

7. 與其處理在後，不如預防在先。

8. 應找出不良行為原因。

9. 機動選用合適處理方法，不必一成不變。

10. 運用同儕互動關係，小組自治的管理。

11. 對於初犯錯者，應予原諒，不必急於懲罰。

12. 教師要自我約束，不可大發脾氣。

教室經營的項目

　　自然與生活科技是一門多元化之科學課程，內容涵蓋了物理、化學、生物、環境科學、地球科學、生活科技等各種學科之綜合課程。由於涵蓋的層面廣博，專門領域精深，因此教學特別困難；但也由於多樣化，容易培養學習興趣。然而，在教師方面由於常無法確實充實職前教師畢業後的教學需要，再加上各校行政單位支援與配合不足，因此，不但是部分初任教師視教自然與生活科技領域為畏途，即使資深教師，也常為此領域的教學而煩惱。茲由三方面來改進實驗室的教室經營。

軟體的常規訂定

　　實驗室常規的訂定，是自然科班級經營的第一步。如出席點名、出入實驗室時間及方式的規範、領用實驗器材、實驗後的清潔、實驗中的行為約定等。每班在開學時，教師應訂定實驗室常規，包括下列事項：

1. **實驗分組名單、小組座位的確定**：自然實驗及科技教學常以分組進行，教師在開學時就應把組分配好，該組成員可固定一學期，每位小朋友在組內的號碼也固定不變。如此可協助科任教師記憶每一任課班級的每位小朋友，若有不認識者，叫組別、組號（如第三組第六號小朋友，你……），即能快速指出欲點名的特定學生。小組成員以異質性組合為宜，也就是同組成員有男有女、有學習快的和慢的學生等。

2. **小組長的產生方式及小組長的職責**：小組長應以輪流方式產生，勿由教師指定一位「優良」學生做一學期的小組長。據研究（王美芬，1992）指出，小朋友常不滿意上自然課時都是小組長在做實驗，其他組員沒有機會動手。這是剝奪了小朋友共同參與學習的機會。小組長應每二、三星期輪流一次。小組長的職責是協助領用、分發、收拾實驗器材、小組秩序維持、協助教師評量、同

儕評量等工作,其他組員則可分配實驗記錄、討論整理、報告等工作。要注意,務必一半以上的人在某一單元中均分配了工作,而下一單元再輪其他人。

3. **每次領用器材注意事項**:國小自然及生活科技教學有許多器具及材料需要領取。教師應在學期開學之前,閱讀全本教師指引,以了解課程內容,及早準備教具。查看學校教具不足者,應盡快請購;需收集圖片、書報、雜誌、課外讀物等資料者,可以在開學時,甚至寒暑假就開始收集下學期教學時需用的資料。有時實驗需由學生攜帶塑膠袋、寶特瓶、牙膏盒等,亦需要數星期之前告知學生,以便學生有充裕的時間收集。教師若能夠先妥善準備器材,並預知實驗過程,則在分配實驗器材時,必然井然有序。所幸教科書出版社均附送部分教具,節省教師不少精力,對於有危險、有安全顧慮之器材,應以嚴厲表情告知學生注意事項,而且要重複多次提醒。基於「創造思考」的原則,亦可令學生以其他功能相同的物品取代。

4. **實驗後值日生清潔實驗室的注意事項**:每天規定輪流上自然課的值日生,負責清潔教室及廢棄物的處理。班長或教師負責督導執行情形,養成學生負責任的態度。

5. **學生違規行為的處理要點**:為適切約束、控制不當行為,教室常規可事先預設,無論是班規或自然課程之規範,此項常規宜先與學生共同商訂,約法三章,要注意下列各項,以使規定更有效:
   (1)描述清楚。
   (2)正面措辭。
   (3)簡短扼要。
   (4)數量不多。
   教室常規宣布後,可舉例說明,也可徵求同學的建議與補充,教師亦應定期提醒學生遵守並表達對學生的信心。教師可強調遵守規定的正面結果,並重視正面行為。

學期之初，與學生建立某種程度的遵守規則或模式。一學年中有效的班級經營大都奠基於開學的數星期，向學生說明或提醒規定，清楚的舉例說明，告訴學生：教師對學生在教室中的期望，經常提醒學生遵守。「好的開始是成功的一半」，對自然科學的班級經營工作尤為如此。學生從普通教室來到自然與生活科技教室裡，從排排坐的座位變成數人共桌的分組座位，視覺接觸增加，講話次數當然也隨著增多，常規自然不易維持，教學也難以奏效。因此，自然與生活科技教師要讓學生清楚地知道，在自然與生活科技教室中上課，教師對他們的期望與他們該遵守的規範。

6. **教師妥為組織實驗室**：根據研究指出，教室經營良好和不良的教學有極大的不同，前者的活動進行得順暢又有效率，器材準備妥當，學生做實驗錯誤少、時間短；教室經營不良的教學活動就很亂，學生所能完成的工作少，學生不注意聽講、上課吵鬧。張靜儀（1993）認為，組織自然科教室的例行公事包括下列各項：

   (1)將器材以「一單元一盒」之方式來整理，可節省準備與分發器材的時間。

   (2)建立「器材登錄簿」，使器材之管理、替補和保養方便進行。

   (3)器材的分發要愈快愈好，避免學生因等待過久不耐而產生問題。可考慮用兩個分開的供應站，以避免擁擠。

   (4)器材分發要先說明器材之組合與如何操作，可用小黑板預先寫好，配合實物操作，效果會更好。

   (5)活動進行的時間要事先預定，並在活動時視實際狀況略為修正，提醒學生注意時間，例如：「離整理時間還有三分鐘」等。

7. **學生活動進行中，在各組間走動，以檢查學生的工作情形和回答一些問題。**

實驗室硬體設備的規劃

1. **教室硬體**：實驗室內的實驗桌、椅子、水槽、櫃子、採光通風、噪音等項亦影響教學管理。實驗室硬體設備若空間狹小，班級學生數多，再加上教室老舊、牆壁剝落，易使學生心情煩躁而吵雜。改進之道是美化實驗室，佈置內容要常配合主題更新。實驗室備有水槽，學生隨時需洗潔用水，清洗時污染地面、桌面，均為促使常規不良之因素。近年資訊融入自然科的教學極普遍，有些自然科專用教室備有電腦，應將電腦與實驗桌分離，並區隔實驗操作與電腦操作的教學時段，以減少互相干擾。

2. **環境噪音**：許多學校緊鄰馬路，終日人車噪音侵擾學生上課，學生因無法聽清楚教師說明，在進行實驗過程中，會錯失實驗步驟，或提高音量，使常規更亂。若能在窗外加隔音牆，或沿牆種樹，有吸音的功能，減低噪音量，使學生更能專心上課。

3. **熱源及電器元件之處理**：教室內應有滅火器；教導學生手腳沾水潮濕時絕不可使用電器；酒精燈要放置於櫃內而不要放置於抽屜內；隨時檢查電插頭是否脫落或有電線破損情形。

4. **玻璃器皿**：讓學生盡量使用塑膠容器，如燒杯、滴管。玻璃器皿應置於學生舉手可得的位置，不要放得太高。

人的因素

1. **教師**：教師是班級經營的關鍵人物，教師應如何表現出正面的角色呢？謹提供下列幾項作為參考：

    (1)課前充分的準備，熟習實驗的過程，則教學全程必能順暢，增進教學的自信。

    (2)經驗的累積可增進教師的教學自信心，故若能連續多年擔任自然與生活科技領域教學，必有助於教室經營。

    (3)合宜的儀表有助於教學。教師不但是小學生的經師，也是人

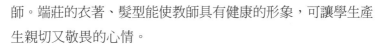

師。端莊的衣著、髮型能使教師具有健康的形象，可讓學生產生親切又敬畏的心情。

(4)口齒清晰使學生能清楚明白今天的實驗過程和重點，避免多次嘗試錯誤的浪費。

(5)幽默風趣、微笑的談吐可以化解很多危機，教師應學習幽默的人格特質，並妥善運用肢體語言。

(6)表現出認真負責的態度，學生則不敢隨便、草率，也會受感染而認真上課。

(7)公開、公平、公正地對待學生，不可偏心，使學生覺得老師亦師亦友。

(8)思想開明，不主觀武斷，能仔細聆聽學生的意見，多讓學生發表、質疑、討論。

(9)溫和、情緒穩定、無不良嗜好或低俗言語，以身作則。

(10)多獎勵少處罰。處罰時也不能損及學生尊嚴。

此外，在教材或教法上，蘇盛雄（1992）亦提出可資參考的項目。

【教材】

(1)熟悉課程和習作內容。

(2)了解學校行事曆，掌握校內外之重大比賽、運動會、教學觀摩、校內科展、定期測驗、國定假日、連續假日等之時間，再做教學進度安排。

(3)掌握進度，配合各單元事前收集資料，查閱相關書籍或請教專家學者。

(4)配合活動及學科測驗時間，輕鬆完成教學進度及目標。

(5)除非確定進度超前，否則別任意增加教學內容。

【教法】

(1)教師說話輕鬆幽默，上課規則須簡明且重複，使之熟悉。

(2)各單元無論教師或學生皆須預習。

(3)教具事先充分掌握，並須親自檢驗操作，尤其是教具無專人管理之學校更須如此。

(4)指導學生確實記錄，由學生準備記錄簿，必要時，教師須設計記錄格式或記錄卡。記錄中以題目、時間、器材、實驗或觀察之過程、整理、歸納結論等為主要項目。

(5)指導學生資料收集、整理及應用。

　①收集網路資料、雜誌、圖書、摺頁、手冊等。連絡、拜訪等也是收集資料之良好手段。

　②整理、影印、分類各項資料。

　③分析歸納資料並能深入追蹤資料來源。

　④展示資料及成果報告。

(6)重視學生課堂上之活動及表達。

(7)製作教學媒體，尤以電腦簡報檔的使用，使教學不至於一成不變。

2. **學生**：學生的年齡、性別、學習動機、能力、性向、健康狀況等，均能影響班級管理，同儕之間的團隊精神影響學習甚大，尤以分組實驗能培養合作的態度。有時班風也是影響教室經營的因素，同一位教師面對不同班級時，應有不同的經營策略。

自然科大都分組進行學習，分組亦有技巧。蘇盛雄（1992）建議下列各注意事項，供教師參考。

(1)依教室格局、大小，或是有否跨教室使用情況，以及學生人數、教具之多寡而定，一般分為四或六組。

(2)依學生之工作、表達、參與性、常規、學業程度作出較平均之分配，如開學時無法了解，可在學期中再次分組。

(3)注意殘障、視力欠佳、特殊行為等學生，適當加以安置。

(4)視教學需要而更替位置、組別，甚至重新分組以利教學之順暢。

(5)工作分配：一般分組後皆選出組長，然而在自然科中，常可發

現擅長於表達、工作者就是那幾位同學，而大部分同學卻被忽略，因此可用召集人制度取代之。

①每組設組長一名，方便於整組之聯繫。

②每單元設一召集人，或是由兩人為兩單元之召集人。

③召集人負責該單元教學過程中之工作分配、進度推展及討論統整。

④召集人分配組員之教具領收、實驗操作、實驗記錄、討論整理、結論報告等工作。

⑤召集人之能力較差者，可由組長或同學支援。

⑥每一組員至少要擔任一單元之召集人。

3. **家長**：家長對於子女的期望亦影響教室管理。據研究結果指出，父母對子女期望高者，他們學習專心，子女的學業成就也高，若班級有較多這類學生時，對於班級經營有正面的影響。

實驗室安全

自然與生活科技的教學歷程中，學生操作、實驗、觀察、製作等活動占了極大的份量。學生實驗的安全問題雖然重要，然而卻往往為任課教師所忽視。每當兒童進入自然教室或實驗室時總是充滿了好奇與期待，面對奧妙多變的活動總是躍躍欲試；學生因實驗，或準備、收拾器材而發生不幸的意外，時有所聞。如何讓國小自然與生活科技教師重視此一問題，讓學生在「安全」無虞的情況下學習，是極為重要的事。

實驗室要由教師提供安全的環境，訂定安全的規則，讓學生遵守，則實驗才不至於有危險。卓娟秀（1991）訂出學生實驗的安全守則值得參考：

1. 進入實驗室請保持安靜，不可高聲喧嘩。

2. 實驗室內有毒藥品很多，所以請勿攜帶食物入內或吃東西。

3. 所有的實驗物品，除非教師許可，其餘一律不准用「口」去嘗。

4. 各項實驗應遵照教師說明的步驟進行，不得任意添加藥品或改變實驗順序（惟九年一貫課程注重學生自行設計實驗，以培養創造思考、解決問題的能力；教師須有足夠專業，才能判斷學生的設計是否適當）。

5. 未經教師許可，不得任意使用實驗室及各項器材。

6. 認真學習各項器材正確的、安全的使用方法，細心操作。

7. 實驗物的殘渣與廢棄物，應放置在特定的地方，不可以任意棄置，避免發生危險與污染。

8. 使用時應注意自身安全，若發生意外或身體感覺不舒服，應立刻報告老師做適當的處理。

9. 實驗時所用的器皿應事前洗乾淨，實驗結束時亦應全部清洗乾淨。

10. 實驗室內的水、電、酒精燈，不用時應予以關閉，避免浪費與危險。

11. 各項化學藥品棄置前需妥善處理，避免發生危險與污染。

12. 實驗時一定要熟知實驗的目的、過程、方法，細心觀察各項變化，並請詳實記錄、認真討論。

13. 以愛心、耐心、信心來完成實驗，並多加思考與討論，以探討更深入的原因。

14. 實驗（或生活科技的製作）結束後，各項器材應物歸原處，各組整理好桌面後才可離開。

此外，實驗室桌面、工作檯的清潔也很重要，因為不乾淨的桌面、玻璃容器都會使實驗失敗亦不安全。教師或學生在打開藥品前，要再三看清其成分、濃度。例如，雙氧水的濃度 35%比 3%多了十倍，常灼傷皮膚。絕不允許學生單獨做實驗，尤其需使用器材、火、化學藥品的實驗，應有老師陪伴。

教師在實驗前應檢視實驗桌面是否清潔，有無殘留化學物品。在實驗室內應有許多抹布，以防藥品傾倒、酒精燈著火時之清潔與滅火等不時之需。教師應熟悉滅火器的放置地點及用法，定時查看是否過期。學生第一次使用火柴、酒精燈等危險物品，應個別或小組指導每一位小朋友正確操作後並演練，再行指導下一組；不可全班同時教一次，便放任學生自行練習。玻璃器皿在加熱時，容易破裂，因此，要叮嚀學生加熱期間，勿將身體貼近燒杯或試管。三角架的使用也極危險，不可將酒精燈墊高。禁止學生私自做危險的實驗。

以下為實驗室中幾種易操作錯誤的器材，教師不可不知：

1. **加熱燒杯**：燒杯盛裝液體加熱時，不可直接接觸火焰，致使破裂，宜用陶瓷纖維網隔離加熱。

2. **三角架太高而酒精燈火焰無法接觸加熱容器**：應重新購置較矮的三角架（高三角架是燒瓦斯燈用的）。絕不可將酒精燈墊高。

3. **滴管的使用**：滴管要「隨時」垂直，不論是吸取藥品或是注入另一容器，學生極容易在無意中將吸取溶液後之滴管傾斜而污染橡皮乳頭。使用完畢亦應將乳頭一端向上放置。

4. **藥匙的使用**：一支藥匙只能取用一種藥品。如果藥匙不夠，在取用完第一種藥品應沖洗乾淨、擦乾，再取用第二種藥品，否則會污染化學藥品。

5. **添加酒精的方法**：以漏斗加燃燒酒精到酒精燈容器中約四分之二瓶；不可加滿。瓶外若留有酒精需擦拭乾再點火。

6. **點燃火柴**：捏持火柴梗，平握柴梗點燈蕊，不可由上向下點燃，不可將梗向上或向下垂直點燃；絕不可用一只酒精燈的火焰點另外一只燈的燈蕊。

7. **熄滅酒精燈**：不可用口吹熄火焰，應以酒精燈蓋罩上燈蕊，熄火後打開蓋子冷卻後再蓋回去。

8. **滅（翻倒的酒精燈）火**：不可用抹布拍打火焰。因酒精四濺，火花更盛；應用濕抹布輕蓋在火及酒精上，即可熄火。

9. 死亡的動物遺體應埋葬或焚燒，不可隨意丟棄。

在實驗課程中除達到教學目標外，更需培養兒童詳實仔細、鍥而不捨、尊重生命、關懷大地的情操；在人類生存環境日益惡劣、生態體系失調的情況下，如何減少實驗室化學藥品污染與棄置生物材料的生態污染，是師生們共同努力的目標與責任。

總之，自然與生活科技的教室經營較難於其他領域的教學。教師若能了解常規不良的原因，去除原因，並能了解學生特質，改善教師自身的管理理念，充分準備教學，假以時日，則自然科的教室經營並非難事。

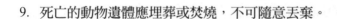 **教具管理**

教具是學習過程中不可或缺的媒體，每一位教師如能在教學上靈活運用教具，必能激發學生學習興趣，提高學習效果。自然與生活科技的教學尤以操作實驗和設計製作為開始，每一單元幾乎都使用教具。自然現象的背後，有許多原理是「看」不見的，如何將此抽象的原理具體呈現，以符合皮亞傑（Piaget）認知階段的具體操作期呢？教育家布魯納（Bruner）也主張用各種教具，讓兒童操作、探索和試驗，去滿足兒童強烈的求知慾，以激發其內在的學習動機。沒有教具，兒童無法操作、探索和試驗，他們無法在操作演示中歸納正確的概念，也無法發揮想像力和創造力，可見教具在教學中的重要了。

我們不要把教具只視為附帶的用具，或只協助師生節省講解而已。它是依據教學目標的需要，設計出來的教材一部分，不論從引起動機、產生問題、解決問題，到結果討論、概念發展，每一步驟都需要不同的教學用具。所以今日的教學活動設計，在目標、活動、評量的三部曲中，情境的安排與活動的進行，一定包括教具的設計與使用，並在各段落使用中，要求各教具發揮出應有的效果，最後設計評量，如果是實作

評量，更需要各種教具的配合。教師遇到沒有適當儀器或用具可使用時，即須自行設計安排。今天我們需要的教具絕不是製造繁雜技巧高超的作品，而是簡易、迅速，材料容易取得，沒有工藝能力也能立刻做好的，且能讓每一組學生有足夠器材，這才是合乎人性的科學教具。

　　往後，教師和學生自製簡易教具機會大增，尤其九年一貫課程綱要中，有關「科學應用」和「設計與製作」的能力指標，要求學生須製作玩具。當學生自製玩具時，需自己設計、選擇材料。身邊日常生活中易得的器材，最適合學生取用。目前教科書已開放出版社編印，教具沒有統一的格式，各家教科書的教學單元均以取材容易、製作容易為原則；若業者附送的教具不足，學校應充分採購。

　　目前國小教師，無論是級任或科任教師，均受困於繁重的行政及教學工作，而無法充分使用與管理教具，理想情況是能有專人管理教具，則能使教具的使用經濟又有效。由於教具的多元化，因此在教具管理上必須有些「辦法」，才能提高教學績效，激發學生學習興趣。學校中要實施教具管理，同事之間必須先要有共同的理念，亦即：

1. 珍惜教具，回收再用。
2. 物盡其用，物歸原位。
3. 資源引介，共享教具。
4. 事前操作，檢驗、維修。

教具管理的方法各校不同，李文德（1984）將之分為三種：

1. **分類管理法**：本方法乃是打破年級的界限，將全校的所有自然科教具按照不同種類加以區分。所謂分類是指玻璃燒杯、試管、酒精燈、網子、剪刀、掛圖等分類。並將同一類之教具賦予一編號，然後置於教具櫃中。當教師在上課前，將該節課所需之教具整理出來，俟用完後立刻放回原位。惟，目前出版社均隨課本配發實驗器材、海報、光碟等，給教師不少方便；但若每年提供相同單元中非消耗品，則形成浪費；因此，有必要回收再利用。

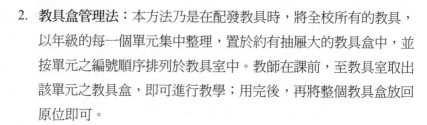

2. **教具盒管理法**：本方法乃是在配發教具時，將全校所有的教具，以年級的每一個單元集中整理，置於約有抽屜大的教具盒中，並按單元之編號順序排列於教具室中。教師在課前，至教具室取出該單元之教具盒，即可進行教學；用完後，再將整個教具盒放回原位即可。

3. **分類及教具盒合併管理法**：此法是以上二者之折衷方式，首先是將各教具按分類置於教具櫃之中。在各單元上課之前一週，由任課教師或負責之專人依教材所須之教具，集齊裝入教具盒中。如此該單元進行時，即可方便地提取使用，若該單元結束，再分類歸還原位。

　　以上三種方式各有利弊，取用何種方式，端視學校教具室的空間、班級數、人力分配而定。第一種方法，節省空間，但每次上課前花費較多時間去取用器材，下課後還需分類置回原位。第二類的管理法是在學期開學前，由自然科教師分配好單元教具盒，每次上課只取該單元盒；缺點是需要很大的空間，優點是取還均方便。第三類之最大缺點是需有專人管理，以應付學生隨時來取用、歸還。

第 **18** 章

發問技巧

自然科學重要教學目標之一就是要學生能探索自然。教師引導學生探索的最佳方法是用問題做開始、用問題做延續，也可以用問題做歸納。因此，良好的發問技巧，其重要性不言而喻。

 發問功能與技巧

發問在教學上的功能有：

1. **引起學習的動機**：教師用眼可見、耳可聽、嗅可聞、手可觸的範圍發問，初步引起學生五官的注意。如「你現在聽到樹上有什麼聲音？」「地面上怎麼會有很多小洞，洞口有一粒粒小土粒可能是什麼？」前者可能是蟬、鳥……等的學習，後者是「蚯蚓喜歡的環境」的學習。

2. **集中個人或全班的注意**：對學生的學習給予直接的刺激。教師發問時，學生必然要安靜下來聽問，才能回答，因此可以集中注意。

3. **復習舊經驗**：科學概念常有關連性、延續性、含攝性，前置概念常是後學概念的基礎。教師的提問常能提醒學生已學過的科學概念，以此為基礎進行新的概念學習。並能由提問中引導學生做這些相關性的聯想，幫助學生整理認知架構。

4. **指出學習重點**：教師的問題能明確顯示出學習的重點。尤其是探究教學法，教師不用講述法介紹知識，而用問句來規範學習重點，提醒學生注意，了解教材中的要點所在。

5. **協助練習**：對於不是探究式的學習內容，亦即需反覆練習的教材，經由教師的提問，使學生對於原理知識，經由自己思考作答的歷程而能牢記。亦即提問能幫助學生記憶。

6. **提升學習興趣**：發問讓學生自己想答案，是一種主動思考的過程，它具有挑戰性，能提升學生學習興趣。教師也可藉由發問來發現學生的興趣；對學生個別性的特徵和社會性的特徵，亦能從師生答問中探知。

7. **發現學生的能力、程度**：由學生的回答中，能探知學生的智力、經驗、背景等能力，進而了解學生的程度，以便教學時能適當運用，學生也能有合乎程度的問題可資回答。

8. **考核學習成效**：問答是最容易進行的學習考核。因為它能隨時、隨地進行，任何教材不論難易均可進行，也是最經濟的評量方式。在上課前、上課中、結束時，均可提出考核性的問題。

9. **促進思考**：自然科的提問最佳的功能是促進學生的思考。教師不直接敘述科學現象、原理，而以提問讓學生主動思考、整理思緒、理出原則、描述現象、創造思考、設計製作。

教師了解發問在教學上的目的之後，在教學實務中，應使用發問技巧。發問技巧應注意下列幾點：

1. **發問題目要明確、清晰**。符合學生程度、教材範圍前提下，有明確清晰的題目，學生不至於因不知題目的意思而含糊回答。

2. **各類問題都要兼顧**。在同一單元內，認知記憶、推理、批判、描述、重組、反思等都要兼顧，不可偏廢。

3. **讓多數學生能參與思考的問題**。除非是有關教室管理的目的，否則應以全班同學都必須注意聽的問題為佳，但可指名一人回答。

4. **普遍指名回答**。教師常注意快速舉手的學生指名回答。其實更應該指名不舉手者，因為這樣能警惕學生注意思考、認真作答，而不要事不關己或不認真聽講。

5. **不要重複問題**。避免學生不認真聽，只問一次問題，學生才不至於散漫不專心。教師指名發問時，遇有對問題沒聽清楚的學生，就改指其他學生回答。

6. **對學生不是錯誤的回答要給予鼓勵**。尤其是開放性、批判性、創意性、回憶性的問題。願意回答、良好的回答態度與技巧，有賴常常練習和接受鼓勵。

7. **候答時間不宜過短**。允許學生有數秒鐘的候答。小學生常常舉手搶答，卻不知如何回答，教師若能等候數秒，讓學生整理思緒便可順利回答，否則，再另指名回答。

8. **適當暗示或引導答案**。自然科的問題，常是環環相扣，學生答一不知二時，教師可再提示性的問問題，以便學生進一步思考而回答，終至完全明白。

提問的類型

　　教學中可以隨時提出問題，問題的範圍很廣，為方便討論起見，本節先說明問題的類型。問題的類型以學生思考模式的基準來分，可分為閉鎖性（closed question）和開放性（opened question）二類。所謂閉鎖性問題是指問題的答案是固定的，或謂它有標準答案的；而開放性問題則是沒有固定答案的，可因人、情境之不同而有不同答案。閉鎖性的問題是一種收斂性（convergent）思考的回答，而開放性問題是一種發散性（divergent）思考的回答。

　　對於問題類型，不同學者採取不同的分類基準，對於問題的種類有不同的分類，但其間差異不大。Blosser（1973）將閉鎖性和開放性的問

題，又分為各種類別：

閉鎖性問題

1. 背誦記憶
2. 說明、指認、觀察等記憶
3. 分辨、分類
4. 重現
5. 應用
6. 綜合
7. 預測
8. 批判

開放性問題

1. 發表意見
2. 推理和預測
3. 辯解
4. 設計
5. 批判

姚志舜（1973）依據發問所引起的精神活動過程分為兩大類：

1. 思考性的發問：須經反省性思考歷程才能作答的「問」。
2. 記憶性的發問：所謂「記憶性的發問」是要求記憶事務的「問」，諸如生字、新名詞的意義、數學記號、化學鍵、物理公式等以記憶為目的的發問，均屬於此類，記憶性的發問即是「練習的發問」。

國內學者張玉成（1983）則規納文獻後提出五種問題類別：

1. 認知記憶性問題：學生靠背記事實或其他事項來回答。

2. 推論性問題：學生需經過分析、統整的歷程，把所接受或記憶的問題再整理。

3. 創造性問題：學生回答時，需有新的、獨特的觀點，因此是一種開放、發散性思考的問題。

4. 批判性問題：回答時，學生需先設定標準或價值觀念，據以對事物做評斷或決定。

5. 常規管理性問題：考核、贊同與否等問題。

美國學者 Meeker（1981；引自陳龍安，1988）應用 Guilford 的智力結構理論，設計了一套發問技巧。他把問題類型分為五種：

1. 認知

2. 記憶

3. 評鑑

4. 聚斂性思考

5. 擴散性思考

在教學上，若以 Bloom 認知教學目標的六個層次而言（Bloom, 1956），發問的類型亦可針對此六種目標分為六種問題類型：(1)知識；(2)理解；(3)應用；(4)分析；(5)綜合；(6)評鑑。惟，Bloom 在一九五六年所著 *A Taxonomy for Educational Objectives* 中的六個教學目標，歷經多年使用後，於二〇〇一年修改新版本，將認知向度分成知識向度（knowledge dimension）和認知歷程向度（cognitive process dimension）（Anderson & Krathwohl, 2001）；知識向度又分：(1)事實知識；(2)概念知識；(3)程序知識；(4)後設認知知識。認知歷程向度的六項與原來的六層次有所不同。如表 18-1。

表 18-1　2001 年版 Bloom 認知領域教育目標之分類表

知識向度	認知歷程向度					
	1.記憶	2.了解	3.應用	4.分析	5.評鑑	6.創造
1. 事實知識						
2. 概念知識						
3. 程序知識						
4. 後設認知知識						

　　Bloom 新版認知歷程向度的教育目標，不只作為教學目標，亦可依此成為評量及發問內容；對於成就評量試卷的編製亦極有助益。

問題類型舉例

　　綜合上述不同類型，列舉自然科之問題實例，方便讀者參閱。

記憶性問題

- ◆ 北迴歸線通過台灣的哪裡？

- ◆ 太陽光是由幾種色光組成？

- ◆ 乾電池的正極在哪一邊？

- ◆ 太陽和各行星，哪一個距地球最近？

- ◆ 月亮的形狀大約幾天會重複一次一樣的？

- ◆ 九年一貫十大基本能力是什麼？

- ◆ 自然與生活科技領域中的分段能力指標分為哪八大項？

- ◆ 小蘇打加醋會產生什麼氣體（此題若在實驗操作後才發問，則屬非記憶性問題）？

- ◆ 澱粉要用什麼藥劑檢驗它的存在（此題若不經實作，只由書面閱讀後才發問，則屬記憶性問題）？

指認性、事實觀察的問題

◆ 把水倒在沙子裡會怎樣？

◆（實驗操作後問）磁鐵正負極相遇有何現象？

◆（在實際環境中觀察後）蕨類植物長在什麼環境中？

◆ 現在天空有哪些種類的雲？

◆ 蠟燭燃燒有些什麼變化？

分辨之問題

◆ 谷灣和峽灣有什麼相似、相異處？

◆ 海狗和海豹有什麼不同？

◆ 下列動物哪一種是水生哺乳類？

◆ 馬和牛有什麼異同？

◆ 從家裡到學校，怎樣的路最近？最好走？

重組之問題（由一組資料轉換成另一種型式表現）

◆ 植物發芽生長的過程依序是怎樣？

◆ 根據　個月觀察月亮的紀錄，這些資料有何意義？

◆ 用你自己的話，說說看卵生、胎生動物的繁殖方式是怎樣？

◆ 查到的資料用你的話報告給大家聽。

◆ 依據地球公轉圖，說明一年之中地球公轉運動的情形。

◆ 由每月同一天、同時間的太陽高度角和方向的關係圖，說說看，
　 冬、夏為什麼影子長短不同？

◆ 依照這張生態系的圖，說說看這些生物之間有什麼關係？

應用之問題（指科學原理、現象等應用於生活實例中）

◆ 用虹吸原理，要怎樣換魚缸裡的水？

◆ 燃燒有三要素，沒有火柴或其他火源時，要怎樣生火？

◆ 你可以由今天的月相判斷今天是農曆幾日嗎？

◆ 為什麼冷氣機要放在房間的上方？

◆ 螺絲釘是用什麼原理省力的？

◆ 學會了食物腐壞的因素，那要怎樣防腐呢？

◆ 你已經知道金魚吃飽了也不自知，餵食時，應該注意什麼？

◆ （學完熱脹冷縮之後）疊在一起的二個玻璃杯拉不開，怎麼辦？

批判性之問題（批判對錯、好壞、真假）

◆ （獅子會傷人，但）人類大量殺獅子是好的行為嗎？為什麼？

◆ 他用這個方法是好方法嗎？為什麼？

◆ 新建這條高速公路有什麼優、缺點？

◆ 開發山坡地成為農場有何利弊？

◆ 地球中心的宇宙說對嗎？為什麼？

◆ 用這種器材做某實驗有何缺點？

預測性之問題（由一組資料去預測未顯部分的事實）

◆ 由氣象資料，你認為明天颱風會不會吹向台灣北部？

◆ （由已做過的向光性實驗）你可以預測這株花再種一個月，莖葉
會往哪邊長？

◆ （做完橡皮動力車）可以預測橡皮圈繞十圈和二十圈，帶動車子
跑的距離哪個遠？

◆ （會使用星座盤後）我們來預測看看，今晚十二點牛郎星在什麼

位置？多少高度角？什麼方位？

◆（記錄一天的竿影長度方向變化之後）下午四點（未實作的時間）的竿影和方向應該在哪裡？影子多長？

◆若爸爸血型是 A 型，媽媽是 B 型，他們的子女可能是什麼血型？

◆如果有二杯分別為溫度 30°和 40°相同水量的水，各可溶二匙和三匙鹽，那麼 50℃水可能會溶解多少鹽？

因果關係推理之問題（對兒童而言，因果關係的推理是很重要的學習）

◆為什麼河川中游的石頭比上游的圓而小？

◆為什麼鳥類可以飛？老鼠不能飛？

◆為什麼電路板上的二個燈不會亮？推理出電路接法吧！

◆草原上的獅子增加時，草會怎樣呢？

◆為什麼引進外來的動物又放生是不好的？

◆為什麼蘋果和香蕉切開久了會變色？

◆根據線香熄滅的情形，推理瓶中產生的氣體是什麼？

◆為什麼熱空氣會上升？

◆為什麼杓子或鍋子的手把是用木頭做的？

◆為什麼九點時可以看到月亮，十一點就看不見了呢（站在同一個地方）？

◆為什麼布袋蓮那麼重，卻可以整株都浮在水面？

◆為什麼溫度計裡的酒精會上升、下降？

分析性之問題（在一個事件、現象中去分析各種因素）

◆在食物鏈中，人們捕捉大量的魚，會有什麼（一連串）結果？

◆這座山的岩石中可以發現水生生物化石，這證明了什麼？為什

麼？

◆ 我們只能在晚上看到星星，為什麼？

◆ 為什麼這株植物可以長得這麼好？是什麼條件使它長得好？

◆ 造成台灣夏天颱風大部分由東南往西北的方向移動的因素是什麼？

綜合性之問題（需要由許多因素中去整理出單一現象或事務）

◆ 自然界中有哪些現象是屬於熱上升、冷下降的現象，它的原理是什麼？

◆ 哪些條件可以使小馬達轉動？

◆ 怎樣把一棵植物種好？

◆ 哪些因素可以使玩具四輪車跑得快？

◆ 做完氣體、液體、固體加熱的實驗，你會不會歸納「物體熱脹冷縮」呢？

◆ 有哪些因素會影響氣候變化？

操縱變因之問題（針對學生設計實驗時，提出設計操縱變因的問題）

◆ 如果要比較植物葉子蒸發水分的快慢，做實驗時的操縱變因和不變的變因應該有哪些？

◆ 想知道蚯蚓喜歡潮濕或乾燥的泥土，操縱變因有哪些？

◆ 想探討什麼材料的管狀東西能吹出比較高的音，操縱變因有哪些？控制變因是什麼呢？

◆ 黴菌喜歡溫、熱，還是室溫的地方？做實驗時哪些是操縱變因和不變的變因呢？

◆ 鹽水或糖水，哪一個使紅色水擴散的比較快，控制變因是什麼？

◆ 想研究不同的食物（沒有煮過的）和雙氧水作用，哪一種產生最多的氧氣時，操縱變因是什麼？控制變因應該有哪些？

　　開放性問題是沒有固定答案的問題。九年一貫的精神就是要讓學生探索自然、發現自然，因此教師不應給予學生現成的答案，要常利用提問來引導學生的思考、創意、探究、發現。因此，除了閉鎖式的提問之外，教師要經常提開放性問題，如發表意見、開放性預測、推論、想像、策略性、評價、批判澄清等數種型態。

發表意見的問題（每人針對同一個問題都有不同意見，答案也無對、錯，各抒己見）

◆ 春天穿什麼樣的衣服比較好？
◆ 怎樣的自然老師是你喜歡的？
◆ 校園裡應不應該有野花野草任其生長？

開放性預測、推理、想像的問題

◆ 如果地球上的石油都用完了，會發生什麼事？
◆ 如果地球上第一種生物是人，那生物會怎樣進化或退化呢？
◆ 如果自然老師每天都不出作業，好不好？為什麼？
◆ 這個人一直掉頭髮，是什麼原因造成的呢？
◆ 如果人要住在月球上，會遇到什麼問題？
◆ 如果現在這裡發生火山爆發，會有什麼結果呢？
◆ 猜猜看，高速公路在五年後平均一天的車流量是多少？
◆ 其他星球有生物嗎？為什麼？
◆ 如果彗星撞地球會怎樣？
◆ 如果人都長生不老會怎樣？
◆ 這棵花種死了，你認為是什麼原因？

◆ 一隻狗汪汪叫，你猜是怎麼一回事？

◆ 一對雙胞胎從小被兩家人領養，長大了會有什麼不同或相同？

設計的問題

　　設計能力的培養是新課程的一大特色，由提問來引導學生利用科學原理進行設計，也可以提問學生去設計實驗，這是探究的過程。

◆ 怎樣用電路的原理，設計一個有開關、使燈亮、暗的裝置？

◆ 怎樣證明紅蘿蔔和雙氧水混合後產生的氣體是氧氣？

◆ 如何設計一個測風向又同時可測風力的教具？

◆ 怎樣把一團黏土浮在水面？

◆ 如何實驗證明空氣占有空間、可被壓縮？

◆ 怎樣做實驗證明熱在金屬上傳播的情形？

◆ 怎樣做實驗證明螞蟻會認得牠走過的路？

◆ 如何用磁性原理設計一個玩具？

開放性批判的問題

◆ 在雨中打傘又穿雨衣好不好？

◆ 你對素食者的營養觀點有何意見？

◆ 自然與生活科技應統整教學？還是分科教學好呢？各有何利弊？

◆ 風水說或紫微斗數的算命是真是假？為什麼？

◆ 他設計的實驗步驟好不好？為什麼？

◆ 對於收集氧氣的實驗過程，你覺得有什麼可以改進的？

第19章

筆試命題技巧

紙筆測驗目前仍是各校段考、期中考、期末考的主要評量方式。一份良好的紙筆測驗評量試卷，首要是應有效度。一份有效度的試卷，能測出出題者所真正要測出的結果，要能針對教學目標出題。此牽涉到題目是否清晰、明確，用字遣詞能否讓學生看懂而知道應該回答什麼，試題是不是針對學習目標來考核。郭生玉（1988）所著之《心理與教育測驗》一書中，對於命題的技巧有詳細敘述，能提供教師極佳的參考。本節擬綜合其要點，並提出自然與生活科技領域之實例，以利教師參閱、改進自然科的命題。

針對一般的命題原則，應有下列原則：

1. **要針對教學目標命題**

   教學活動均有設定教學目標，評量應以目標為依歸，尤其是「自然與科技認知」的目標，因為「認知」的目標大都偏向於知識（科學概念），而非方法或情意的學習，因此能以筆試測驗出學生的學習效果。以九年一貫之分段能力指標而言，除「認知」類外，其他如過程技能、思考智能、科學應用、設計等，亦可由紙筆測驗評量其部分成就（大部分仍以多元評量實施較恰當）。以 Bloom 的教學目標可將認知學習分為知識（記憶）、理解、分析、綜合、應用、評鑑。筆試題目應注意這六種層次題目分布均勻，避免偏重於一、二種層次之題目。惟近年學者對於 Bloom

的六層次認知教學目標有所修訂，教師可配合表 18-1 出題，以
符合試題之「內容效度」。

2. **敘述的文字要使題意清楚**

   試題避免不常用的語詞、方言、難解難懂、不明確的文句。

   （不佳）在太陽下測量的溫度是＿＿＿。（不知要填什麼。）

   （不佳）田雞是一種鳥類。（方言。）

   （不佳）構成人體的骨骼約有兩百多塊，對否？（不確定。）

   （較佳）構成人體的骨骼是 206 塊，對否？

3. **避免有爭論性答案的問題。例如：**

   （是非題）光合作用需要二氧化碳和水。（這兩個因子都對，但
   再加一個因子「陽光」更佳；含糊的學生答○，精確的學生答
   ╳。）

   （是非題）鹽溶於水中的量，隨著攪拌的次數增加而增加。（部
   分是對的，但飽和時就不增加了。）

4. **不要直接抄自課文的文句，而要以能表現相同的科學概念、但不
   同的敘述為佳，尤其是是非、填充題。**

   （不佳）植物莖上一個節長出三片以上的葉子，這種生長方式稱
   為＿＿＿＿。

   （修改）（用實際的圖來表現出輪生的葉子為佳。）

   下圖植物葉子的生長方式（葉序）是＿＿＿＿。

5. **測量學生的科學概念，而非考其片段知識。例如：**

   （不佳）請寫出九大行星的名稱，它們距離太陽多少公里？

（修改）距離太陽最近、最遠的行星是什麼？

6. **試題份量應預估在測驗時間內能完成。**尤其一份試卷有多種題型時，申論題應適度限定字數，使能測出學生有重點的整理資料的能力。

（不佳）試比較哺乳動物和兩棲動物。

（修改）試比較哺乳動物和兩棲動物的循環系統。

7. **勿照著課本的頁碼順序出題。**應前後統合命題，能測出學生融會貫通或科學應用之能力。例如：

（佳）各種不同葉序對於植物有什麼好處？（多方向接受陽光，利於光合作用）（本題整合葉序、光合作用、植物生長等概念。）

8. **試題可多用圖示來呈現科學概念或實驗結果。**例如月形、複葉、光的折射結果、動物身體名稱、力的作用、電路、地層等。

◆ 把竿影的標號填在正確的時間（　　　）內。

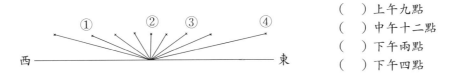

（　　）上午九點
（　　）中午十二點
（　　）下午兩點
（　　）下午四點

◆ 根據下圖來判斷，哪些敘述是合理的，請在（　　）中打 ✓

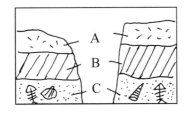

① （　　）這兩個山崖，原來是連在一起的同一地層。

② （　　）每一個地層中都會有化石。

③ （　　）A 層地層較年輕，C 層地層較古老。

是非題的命題技巧

1. **文字的敘述應與回答有關，冗長無關的句子應避免。**例如：

   （不佳）pH值是一種水溶液中的H⁺濃度為計量的表示方法；石蕊試紙放入溶液中，如果變成紅色，就表示這個水溶液是酸性質的。

   （修改）藍色石蕊試紙在酸性溶液中會變為紅色。

2. **避免使用雙否定的句型，雙否定的句子會困擾學生的閱讀。**自然與生活科技的筆試並非測驗閱讀能力，而是測驗科學與科技認知，故應避免使用雙否定。例如：

   （不佳）不陡的斜坡，物體滑下的速度不快。

   （修改）在較陡的斜坡，物體滑下的速度比平緩的斜坡速度快。

   （不佳）測量戶外氣溫，不可在不通風的地方測量。

   （修正）測量戶外氣溫要在通風的地方測量。

3. **同一個題目中避免考二個次問題，尤其是一對一錯時。**例如：

   （不佳）榕樹的氣根主要功能是呼吸作用，葉子的主要功能是光合作用。

   （修改）榕樹的氣根主要的功能是呼吸。（×）

   （修改）葉子最重要的功能是光合作用。（○）

   （不佳）太陽是地球最大的熱源，而太陽高度角會影響氣溫。

   （修正）太陽是地球最大的熱源。

   （不佳）植物的根可以吸收水分，但不能吸收礦物質。

   （修正）植物的根可以吸收土壤中的水分及礦物質。

4. **避免使用含有暗示作用的字詞。**例如：

   是非題中使用「一般而言」、「可能」、「常常」都暗示此答案

的彈性很大，沒有「錯」；反之「絕不」、「只有」則暗示
「錯」的答案可能性大。自然界的現象有原則就有例外，因此一
概而論的題目應小心。例如：

（不佳）所有的哺乳動物都是胎生的。（暗示此題是錯的）

（不佳）一般而言，有很多鳥類會遷徙。（暗示此題是對的）

（不佳）所有的微生物都對人體有害。

5. 在因果關係的題型中，結果的敘述必須是對的，而原因的敘述可
對可錯。例如：

（佳）大理石幾乎不含化石（對的結果），因為它是一種變質的
火成岩（原因）。

（佳）熱空氣會上升（對的結果），因為熱空氣的分子變小了
（原因）。

6. 答對或錯的題數約略相等，勿差異太大；並且答對或錯的題號應
隨機排列，避免集中或一定的順序，減少學生猜答的機會。

選擇題的命題技巧

1. 通常選項可用三或四個，應避免選項只能二選一的題目。因為二
選一的題目，另一個選項必然是錯的，如此題目便失去鑑別力。
（不佳）水流速度比較慢的地方，泥沙堆積比較(1)多；(2)少；(3)
不多不少；(4)以上皆非。（這種題目應該用「是非題」出題較
妥。）

2. 題幹的敘述要顯示出完整的題意，但避免冗長。敘述太短，題意
不清；但敘述太長與答案無關的資料，易造成閱讀困擾。例如：
（不佳）有關電磁鐵的敘述（題意不清）：(1)把電線繞在鐵釘上
可以做電磁鐵。(2)電線繞得愈多，磁力愈大；(3)做電磁鐵時不必

使用電源；(4)線圈通電會產生磁力。

（不佳）海邊的風較強、鹽分高、不管是山區或平原，孕育出的海邊植物不具有什麼特徵？（敘述太多）(1)葉肉較厚；(2)根系發達；(3)耐鹽分；(4)耐陰性。

（佳）下圖中，把尺斜放在有半杯水的杯內，尺的上端靠著杯口後緣，下端靠著杯底前緣，哪一個圖是正確的結果？（有光折射的情境說明很清楚，學生不致於對同一個圖有不同的解讀。）

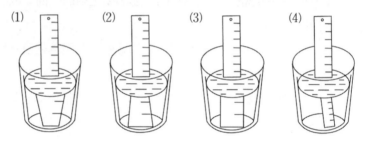

3. **題幹的敘述不宜被選項切割成二部分。** 例如：

（不佳）細胞內的(1)脂肪；(2)醣類；(3)蛋白質；(4)維生素，分解時，會產生含氮廢物？

（修正）細胞內的何種物質分解時，會產生含氮廢物？(1)脂肪；(2)醣類；(3)蛋白質；(4)維生素。

（不佳）因為絃的粗細鬆緊不同，(1)鈴鼓；(2)吉他；(3)大鼓；(4)鑼，可以發出高低不同的聲音。

（修正）哪一種樂器會因為絃的粗細鬆緊不同，而發出高低不同的聲音？(1)鈴鼓；(2)吉他；(3)大鼓；(4)鑼。

4. **選項中一開始的字詞若相同，應置於題幹中。** 例如：

（不佳）當兩個磁鐵同極相靠近時，它們會有什麼現象？

　(1)它們會相斥。

　(2)它們會相吸。

　(3)它們會保持原來的情況。

（修正）當兩個磁鐵同極相靠近時，它們會：

　(1)相斥。

　(2)相吸。

　(3)保持原來的情況。

5. 所有的誘答項目應具有似真性，亦即每一個選項均要合理而相似，避免錯的選項是很明顯的錯。

（不佳）下列哪一項是植物行光合作用時不需要的條件：(1)陽光；(2)水；(3)木材；(4) CO_2。

（修正）下列哪一項是植物行光合作用時不需要的條件：(1)陽光；(2)水；(3)氧；(4)二氧化碳。

（不佳）冰塊放入熱水中，冰塊會慢慢變小，這是什麼現象？(1)溶化；(2)燃燒；(3)變魔術。

（修正）冰塊放入熱水中，冰塊會慢慢變小，這是什麼現象？(1)溶化；(2)分解；(3)混合。

6. 避免實驗操作中可能產生誤差的選項。例如：

（不佳）用稀碘液檢驗的結果，下列哪一種食物含澱粉量較多？(1)白蘿蔔；(2)玉米；(3)白米；(4)蕃薯葉。（有的學生實驗的結果是玉米，有的學生實驗的結果是白米。）

（不佳）酸性和鹼性兩種水溶液混合後，其溶液的性質是：(1)酸性；(2)鹼性；(3)中性；(4)以上皆非。（學生使用酸、鹼溶液濃度體積不同時，很難有標準答案。）

7. 四個選項正確答案的題次應大約相同，並隨機排列。例如二十題中，最好正確選項分別為 1、2、3、4 的題數大約各五題，而且應避免都是相同選項集中在連續的幾題，如此可避免學生猜題。

8. 適合用圖表示者，少用文字。例如：

（不佳）農曆十一日的月形應該是(1)右邊亮的半圓形；(2)全圓；

(3)左邊亮的半圓形；(4)以上皆非。

（修正）農曆十一日的月形應該是：

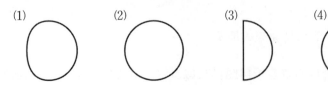

(1)　　　　　(2)　　　　　(3)　　　　　(4)

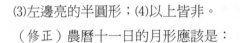

填充題的命題技巧

填充題的命題技巧，除遵循前述一般命題原則外，因應填充題題型的特性，而注意下列原則。

1. **填字的空白必須是重要的概念，而非無關的字詞。**

（不佳）浴缸的熱水蒸氣遇到_____會形成水珠，稱為凝結。

（修正）浴缸的水蒸氣遇到鏡子，在鏡面會形成水珠，稱為_____。

（不佳）人在跑步時，_____會喘，_____會紅。

（修正）人在跑步時，氣會喘是因為血液需要更多的_____氣體，所以呼吸會加速。

（不佳）地殼受到外力急速的擠壓後，會形成_____，使地層產生斷裂。

（修正）地殼受到外力急速的擠壓後，會使地層產生斷裂，所形成的地層稱為_____。

2. **要明確的因果關係答案，避免連環的因果關係。**若一定要出此類題目，可放在簡答題，而不用填空題。

（不佳）水用對流的方式傳熱是因為_____。（可能的答案是熱水會上升、水加熱以後密度減小了，所以上升、加熱後運動大，而使分子和分子間的距離加大了，所以密度小而上升等不同

答案。）

為什麼筷子放在裝水的茶杯中看起來好像斷了？_____（可能的答案是光的折射、光經過不同介子速度不一樣而折射。）

3. 空格不宜太多，以免讀不出題意。

（不佳）生態的因子有：_____和_____；其中一種又包括_____等。

（修改）生態的非生物因子包括_____等因子。

（不佳）太陽系有哪九大行星：_____。

（修改）離地球最近的行星是_____；離太陽最近的行星是_____。

4. 題幹的條件敘述要明確。

（不佳）三匙、二匙、一匙的鹽泡成的ＡＢＣ三杯鹽水溶液，其密度大小依序是_____→_____→_____。

（修改）用相同體積的水各三杯，分別加入三匙（A杯）、二匙（B杯）、一匙（C杯）的鹽後，其密度大小依序是_____→____→_____。

（不佳）吃其他動物的動物是_____。（可能填某一種動物或某一類動物。）

（修改）以動物為食物的動物類，其食性可歸類為_____。

5. 可以將空白放在句後時，避免將空白放在句首。

（不佳）_____是構成生物體的基本單位。

（修正）構成生物體的基本單位是_____。

（不佳）_____是細胞的生命中樞。

（修正）細胞的生命中樞是_____。

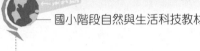

◢ 問答題的命題技巧

　　問答題都是使用在無法用是非、選擇、填充題來回答問題時,而且教師希望了解學生比較複雜的學習效果,如敘述理由、統整概念、提出科學假設、設計、批判、創意思考、繪圖呈現概念等,可用問答題來測驗。問答題在評分上無絕對標準,常無法取信於學生,答題時間又長,因此命題技巧也應特別注意。

　　題目明確設定條件,答題者在條件範圍內答題,避免天馬行空,不知從何下筆,內容份量無法拿捏;要讓學生知道所要回答的方向。

　　(不佳)請比較兩棲類和爬蟲類動物。

　　(修改)請比較兩棲類和爬蟲類動物的繁殖異同。

　　(不佳)試編一浮力的教學教案。

　　(修正)以「覺察身邊的物品,有些會浮、有些會沈」的教學目標,以二百字以內編一份三十分鐘教學的教學流程概要。

　　(不佳)請描述如何製作二氧化碳氣體。(此為不佳的題目,因為命題的範圍過於廣泛,作答不易,且答案的範圍模糊,沒有一定的答案。)

　　(修正)請簡單說明你如何利用實驗室中的豬肝、雙氧水、錐形瓶等器材製作出氧氣。(題目說明清楚,且有給一定的範圍,並且能由作答中評定出學生的設計實驗之學習結果。)

　　(不佳)試敘述如何進行建構式教學?

　　(修正)列舉八至十項自然科建構式教學的策略。

　　(不佳)繪圖說明葉子的形態。

　　(修改)繪圖並以文字標示葉子的各種葉形、葉緣及葉序。

　　(不佳)設計一實驗來進行植物葉子蒸發的作用。

（修改）設計一實驗進行植物葉子的蒸發作用和葉子的多寡有
　　　　關，並寫出操縱變因和控制變因。

（不佳）設計一個簡單的滅火器。

（修改）使用醋和小蘇打，並用回收容器，繪製一張滅火器的設
　　　　計圖。

　　由於問答題需花較多時間思考、書寫，因此教師應注意回答時間與
回答內容份量是否能配合。上述例子可以看出題目中條件的限制、字數
的限制，都可以避免學生答非所問，徒費時間。

第 20 章

「自然與生活科技」
領域的多元評量

　　學校教育的三個主要棟樑是課程、教學和評量，評量在教學過程中是必須執行的步驟。評量的目的在了解學生學習的現況、教學的得失，可以診斷出學生學習的困難，以便作為教師調整教學的步調，或作為進行補救教學或個別輔導的依據，也可以檢視課程是否妥當。評量的目的不只在於知道學生最後學習的成果而已，更重要的是了解學生學習的過程。

　　九年一貫新課程綱要指出：「教學評量不宜侷限於同一種方式，除由教師考評之外，得輔以學生自評及互評來完成。其形式可運用如觀察、口頭詢問、實驗、成品展示、專業報告、紙筆測驗、操作、設計實驗及學習歷程檔案等多種方式，以能夠藉此明瞭學生的學習情況來調適教學為目的。」九年一貫新課程揭櫫的教育目標是十大能力及八大科學和科技素養的學習，以面對二十一世紀的社會。其實老師們也都知道，評量應注重認知、情意、技能三個向度並重；「科學認知」可由紙筆測驗來評量，但也不是唯一的方法；科學情意和過程技能（科學方法）以及課程綱要中的各種「能力」，則必須用多元評量方法才能達到評量目的。

　　「評量」一詞，最早是和測驗脫不了關係，故用〝measurement〞以量化的方法評出可靠的得分，稱為測驗；後來認為教育目標、人格發展各方面也應評量，因此加上質性的評量，稱為評鑑（evaluation）。教育

學者一般是將教室內教學總和的檢視稱為評量（assessment），強調評量時應考量各種相關的整體環境，從各種可行的途徑收集各方面、多元的資料，再從各種角度和不同觀點加以比較分析與綜合研判，進而整體性的詮釋、評比（簡茂發，2001）。

過去傳統上以教師為中心的教學方式，強調課本內容的解釋、記憶與反覆練習科學知識與科學原理，專注於科學概念的獲得、解釋和應用；忽略了科學方法、科學態度、科學本質，以及思考智能等之培養。而對於國小階段學童而言，這些才是重點，學生在學習過程中，對於學習的目的、知識的內容、探究的方法、結果的整理等等歷程，都應納入評量範圍。因此由評量的時機上而言，是一種形成性評量（formative assessment），而不是總結性評量（summative assessment）。

「正式評量」（formal assessment）一詞是以標準化的程序設計測驗題，尤其是非、選擇題，它有固定的答案，能同時評量極多的學生，易於評分（單文經，1995）；這種評量學習成果的方式，較難測出綜合理解、批判思考、問題解決的能力，卻是一種很公平的選才方法，如高中聯考、大學指考入學是標準化評量的選才方式。學生在校的學習評量，傳統上注重平時考、段考、期末考的紙筆測驗，從學生回答試題的得分上去決定學習的成果，這是小規模的正式評量。紙筆測驗之所以久用不衰，是因為它方便、經濟、出題方便、又可重複使用試題（題庫），出題時間和批改時間均不是大工程，在同一時間內可考大量的學生，有標準答案供老師快速批閱、易於評分，考核方式公平，家長信任。有這麼多的優點，導致紙筆測驗成為中外各國不可或缺的評量、選才方法。

紙筆測驗的缺點是常落於 Bloom 所謂的認知學習六層次的考核：知識、理解、分析、綜合、應用、評價；教師的教學也強調這方面的目標。但事實上，學習成果不應只限制在上述六項；學生應該有其他能力、態度、情操、習慣的學習，都無法在紙筆測驗中呈現。評量方法的缺失常會誤導教學目標，反之亦然。

多元評量定義及方式

常用多元評量的名詞，如變通性評量（alternative assessment）、動態評量（dynamic assessment）、實作評量（performance assessment）、歷程檔案評量（portfolio assessment）、真實評量（authentic assessment）都一一出現。對老師而言，這些相異的名詞都有相同的精神，就是除了紙筆測驗之外的多元評量，它可以評量認知、能力、情意、方法等合乎新課程標準的考核方法。

單文經（1995）認為，「真實評量」一詞是與「正式評量」（formal assessment）一詞相對應。學生面對真實評量，他們的作業多有閱讀及寫作；他們在探究方面的功課，多為分組合作完成，而不是個人單獨埋頭苦讀完成；學生經常參與實際動手操作、解決問題。以上這些作法，顯然和紙筆測驗的評量是截然不同的。近年的科學展覽現場比賽或世界科學奧林匹亞，都是真實評量的選才方式。

另一種興起的非紙筆測驗的名詞是實作評量（performance assessment），它的作法類似真實評量。它評量學生的各種能力及技巧，要求學生展示知識的應用，而非僅展示知識本身。例如要求學生合作完成科學實驗、探究科學問題、實際操作、觀察。評量的內容要有學生可觀察的行為，也要有行為評量的準則俾便觀察。例如要學生自訂基準分類生物，給他二十張動物卡片，實際動手做三級分類。可觀察的行為必須在適合的場地進行，例如實驗室、教室、工作室、戶外等。實作評量的優點是可以讓學生有充分表現的技巧，因此較能應用知識於實際的問題情境。

多元評量的方式

實施多元評量的方法很多，茲舉例介紹如下：

1. **口頭詢問**：這種方法隨時可進行，如上課中、操作中、活動中。

問的問題可以是開放性，也可以閉鎖性。這個方法的優點是隨機使用、快速評量、隨時提醒學生的注意力，是上課中最常使用的方法。晤談也是口頭詢問的一種，但花費時間較久，問的較深入，可以了解教師無法看見的一些學生行為背後的意義。

2. **書面報告**：指讓學生觀察、作實驗、聽課、閱讀、參觀、調查、專題資料整理等活動後的書面報告；報告的特點是從頭到尾絕大部分內容由學生寫完。書面報告不必太多，避免老師閱讀的負荷太重。評量學生用文字傳達、溝通的能力，對於語文能力提升大有幫助。書面報告可以讓學生整理精準的資料，並能使其認真地進行一個活動。科學探究活動後，都應讓學生將結果用書面方式傳達給他人，這是科學結果得以傳播、流傳的秘訣，是很重要的能力。

3. **口頭報告**：學生公開以口語發表，這種方式不同於口頭回答問題。口頭報告是學生針對一個主題做較周全的回答；它可以是自己主觀的意見或客觀的答案。這種評量方法可以評量學生口語傳達、溝通的能力及科學認知和方法。常見於指名學生做較完整的報告，有時輔以媒體或教具說明。

4. **收集資料**：各國小均有完善的圖書館，也都有網路，兒童讀物又多。自然與科技教師應常令學生收集資料，教師先告知寫成幾頁（不要太多）、大綱是哪些，最好規定頁數；這樣學生才不至於影印、列印數十頁資料，而不知重點在哪裡。此方法可評量學生分析、綜合、整理資料等能力，以及使用電腦科技、圖書等工具的能力。

5. **成品展示**：新課程很強調科技的設計與製作。學生學會一種科學原理後，是否會應用其原理設計另一個實驗，或學生是否會用不同的操縱變因設計不同於課本的實驗呢？這對於自然與科技的學習頗為重要。把科技的構想實際做出，或把實驗的裝置架設好、照好的相片、種植植株、做好的電動機……等，都是成品展示的

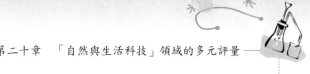

方法，它可以評量學生創造思考、解決問題，和科學過程技能的能力，以及其他的科學態度。如讓學生設計改善橡皮動力車的製作，使它跑得又快又直。

6. **紙筆測驗**：有關「認知」的教育目標，也可以用紙筆測驗評量，而且應該是主要方法之一，優缺點詳如前述，不再贅述。紙筆測驗分大規模的標準化測驗和平常小規模的測驗。標準化測驗試題需經嚴謹的發展過程，不是短時間就可出好題目。經嚴謹發展的試題須具備最少三個條件：(1)有效度，也就是考的題目能真正考出要考的東西；(2)有鑑別度，也就是考的題目能真正考出不同程度的學生，而不是這份考題 80% 考生都考 100 分或都考 30 分，它應能考出常態分配的人數和分數；(3)有信度，同一份題目的穩定性要良好，不可以今天這個學生考 100 分，明天只考 50 分（假設考生不針對題目加強練習），如是，顯然此題目的穩定性不佳。有知名度的智力測驗、聯考題目、會考、托福測驗等都屬於標準化測驗。小規模的測驗考可以是每週小考、月考、期中考、期末考等，要求的條件不若標準化測驗嚴格，但至少要有效度。

7. **遊戲評量**：科學學習也可以設計成遊戲、比賽、角色扮演等方法，來達到評量的目的。如生態系中族群的增減，就可以用遊戲來學習和評量。比賽是學生最熱衷的活動，不但可評量個別的，也可評量團隊合作的情形；如比賽哪一組能最快在校園中找出六種形狀不同的葉子。角色扮演更可以評量科學概念、合作、創造；例如讓各組設計一或二個電池、電燈並、串聯的角色扮演，再讓全班學生來修正不適當的地方。

8. **實作評量**：實作評量在自然與科技領域裡是很需要的，因為學生對文字的認知與對實物的認知有差別。能答對文字敘述題目的，不一定答對實物或實作題。題目如「桌上放置多種葉子，讓學生指出哪一片葉子是鋸齒葉緣？」、「操作用正確的溶液把紅色石蕊試紙變成藍色」、「讓學生在真實的蟬標本中，找出公蟬腹部

的兩片薄膜（它會使蟬鳴叫）」、「讓學生在顯微鏡下找出指定的玻片標本是什麼？」。此項的實作評量有如實作「考試」，它不是用文字敘述，而是用實物、動作、操作等來評量；評量時機上可以是一種總結性實作評量，也可以是形成性評量。

形成性實作評量不只看最後成果，而且還注重過程，所以形成性實作評量就是一種真實評量，而不像紙筆測驗只看答案的對、錯。通常是在教學活動中進行評量，不是教學活動完成後才特別找一個時間來評量。實作評量可以評量學生的科學認知和方法；是以，形成性實作評量必然是應用多元評量的方法。

9. **歷程檔案評量**：歷程檔案評量又稱卷宗評量。什麼是「歷程檔案評量」？所謂歷程檔案評量意指學生對自己的作品有目的地收集，展現出學生在一個或數個領域內的努力、進步與成就。整個檔案從內容的收入、選擇內容的標準及評分的標準，都有學生參與其中，同時還需包括學生自己反省的證據。怎樣去充實檔案評量的內容呢？檔案需在自然情境脈絡中，收集學生自己的作品、作業、日誌，以及平日收集的書面資料、報告，甚至老師、同儕、家長的評量、自己的反思、意見、留言、批評等。例如習作單、活動單、學生設計的模型、收集的資料、觀察紀錄、歷次考試卷（成績）、學生討論紀錄等。歷程檔案收集的規模可用一個主題、一個單元、二個單元或三個單元等上述資料放入同一檔案夾。

學生的歷程檔案若能在班上互相觀摩，一定可以增進同儕互相學習、欣賞，增進學習興趣；教師也能從學生的檔案中，比較其開始與結束時的成就差異，或發現學生在課堂中，無法看見的資訊。

其實，某一種學習活動不一定只用一種評量方式，也可以多種方式穿插。例如，「種菜」的活動，可實施的方式就有：成長紀錄（觀察）

報告,它可評量細心、耐心、求正確、合作、負責的態度;也可用畫圖、照像或測量加以記錄、用文字描述均可;把紀錄表用口頭發表,讓同學都聽、看到,又可評量學生表達、溝通的能力;讓學生設計不同變因下,種出來的菜有何不同,設計時需思考用什麼操縱變因,以及使用什麼器材、裝置實驗,這些都是可被評量的科學方法;實際種植、觀察、記錄,又是一個實作評量。

以下是國小階段自然科常用多元評量方式及其評量的項目重點,以表 20-1 說明之。

表 20-1 自然科常用非紙筆評量方式及其評量重點

評量方式	評量重點
口頭回答(閉鎖性問題)	記憶、正確性、理解、歸納
習作簿、學習單	正確性、美觀整潔、細心
口頭發表(開放性)	正確性、分析、推論、綜合
儀器操作	正確、細心、愛惜的態度
資料收集、報告	完整性、組織能力、分析能力、做結論能力、寫作能力、利用圖書館或網路
實察校園	細心、觀察力、愛護環境、尊重生命的態度
野外勘查	靜態的觀察、變化的觀察、好奇心、愛護自然尊重生命的態度
專題研究(科展)	科學方法、科學本質、提出假設、驗證
歷程檔案	資料收集整理、電腦能力、反思能力

為了因應多元評量及打破紙筆測驗是唯一成績的迷思,教師應多用等第取代分數。自然科教師做期中或期末評量報告給家長看時,以表 20-2 為例,打「ˇ」記錄等第,輔以質性陳述。本表列有九年一貫中所注重的學習目標大項:認知、情意、方法、思考;被評的來源也是多元的。

表 20-2　自然科期中（末）評量報告表

學生姓名			＿＿＿學年度＿＿＿學期	
項目 ＼ 等第	優	佳	普通	加油
1. 學習時態度認真				
2. 和同學合作				
3. 思考智能				
4. 各項作業				
5. 科學方法方面的表現				
6. 筆試成績（科學知識）				
7. 評語				
家長簽名或回應				

　　上列評量報告表之 1.和 2.項是老師可觀察的學習態度，也記錄了學生的人際關係；3.項是有關學生的創意思考、解決問題、推理能力、推論思考等能力（配合新課程綱要）；4.項亦即平時繳交的作業、報告、資料收集等；5.項包含觀察、假設、控制變因、設計實驗等能力；6.項是小考成績和段考成績，亦即科學知識的成績；7.項用文字敘述具體評語。

　　總之，多元評量的含義是要提醒老師不要只注重紙筆測驗，要多用形成性評量、實作評量。評量是持續不斷的過程，應該要能評量課程綱要中的十大能力、科學過程、認知、科學態度、科學應用、創造思考、科學本質的實踐等能力。因此，教學要用多變化、混合用各種評量方法，去評量學生的認知、能力、技巧、方法和情意，要求學生展現知識的應用，而非只是知識本身！

能力指標轉換為評量方式舉隅

表 20-3 列舉九年一貫能力指標轉換為評量方式，以供教師參考。

表 20-3 九年一貫能力指標轉換為評量方式舉隅

能力指標	評量方式
1-2-1-1 察覺事物具有可辨識的特徵和屬性	給學生五種不知名的溶液和石蕊試紙，要求學生檢驗出哪幾種是酸性、中性或鹼性溶液。
1-2-2-1 運用感官或現成工具去度量，做量化的比較	請學生利用身體的各部位或步距等，測量各種物品，如教室長度、黑板的長寬等，看看其是否熟練這項能力。
1-2-2-4 知道依目的（或屬性）不同，可做不同的分類	給兒童一些物品、名詞或代表事物的卡片，請兒童自訂基準做不同的分類。
1-2-3-3 能在試驗時控制變因，做定性的觀察	讓學生動手做出老師規定的實驗，例如：給學生製作電磁鐵的材料，讓學生做出磁力較強的電磁鐵。
1-2-4-1 由實驗的資料中整理出規則，提出結果	畫概念圖，讓學生從資料中畫出課本中所要傳達的概念，如動物的生殖可分為胎生、卵生和卵胎生，而胎生的動物有⋯⋯卵生的有⋯⋯。
1-2-5-1 能運用表格、圖表（如解讀資料及登錄資料）	給予學生「水由常溫加熱至沸騰的溫度變化」的資料，要求學生根據資料畫出水溫變化的曲線圖。
1-2-5-3 能由電話、報紙、圖書、網路與媒體獲得資訊（過程技能）	各組蒐集相關資料，並利用檔案夾將資料整理出來，進行檔案評量，並說明蒐集分工明細及步驟。
1-3-1-1 能依規劃的實驗步驟來執行操作	小組比賽：每一實驗步驟各組比賽誰先完成，並檢查確實、正確才予給分。
1-3-5-3 清楚的傳述科學探究的過程和結果	上台報告自己實驗的過程和結果，如將「如何分辨酸與鹼的過程和結果」報告給同學。

（續下表）

（承上表）

2-2-2-1	實地種植一種植物，飼養一種小動物，並彼此交換經驗。藉此栽種知道植物各有其特殊的構造，學習安排日照、提供水分、溶製肥料、選擇土壤等種的技術	要求學生為自己所種植的豆類植物作日記，日記的內容需包含圖畫、生長記錄、照顧的情形、遇到的問題和解決的方法。
2-2-4-2	觀察月亮東升西落的情形，以及長期持續觀察月相，發現月相盈虧，具有週期性	以月相盈虧的圖片，請學生依照月初至月底排列，並說明月相盈虧的過程。
2-3-3-2	探討氧及二氧化碳的性質；氧的製造、燃燒之了解、氧化（生銹）等，二氧化碳的製造、溶於水的特性、空氣污染等現象	以實作方式，要求學生以二至四人為一組，實際操作實驗器材，製作氧氣，並檢驗氧氣的性質。
3-2-0-3	相信現象的變化，都是由某些變因的改變所促成的	當學生進行科學實驗結束之後，提出實驗報告，從報告中檢驗學生是否學習到「不同變因下有不同實驗結果」。
4-2-1-1	了解科技在生活中的重要性	用測驗題讓學生勾選出學童心目中重要的科技產品（如交通工具、電腦……），並且說出其原因。
4-2-2-3	體會科技與家庭生活的互動關係	以口頭發問：「你的家中有哪些科技產品？」「它們有什麼功用？」
6-2-2-2	養成運用相關器材、設備來完成自己構想作品的習慣	由學生運用相同原理，思考用相關器材或設備設計出實驗或玩具，如空氣槍、玩具樂器等。
6-3-1-1	對他人的資訊或報告提出合理的求證和質疑	對於學生的報告，要求學生針對每組寫下各三個優點與缺點。
7-1-0-2	學習操作各種簡單儀器	於每次實驗活動，觀察一組學生操作實驗器材的情形，並加以記錄。
7-2-0-3	能安全妥善的使用日常生活中的器具	家長藉由學生在家裡使用日常生活中器具的觀察，記錄其是否使用方法正確、是否妥善，再交由學生帶回繳交。

教材篇

第21章
生命科學教材

生命科學一般可分為動物和植物領域。依據九年一貫課程綱要的能力指標，國小階段的生命科學教材有動植物形態、繁殖、水生生物、植物生長條件、種植和飼養、昆蟲、動物行為、棲息地等。本章就上述範疇，分別以植物、動物加以概述，以利教學之參考。

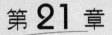 植物

葉　形

植物的身體可分為根、莖、葉、花、果實、種子。前三種為營養器官，後三種為繁殖器官。兒童最有興趣而又容易觀察者為葉子。葉子的觀察可由葉形、葉緣、單複葉、葉序等項做重點觀察。常見的基本葉形有披針形、橢圓形、卵形、圓形、心形、腎形、紡錘形、盾形（見圖21-1）。每一葉形並非都是標準的幾何圖形，學生在觀察時，可以引導學生描述某葉「比較像某一形狀」即可，也可讓學生依葉子形狀取名，如扇形、耳朵形、小提琴形、火焰形等亦無不可。觀察的目的，在於培養兒童細心觀察的習慣，並非要求所有學生成為專業的生物學家。觀察後能說出形態上的特徵，而不是只說出生物的專有名稱。

披斜形（竹子）　卵形（九重葛）　　　橢圓形　　　　　紡錘形

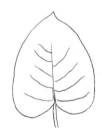   

心形（菩提樹）　　　腎形　　　　盾形（血桐）　　矛形（慈姑）

戟形（楓香）　　針形（松）　　線形（變葉木）　　　三角形

圓形（福祿桐）　　扇形（鐵線蕨）　　　　菱形（烏桕）

圖 21-1　葉子的基本形狀

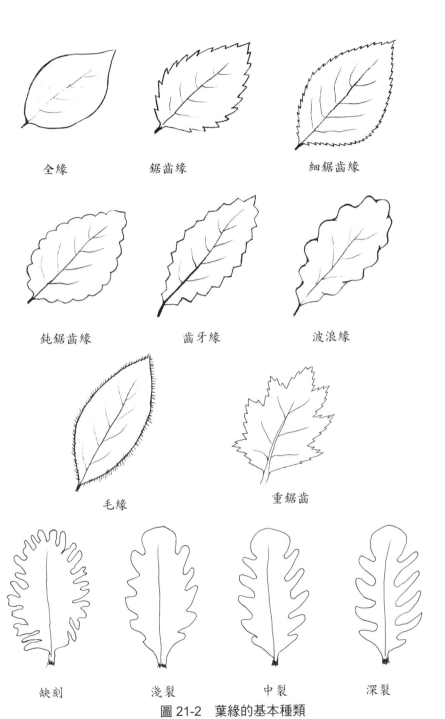

全緣　　　　鋸齒緣　　　　細鋸齒緣

鈍鋸齒緣　　　齒牙緣　　　波浪緣

毛緣　　　　　重鋸齒

缺刻　　　淺裂　　　中裂　　　深裂

圖 21-2　葉緣的基本種類

葉緣

葉子的葉緣由平滑的「全緣」，到深裂，甚至裂至葉子中肋的「全裂」，變化多端。葉緣的種類有鋸齒、鈍鋸齒、細鋸齒、波浪、淺裂、中裂、深裂、全裂等（見上頁圖 21-2）。

單葉和複葉

葉子有單葉、複葉之分。樹葉由莖上之節點長出後，如果只有一片葉子則為單葉；如果有很多小葉則為複葉，複葉又分為羽狀複葉和掌狀複葉。羽狀複葉的小葉是左右排列的，又可分為一回、二回、三回複葉。掌狀複葉的小葉有三葉、四葉，多至十一葉均有。葉的種類如圖 21-3。

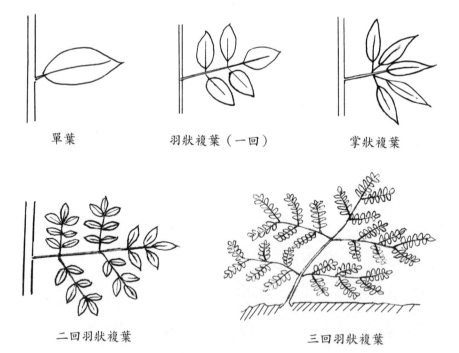

單葉　　　　　羽狀複葉（一回）　　　　掌狀複葉

二回羽狀複葉　　　　　　　三回羽狀複葉

圖 21-3　葉的種類

葉序及其他

許多葉子長在同一枝條節上的各種情形稱為葉序（如圖 21-4）。如果一個節上只長一片葉，稱為互生；一個節上長二片葉子為對生；一個節上長了三片以上的葉子稱為輪生；如果在節間很短的莖枝末端，長了許多的葉子稱叢生。葉子的質地及葉脈亦可讓學生觀察。葉子薄薄的如紙稱紙質葉，厚軟的為肉質，表面臘質厚、葉子硬脆者為革質。葉脈則有網狀脈、平行脈之分。

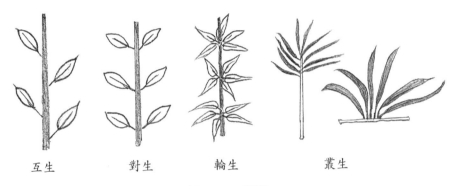

互生　　　　　對生　　　　　輪生　　　　　叢生

圖 21-4　葉序

葉子的功能

葉子的主要功能是行光合作用、製造養分、儲存養分，次要功能則為蒸散水分、繁殖等功能。由於植物為了適應生長的環境而有許多變異，稱為變態葉。如豌豆葉或葉的一部分變態為捲鬚，以便攀爬生長。豬籠草、捕蠅草、毛氈苔等的葉，特化後可捕捉小蟲，並可直接消化、分解、吸收，利用分解後的養分。仙人掌的葉子退化成尖而利的針狀，可以防止水分蒸散，同時具有保護功能。有些植物的葉子，如落地生根，葉緣會長出小芽，所以葉片具有繁殖的能力。

一般的陸生植物，氣孔大都分布在葉下表皮，上表皮較少，可減少陽光直接曝晒，避免水分過度的喪失；水生植物則相反，其氣孔大都分

布在葉上表皮，有的水生植物甚至找不到氣孔。植物有許多特殊構造，以適應蒸散作用，如乾旱地區缺乏水分，植物體就有較厚的葉肉、蠟質的表皮和下陷型的氣孔，能防止水分過度散失；在陰溼地方生長的植物則相反，葉片大而薄，氣孔稍大而突出，水分很容易蒸散出去。

根與莖

　　根的外形有軸根、鬚根之分。植物根主要功能為吸收水分、固著植物體。有些根因功能改變而形態也隨之改變，甚至和一般的根有很大的不同，如番薯、蘿蔔肥大，可儲存養分；榕樹和印度橡膠樹的氣生根，由樹幹下垂，吸收空氣中的水分；菟絲子的寄生根深入寄主體內，直接吸收寄主的營養。

　　植物的變態莖也各有千秋，有多汁的草本莖和硬的木本莖。莖的主要功能是支持植物體和輸送水分。為了證明莖有輸送水分功能，可用小白菜、莧菜、芹菜、油菜、A菜等愈新鮮的葉愈佳，置入有色水中數小時，便可看見莖、葉都變色。莖上的節是長芽的地方。植物變態莖則有鱗莖（洋蔥）、塊莖（馬鈴薯）、球莖（芋頭）、針狀莖（石榴）、肉質莖（仙人掌）、葉狀莖（曇花）。有些莖不直立於地上，而形成匍匐莖（西瓜、蟛蜞葡）、攀爬莖（爬牆虎）、纏繞莖（四季豆、牽牛花）、卷鬚莖（小花瓜、瓠瓜）。薑是一種橫走的地下根莖；雷公根、草莓則是在地面上爬走的走莖。

花

　　一朵完全花包括了大、小蕊、花冠、花萼（見圖21-5）。兒童對於花最有興趣的部分是花瓣（冠）、花蕊，至於花萼則不太能引起興趣。觀察花冠可由顏色、形狀、分或合瓣、花瓣數目為觀察重點。花蕊則可以用放大鏡觀看大蕊花柱的形狀、小蕊的數目、花藥分合的情形、花粉的顏色、形狀，均能引起兒童興趣。例如，百合花共有三片花萼（位於較外圈的三片）、三片花瓣（位於較內圈的三片），一般兒童均誤認百

合有六片花瓣而無花萼。又如菊花是由很多花聚開在一枝花枝上，而非一朵菊花，它是一個花序。

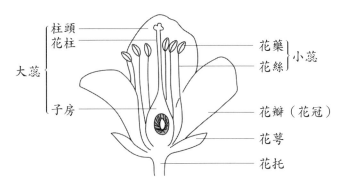

圖 21 -5　完全花的構造

　　花序是花的另一個觀察重點。所謂花序是一枝花枝上開了許多花（沒有葉子）稱之花序。一般常見的花序有：總狀花序、穗狀花序、繖形花序、繖房花序、錐狀花序（又稱複總狀花序）、頭狀花序（見圖21-6）。有些花的花序很複雜，不宜要求兒童指認、記憶，可讓兒童在觀察時，說出花在花枝上的排列位置、特徵即可。

果實和種子

　　認識果實的種類在小學階段，不外食用水果、瓜果、豆類莢果，校園或野外不起眼小果實，如鬼針、咸豐草、紫背草、含羞草、酢漿草、山萵苣、紫花霍香薊、龍葵、昭和草、蒲公英等，均可讓學生觀察。有些喬木因高大，開花結果不易為學生所仔細觀察，如榕樹、青楓、楓香、阿勃勒、台灣欒樹、菩提樹、相思樹、黃椰子、洋紫荊、樟樹、白千層，都是校園中常見的樹，並且開花、結果，應引導學生注意或觀察開花季節。

　　至於花謝了以後的果實，以及果實內的種子，也各有千秋，表21-1列出數種果實和種子的形式之例，以為教學參考。

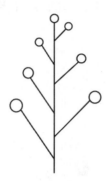

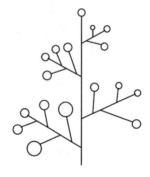

穗狀花序
（野莧）

總狀花序
（布袋蓮）

圓錐花序
（水稻）

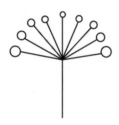

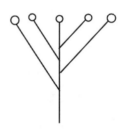

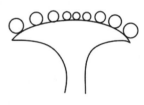

繖形花序
（馬纓丹）

繖房花序
（蔥）

頭狀花序
（菊花）

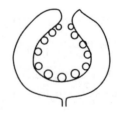

肉穗花序
（火鶴花）

隱頭花序
（榕樹果）

圖 21-6　花序的種類

表 21-1　果實、種子的形式和其樹種實例

果實和種子的形式	樹種例子
長條狀的果實	鳳凰木、鐵刀木、蠟燭木、阿勃勒、皂莢。
成熟後會裂開的果實	孔雀豆、大花紫薇、洋紫荊、羊蹄甲、銀合歡。
長在樹幹上的果實	波羅蜜、蠟燭木、雀榕。
給一大串的果實	山桐子、鐵冬青、珊瑚樹、羅氏鹽膚木。
汁多味美的果實	構樹、小葉桑、楊梅、羅漢松。
針葉樹的毬果	柳杉、琉球松、黑松、肯氏南洋杉、小葉南洋杉。
造型奇特的果實	野鴨椿、掌葉蘋婆、殼斗科的堅果。
有翅膀的種子	青楓、樟葉槭、台灣黃杞、印度紫檀。

（黃建榮老師提供）

植物的繁殖

　　植物的繁殖方法大致可分為有性繁殖和無性繁殖兩種：

1. **有性繁殖**：需要依靠生殖細胞（精細胞和卵細胞）的結合，才能產生後代的，稱為有性繁殖；高等植物產生種子的情況即為有性繁殖。當種子落在適合的環境，就可以萌芽，長成一棵新的植物。

2. **無性繁殖**：不經過生殖細胞的結合，就可以產生新的個體，稱為無性繁殖，包括分裂繁殖、出芽繁殖和營養繁殖等。

　　植物的種子繁殖，在小學自然中最容易教學，因為豆類、穀類、蔬菜、水果、花等種子，均可購買或由已結果之植物上採收，經查資料得知播種季節再進行播種。無性繁殖之困難是，教師不知何種植物可用來繁殖。以下介紹可用不同營養器官的繁殖。

1. 番薯、紅蘿蔔、洋蔥：可放在含少許水之杯碗中，便可等待發芽，待發芽後再移植於土中。

2. 馬鈴薯：切小塊，每一塊均需含有表皮上的「芽眼」才會發芽。馬鈴薯是莖，芽眼是節，將它埋入土中，即可發芽。

3. 落地生根、秋海棠、非洲菫可以將它們的葉子摘下，埋部分葉子於土裡，就可從葉緣處發芽。龍舌蘭則把葉子剪一半，將下端插

在水中生根後，再種入土裡。

4. 風信子、鬱金香、百合、水仙、孤挺花等可買球莖，將球莖的五分之四埋於土中，頂端朝上，即可發芽。

5. 非洲鳳仙、馬櫻丹、四季秋海棠、杜鵑、小蝦花、美人櫻、仙丹花、天竺葵（帶芽，但不可剪綠枝）、日日春等，均為剪嫩芽插枝即可。空心菜、九重葛、聖誕紅則剪老枝插枝較易存活。

6. 黛粉葉（萬年青）、黃金葛、粗肋草均可剪其莖之一段，先放入水中生根，再移植於土中。也可將其枝條垂至地面、用土蓋住、澆水，等生根、發芽後，再切斷即可（見圖21-7）。

7. 石竹、菊花、大理花、浮藻、大萍、睡蓮則可用分株法繁殖。草莓、吊蘭的分株繁殖法是從走莖上直接長出新株，然後再和母株分割開來。

8. 組織培養法：植物的身體有許多嫩細胞，大都分布在幼嫩的根、莖、葉上。只要將這些部分切一小塊活組織，放入營養適當的培養基中，就能培養出新的細胞，等長成幼苗後，再將其移植至土壤，就能長成一株新的植物，這種方法就是組織培養法；例如，台灣的蘭花就是採用此種方法而大量生產優良品種。

黃金葛的壓條法

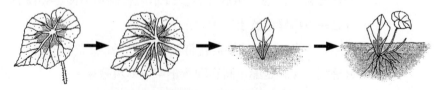

大型秋海棠的葉繁殖（栽種後約二十日發根）

圖 21-7　無性繁殖之例

　　植物的傳粉作用分為風媒花、蟲媒花兩大類。風媒花產生大量的花粉，藉由風將花粉吹散到柱頭上；蟲媒花的植物大朵、鮮豔有香味，雄蕊的數目可能多也可能少，但產生花粉的數量遠不及風媒花。果實的傳播方式由於其外形、構造不同，各適應不同的傳播方法，以增加其生存機會，有下列五種方式：

1. **利用風隨處傳播**，這類種子重量較輕，或是有輔助翅或毛茸，例如楓樹、木棉、鐵線蓮等。

2. **利用彈力傳播**，果實成熟時彈開來種子四散，最有名的就是香葉草、酢漿草、非洲鳳仙花。

3. **藉助動物咬食來傳播**，這類果實一般都比較重且可以食用，例如百香果、蘋果、番石榴等。

4. **藉水漂浮**，這類植物常長在海邊、河邊，果實完整不開裂，例如棋盤腳、椰子、檳榔等。

5. **藉助動物身體傳播**，例如大花咸豐草、蒺藜草等，果實種子黏於動物身上，隨動物移動而傳播出去。

蕨類植物

　　蕨類植物不開花結果，而且在葉子上有許多孢子囊群，孢子囊群在葉子上的排列情形也有很多變化，可指導學生觀察；如果用顯微鏡觀察，可看到孢子囊群上都是一點一點孢子囊。孢子囊內有許多孢子，需用顯微鏡才能觀察。每個孢子都可能發育成為一棵蕨。觀察蕨類時可發現不同種的蕨，其孢子葉上孢子囊群排列的情形不同，千變萬化，非常有趣（見圖 21-8）。

　　蕨類植物的葉子依照「是否具有孢子囊」可分為以下三種：

1. **孢子葉**：在葉子的背面有孢子囊群；當孢子播散完畢後，孢子葉會凋萎。

2. **營養葉**：葉身沒有孢子囊群，負責製造養分。

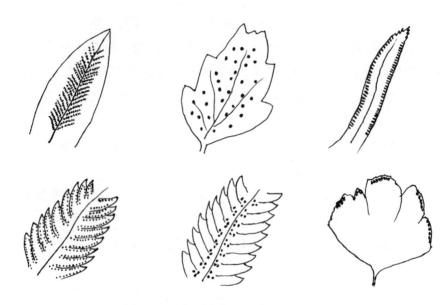

圖 21-8　各種蕨類孢子葉的孢子囊群

3. **孢子營養葉**：葉身有孢子囊群，而且當孢子播散完後，葉子依然
　　存在，並且繼續負責製造養分。

水生植物

　　植物生長在水域環境稱為水生植物。所謂水域環境，包括河、溪、
沼澤地、潮間帶、水田、池塘、水溝、地窪積水區、海洋。由於水生植
物的環境有大量的水，因此，在形態上不同於陸生植物。水生植物的身
體一般都有一些空隙或空洞，稱氣室或氣洞，可以供水生植物在水中所
需的空氣。而對於漂浮在水面的水生植物，氣室可增加浮力，幫助它們
飄浮於水面。

　　水生植物依植物之葉和個體長在水中之位置，分成四種：

1. **沉水型**。水蘊草、金魚藻等植物，它們的根莖葉全部沉在水中。
　　這類植物的水性好，等開花時才把花開出水面，也有的在水中開
　　花。沉水植物的莖、葉柔軟，會隨水量多寡而改變它們的姿態。

水量多時，伸展莖、葉；水量少時彎曲莖、葉。水蘊草的雌花浮出水面開花，雄花會裂開，藉水泡使花朵浮出水面，而造成受粉的現象，非常特別。金魚藻的葉呈松葉狀，葉輪生做叉狀分裂。夏天葉腋開紅白色小花，單性，雌雄同株。堅果卵形有五個刺。

2. **挺水型**。該類型之植物的葉子和花是挺出水面之上的，如荷花（亦稱蓮花）、水稻、慈姑、茭白筍、蘆葦、香蒲等的莖和根均在水中，葉和花則挺出水面之上；根一般是固定在土裡。

3. **浮葉型**。此類水生植物只有葉子浮在水面，葉柄、莖、根均在水面下，固定於土中。葉片平貼在水面上，由長長柔軟的葉柄支撐著，葉片通常呈現寬大的圓形或橢圓形，例如睡蓮、台灣萍蓬草、小杏菜、菱角、眼子菜等。

4. **漂浮型**。植物株不大，全株植物的根、莖、葉、花均漂浮在水面上，因此它可隨波逐流，如布袋蓮、水芙蓉、青萍、槐葉蘋、浮萍、滿江紅等。這些植物體通常較小，繁殖力驚人。滿江紅在秋天時，植物體由綠轉紅，水面一片紅，故名之。槐葉蘋是蕨類植物，用孢子繁殖。青萍的植物體由二至五枚合生，葉成橢圓形；葉背面呈灰綠色、長有一條根。浮萍的植物體葉為倒卵形，三至五片葉共生，背面黃綠色，腹面是紫紅色，長有四至十一條根。

動物

昆蟲的形態和變態

　　昆蟲屬於「節肢動物門」的「昆蟲綱」。現今地球上已知的昆蟲種類約有一百萬種，幾占所有動物種類數的四分之三。這麼多種類的昆蟲，有哪些特徵可作為分類時的依據呢？大多數昆蟲成蟲期的外骨骼發達，體內沒有骨骼，外形也比其他生長期（卵期、幼生期、蛹期）複

雜。昆蟲成蟲身體的外部形態包括頭、胸、腹、有六隻腳，是最基本的特徵。

翅膀是昆蟲成蟲期特有的器官，所以常就整個翅膀的形狀、翅膀上各種斑點的大小、數目、顏色、形狀，甚至翅脈的結構等，來鑑定昆蟲的種類。觸角的形狀、長短、形成整個觸角的節數，每一節的顏色、形狀（如絲、鞭、念珠、鋸齒、櫛齒、雙櫛齒、羽、鑲毛、球桿、棒、鰓葉、膝、時針、不正形等），常被利用來做分類依據的外部形態。此外，成蟲身體末端的生殖器（交配器）構造的差異，更是專家們在細分昆蟲種類時常用的分類依據。

少數的昆蟲一生都不具翅膀。家中會啃食舊紙張、舊衣物的衣魚，是屬於「無翅亞綱」、無變態的昆蟲。其成長過程包括卵、幼生、成蟲三階段，其幼生期稱為「仔蟲」，此階段與成蟲期在外觀上除大小有別外，其餘完全相同，連生態習性亦不會改變。大部分昆蟲的成蟲期具有翅膀，後者依牠們生活史及翅膀形成方式再細分成「外生翅類」和「內生翅類」。外生翅類昆蟲在幼生期身體外部會逐漸形成翅膀的雛形──「翅芽」，到最後一次脫皮羽化成蟲時，翅芽才伸展成為真正的翅膀。此類昆蟲的生活史中，並沒有蛹期，因此，這類蛻變稱為「不完全變態」，而其幼生期則特別稱為若蟲或稚蟲，如蜻蜓、螳螂、蟋蟀、螽斯、蝗蟲、白蟻、椿象、蟬、蟑螂、蜻蜓、豆娘。內生翅類昆蟲，在幼生期從外觀看不出翅膀雛形，但幼蟲在最後一次蛻皮後進入蛹期，在蛹體內經過一次很大的體質改造後，再蛻殼羽化變成具有翅膀的成蟲。這類昆蟲的生活史蛻變過程稱為「完全變態」。完全變態類昆蟲的幼生期，被稱為「幼蟲」，如蝴蝶、蠶、鍬形蟲、蜂、蟻、蚊、蠅、蚊子。

茲以蠶為例說明昆蟲的完全變態。蠶的一生由卵至蛾為完全變態，它在幼蟲時期，經過四次蛻皮才結繭變蛹，在繭內再脫一次皮。幼蟲時由卵孵化為蟻蠶，是為一齡蠶，每脫一次皮增加一齡，脫皮之前均有睡眠。蠶幼蟲時期的外形沒有「昆蟲」定義中的標準外形構造，要等成蟲時，外形才有頭、腦、腹的三段。

茲以簡式描述蠶的一生，以利飼養蠶之參考：

剛孵化的一齡蠶（又稱蟻蠶）$\xrightarrow[3日]{\text{吃桑葉}}$ $\xrightarrow[1日]{\text{睡眠}}$ 脫皮後稱二齡蠶

$\xrightarrow[2日半]{\text{吃桑}}$ $\xrightarrow[1日]{\text{睡眠}}$ 脫皮後稱三齡蠶 $\xrightarrow[3日半]{\text{吃桑}}$ $\xrightarrow[1日]{\text{睡眠}}$ 脫皮後稱四齡蠶（此時

期稱壯年蠶）$\xrightarrow[4日半]{\text{吃桑}}$ $\xrightarrow[1日7小時]{\text{睡眠}}$ 脫皮後稱五齡蠶 $\xrightarrow[7日半]{}$ $\xrightarrow[2日]{\text{吐絲結繭}}$

$\xrightarrow[12\text{-}15日]{\text{蛹}}$ 羽化成蛾 → 產卵。

昆蟲的口器和食性

昆蟲的口器類型影響其食性，可分為四種類型：

1. **咀嚼式口器**：用以咀嚼固體食物，常見的蠶寶寶、毛毛蟲、蝗蟲、白蟻、蜻蜓、螳螂、瓢蟲，甚至家裡常見的衣魚、蟑螂、螞蟻等昆蟲，都是咀嚼式口器。

2. **刺吸式口器**：這類口器適於穿刺動植物組織吸收汁液。蚊子、跳蚤、體蝨等是刺吸式口器。另外，許多植食性的昆蟲，如：蟬、蚜蟲、介殼蟲、椿象等，都是隨身攜帶吸管，具有典型刺吸式口器的昆蟲。

3. **舐吮式口器**：家蠅的口器能吸收經唾液溶解的物質，也能經口孔攝取小顆粒物體，結構相當複雜，是舐吮式口器。平時部分縮入頭內，取食時身體壓縮，使體液充溢於吻部的空間，然後得以伸出舐吮。

4. **曲管式口器**：這是最奇特的昆蟲口器形式，口器形成管狀，不用時捲曲，如蝶蛾類的口器。口吻由二小顎的外瓣延長嵌合而成，不用時捲曲如鐘錶內的彈簧，訪蜜或吸食食物的汁液時，即可伸長，有些種類的天蛾其口吻部比身體還長，可用以吸食其他昆蟲無法取食的花蜜。

　　昆蟲吃的食物可說是無奇不有，從花粉、花蜜、樹汁、草液，到腐質土、糞便、血液、皮膚、羽毛等。其中有純粹植食性，如鳳蝶、竹節蟲等；有肉食性的，如蜻蜓、螳螂等；也有腐食性，如專吃腐肉的蠅類及埋葬蟲；當然也有雜食性葷素不忌，如螞蟻、蟑螂等。

昆蟲的防衛

　　昆蟲因體型小，防衛功能需多樣性才能自我保護。如蝗蟲和蟋蟀的保護色、竹節蟲和枯葉蝶的擬態、毛毛蟲的尾部會有大眼睛的花紋、做蟲繭隱藏起來等避敵方法。象鼻蟲、瓢蟲會裝死不動；獨角仙的角、鍬形蟲的大顎、蜜蜂的螫針是攻敵的防衛；炸蜢和叩頭蟲等能用驚人的跳躍方式逃避敵人；這些都是昆蟲有效的禦敵方法。

　　自然界最常見的擬態，就是模擬其他生物或非生物，有的擬態讓自身顯眼、易見，彰顯自己的存在，藉此迴避天敵的攻擊。另一類擬態是讓自身的顏色或斑紋與周遭環境十分相似，使敵人無法發現，稱為保護色。這種擬態方式稱為隱蔽式擬態。例如，枯葉蝶模擬枯葉、竹節蟲模擬枯枝或樹葉，這種擬態現象在昆蟲界中十分常見。

　　有些昆蟲的體色十分明豔清晰，是故意展露的特徵。這些色彩以鮮豔的紅色、黃色、橘色組成或與黑色相間，非常醒目。這類昆蟲吃的食物常有特殊物質，累積在蟲體內，使昆蟲味道差或有毒，並可由幼蟲轉移到成蟲，捕食者取食後會有不適或嘔吐現象。藉由鮮豔色彩來增強捕食者的印象，使其下次不敢再犯，這就是警戒色所得到的保護效果。如樺斑蝶幼蟲取食馬利筋，將毒質留在體內，其體色為極鮮豔的警戒色，就不容易被取食。有些昆蟲身體或翅膀上的斑點，很像大動物的眼睛，如一些蛾類和蛺蝶、蛇目蝶的後翅等，具有大型的眼狀紋，這些眼狀紋有如野獸猛禽的眼神，加上突然的動作，如展翅露出眼狀斑，把掠食者嚇跑。

蝴蝶幼蟲食草及蜜源植物

　　國小教科書鼓勵學生飼養蝴蝶。飼養蝴蝶要先選好種類，確定牠的幼蟲食草，最好自己種食草。蝴蝶幼蟲口器是吃葉子的咀嚼式口器，成蟲的口器為曲管式，吸蜜源植物的花蜜為食。有些不吃花蜜的蝴蝶吸食樹汁、腐果或動物排泄物為生。飼養時，由野外採集母蝶攜回；用白色紗網套於寄主植物上，或釋放於栽植寄主植物之網中任其產卵，還可餵食糖水、果汁補充養分。卵蝶在植物葉上產卵後，留在植物上等孵化，孵化後的幼蟲留在網內，自行吃食草，直至化蛹。若用飼養箱養幼蟲，則要提供食草，需經常清理養殖箱。化蛹後，最好一個蛹用一個容器養。羽化後，若為本地種可放生，若為外來種可做成標本。

茲舉常被飼養之蝴蝶的幼蟲食草：

無尾鳳蝶：柑橘、柚子、檸檬等柑橘類植物。

寶鳳蝶：芸香科的三刈葉、三角鱉。

青帶鳳蝶：樟樹、大葉楠。

樺斑蝶：馬利筋。

小蛇目蝶：禾本科植物。

孔雀蛺蝶：車前草。

雌紅紫蛺蝶：馬齒莧。

粉蝶類：十字花科，白菜、油菜葉。

台灣黃斑蝶：楊柳科植物，垂柳、水柳。

蝴蝶蜜源植物則有：

馬鞭草科的馬纓丹：各科蝶類。

馬鞭草科的長穗木：各科蝶類。

菊科的南美蟛蜞菊：中、小型蝶類。

鳳仙花的非洲鳳仙花：各科蝶類。

錦葵科的朱槿：各科蝶類。

茜草科的矮仙丹：鳳蝶科。

蘿摩科的馬利筋：各科蝶類。

星星花：各種鳳蝶和粉蝶。

十字花科，白菜、油菜花：粉蝶類。

鬼針草：台灣黃斑蝶。

動物行為

動物行為是學童最有興趣的主題之一。動物行為包括社會性、覓食、遷徙、繁殖、溝通等行為。

社會性動物行為：社會性動物行為有階級、分工合作、群聚和共生型等不同類型。蜜蜂與白蟻屬分工合作型社會性動物。蜜蜂的一個蜂群由三種階級組成，包括蜂王、雄蜂及工蜂。蜂王是唯一真正能生產子代的雌蜂；飛舞在田野的小蜜蜂雖也都是雌蜂，但不能生育，稱為工蜂。雄蜂負責與蜂后交配。猴子、獅子是階級社會性動物；猴子聚集在一起時，它們都要用富於表達性的姿勢、神態和聲音，來確立彼此在牠們社群中的地位。動物的群聚生活可以防範掠食者，社會成員適時提供警告訊號且能禦敵、尋找並引介食物。北美土撥鼠是群居、守望相助的動物；其他如海狗、魚群、鳥群等群聚動物，都能表現出牠們的社會性。

覓食：各種生物之間，無論是動物和動物、動物和植物，或植物和植物之間，常有不同形式的交互關係。共生是指兩種不同的生物體密切地生活在一起，但彼此間未必有利或有害；片利共生是一方獲利，而另一方無害；互利共生，是雙方皆獲利；寄生是一方獲利，一方受害。牛背鷺和牛之間是屬於片利共生，牛在進食和行進當中，將草中的昆蟲挑起，牛背鷺便可輕易地找到食物。螞蟻和蚜蟲是互利共生，螞蟻保護蚜蟲，蚜蟲則分泌一種蜜露，富含糖分與高能量的液體供給螞蟻吸食。

遷徙：很多動物會長途遷徙是很神奇的行為。每年秋季總有許多候鳥，從北方經日本、韓國來到台灣，再向南飛到菲律賓、印尼或馬來西亞越冬，每年十月固定經過台灣的灰面鵟就是一例。候鳥一群群依著固定的路線在冬季之前南下，等春暖花開才開始北返。英國燕子遷徙至非洲避冬。北極燕鷗可遷徙至南極，再回到北極。馴鹿北美行走九千公里，是地球上所有陸上哺乳動物走得最遠的。鯨魚年復一年地在大洋中重複遷移的路線絕少迷失方向。鮭魚在內陸河裡產卵並孵化後便游向大海，過了數年成熟後，再回到該河上游產卵。美國的大樺斑蝶每年由東北方遷徙至墨西哥，小小身軀可飛行數千英里。這些動物遷徙的例子，可讓學生由查資料、發表的方式，進行學習。

繁殖——求偶：動物各有不同的求偶行為。一妻一夫制的鴿子，常用嘴巴輕啄對方的頭和臉，以互相抓癢、理毛的方式求偶。天鵝是一夫一妻制，可相守十幾年。雄天鵝追雌鵝時，雙雙沉入水中又浮出，嘴碰嘴、頭靠頭、纏頸等求偶行為。螽斯則以唱歌求偶，青蛙亦以鳴叫求偶。棘魚的求偶行為特別有趣；魚先離群獨占一地築巢，身懷六甲的雌魚進入洞內後，雄魚撞雌魚而產卵，雄魚再產精子以受精。母蠶蛾以性費洛蒙吸引公蛾前來交配。一對蜻蜓在空中飛行交配，雄前雌後，交配完雌蜻蜓便「蜻蜓點水」產卵。雄螢火蟲因種類不同而發出不同的特定閃光求偶；公蟲較亮、好動，雌蟲較暗、較安靜，可由此分辨雌雄。公的燕鷗、紅嘴鷗會以捉小魚送給母鷗吃的方式求偶。海馬交配時，雌海馬將輸卵管插進雄海馬的育兒袋中產卵，卵在袋內孕育至產出。鬥魚屬於卵生魚類，牠具有吐泡築巢產卵的特性。當鬥魚發情時，雄魚會在水面上不斷的吐氣泡築泡泡巢，另一方面利用各項攻勢逼使雌魚過來受精，將魚卵移至泡泡巢孵化；而雄魚此段其間擔任守護魚卵的工作，即使雌魚也會被趕走。

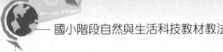

繁殖——育兒：各種動物有其不同的育兒方式，一些有趣的、特別的育兒行為，可選為教材。袋鼠是十分奇特的動物，只有母袋鼠才有育嬰袋；母袋鼠沒有胎盤，懷孕期很短，約一個月小袋鼠即可出生。剛出生的小袋鼠只有三公分大，會順著母袋鼠為牠整理好的毛路爬至育嬰袋，小袋鼠在育嬰袋中成長至八個月才完全離開袋子。阿德利企鵝的繁殖地位於南極海岸很遠的內陸，企鵝夫婦彼此記得對方的叫聲，靠著叫聲來找到對方。牠們在巢裡交配並且生蛋，雄企鵝和雌企鵝交替孵蛋及覓食。許多母動物會把幼小子女們隨身攜帶，如鱷魚、負子蛙、負子鼠等，極為有趣。

溝通：幾乎所有的動物都有一套傳遞訊息的方式。可分為四種類型：

(1)視覺型：如長頸鹿、斑馬、羚羊、大象、牛、犀牛、山羊、蜥蜴、大冠鷲、大部分的陸生鳥類，主要的溝通方式是視覺型，眼見對方的外型，以資辨別。蜜蜂採完花蜜，回到蜂窩後都會跳舞，用圓舞的舞蹈來溝通，以表示出這食物離蜂窩的遠近和方向。

(2)聽覺型：鳥類、蛙鳴、發聲的昆蟲、蝙蝠、大部分鬚鯨類、海牛（會發出高頻率的尖叫聲作為攝食及傳遞訊息）。蝙蝠約在十公尺處，就能偵測到飛蟲的存在。

(3)嗅覺型：科學家最早發現彼此以味道溝通的動物，是昆蟲中的蛾類。雌蛾放出一種稱之為「性費洛蒙」（sex pheromone）的揮發物質吸引雄蟲前來求偶、交配。

(4)觸覺型：海葵、珊瑚、水螅等低等動物屬之，需碰觸了，才能察覺存在。

生態系

生態學是研究生物與其周圍環境包括非生物環境和生物環境相互關

係的科學。非生物環境是指光、溫、水、養分、空氣、氣候等因素，生物環境則是同種和異種的所有生物體。生態系一詞是指在一定的空間內，生物的成分和非生物的成分通過物質的循環和能量的流動互相作用、互相依存，而構成的一個生態學功能單位。生態系可大至地球上的海洋，小至一個水族箱；所以海洋、陸地、森林、草原、湖泊、小池塘、水田、果園都是生態系。生態系不論大或小，其中必須要有生產者、消費者和分解者，它們之間都有密不可分的關係，而且都保持著一種動態的平衡。

生態系具有下面共同特性：

1. 生態系是生態學上的一個主要構造和功能單位，屬於生態學研究的最高層次。生態學研究由低至高的四個層次依次為個體、族群、群落和生態系統。族群是指一定區域內的同種生物，群落是指一定區域內的各種生物的集合。

2. 生態系內部具有自我調節能力。生態系的構造愈複雜，物種數目愈多，自我調節能力亦愈強。但生態系統的自我調節能力是有限度的，超過了這個限度，調節就失去了作用。

3. 能量流動、物質循環和信息傳遞是生態系的三大功能。能量流動是單方向、不可逆的；物質流動是循環式的；信息傳遞則包括營養信息、化學信息、物理信息和行為信息。

4. 生態系是一個動態系統，要經歷一個從簡單到複雜、從不穩定到穩定的發展過程。

地球上大區域的生態系有森林、海洋、草原、極地、沙漠等。陸地上森林的分布面積最廣，在寒帶有針葉林區，溫帶有落葉林區，落葉林區植物的種類繁多、高大，動物的種類也多。熱帶雨林區主要分布在赤道附近的南美洲和東南亞；該區雨量豐富，植物種類繁多又繁茂，動物種類因而極多，是生態豐富的地帶。大多數的草原緊鄰森林地帶，其特色是開闊平坦，視野寬廣，適於奔馳，位於大陸的內陸，有明顯的乾濕

季之分。草是主要的生產者；草原上最常見的動物多屬於草食性、善跑，如斑馬、長頸鹿、鴕鳥等。肉食動物的獅子、獵豹捕獵草食性動物。陽光可以照射到海洋的兩百公尺深度，大型藻類以及浮游植物是這個複雜生態系的基礎，是整個海洋生態系的主要生產者。大魚吃小魚、小魚吃蝦子、蝦子吃藻類的食物鏈和食物網，在海洋中表露無遺。

　　台灣生態系可以讓學生觀察的，還有河口、潮間帶、河川、水池、校園、社區公園。台灣土地雖然狹小，但是位於亞熱帶與熱帶交界處，且地形多山，使小小的台灣有著非常豐富、種類多樣的生物資源，高山、中海拔、低海拔植物相各有千秋，動物種類相對也極豐富。台灣生物的種類與密度舉世聞名，台灣特有種占的比例也非常高。動物和植物相依存的概念，應隨時在生物相關教材的教學中呈現。

第22章

物質科學教材

依據九年一貫課程綱要，國小階段物質科學的教材包含物理的力、光、聲、電、磁、簡單機械、熱的傳播，化學方面的水、空氣、溶解、酸鹼、氧化等。國小物質科學的教材偏重於現象的觀察，較少做原理的解釋、說明。本章教材界定於教師教學時所需具備的背景知識，以便於解釋、延伸、個別教學、專題研究之用。

物理

力

力學是一門描述物體交互作用中一般關係的學問。力學的內容可分為：(1)討論物體平衡情況的靜力學。(2)描述物體運動狀態的運動學。(3)探討運動中物體所受的力與運動物體性質之關係的動力學。國小階段較偏於動力學。力是使物體改變運動狀態的原因，因此，物體不受外力作用時，必不改變其運動狀態，靜者恆靜，動者恆動，也就是牛頓第一定律。此外也在適當教材中，提及其他力的種類，如液體對器壁的壓力、重力、磁力、地心引力等。

物體運動的型式有：(1)平移的運動，也就是一個物體的所有部分經歷相同的位置變化；(2)旋轉的運動，也就是物體隨時間改變它在空間中

的方位；(3)振動的運動，也就是質點對某一平衡點，作週期性的往復運動。國小的教材偏重於力產生的平移運動的觀察，以及力的方向性、力的測量。

教學時需讓學生覺察用力時，可能發生五種主要情況：

1. 靜止的物體會開始運動。
2. 運動中的物體會改變運動速度。
3. 運動中的物體會改變運動方向。
4. 對物體用力時，物體的形狀、大小會改變。
5. 用力愈大，對物體的影響愈大。

一個靜止的物體，同時受到大小相同、方向相反的兩個力作用，而且這兩個力沿著一直線作用時，該物體將仍然維持靜止的狀態。如果一個靜止的物體，同時受到大小不同、方向相反的兩個力作用，而且這兩個力沿著一直線作用時，該物體將向作用力大的方向移動。上述現象可用圖 22-1 來說明，並讓學生練習繪圖，以培養學生「用圖表示」的能力。

用力拉、壓、扭等會使物體產生形變，此形變包括不可恢復的形變和可恢復的彈性。力是看不見的，但呈現出的現象，如受力後會產生形狀的變化或運動情形的改變，可作為測量力的依據。例如，將皮球（或軟式網球）放在磅秤上用力壓，量球的高度及磅秤上顯示的力量（重量）大小；亦可使用彈簧作為測量力大小的工具；彈簧受力時會改變形狀（伸長），力量消失後會恢復原狀，用此可測量力的大小。

光

凡是能自行發光的物體稱為發光體或光源，如太陽、星星、電燈等；其他不能發光的物體，只能藉著發光體所發出的光線，反射到我們的眼睛，使我們得以看到。光是什麼？物理學家都相信光是一種波動與質點的雙重性：對於光的傳播進行，以波動來解釋，而對於光的吸收與輻射，則以微粒來處理。光是直線進行、光的折射、反射是國小階段最

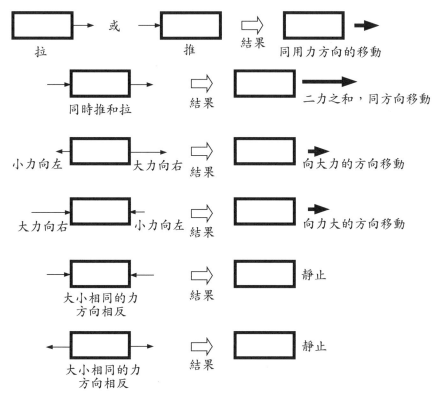

圖 22-1　力的大小方向與物體的位移

基本光的科學概念。

　　凡是可讓光線透過的物質稱為透明體，而不能使光線透過，或被吸收或被反射的物體，稱之為不透明體；也有物質介於透明體和不透明體之間。玻璃是常見的透明體，如果厚度加大，則其透明程度也就相對的減少。不透明體的顏色，取決於其對可見光的反射色光。例如，反射紅色的色光，物體所顯現的顏色為紅色；反射綠色的色光，呈現綠色。如果全部色光均被反射，則呈白色（七種顏色的混合）；而全部色光均被吸收（即不反射），則呈黑色。有些透明體也帶有顏色，其顏色則視其所透視的色光而定。光的三原色為藍、紅、綠，而顏料的三原色為藍、紅、黃。

　　光遇不透明物體會反射。反射時，入射線、反射線和在入射點上與界面垂直的法線，均在同一平面上；而且入射角等於反射角。如果反射面的表面不夠光滑，則會產生漫射（diffuse reflection）的現象；在該反射面上不同點的反射線，其方向也各不相同。這種光的漫射現象，由於它是一種多方向的反射，使我們的眼睛也看到物體整體的情況，如圖22-2(a)、(b)所示。

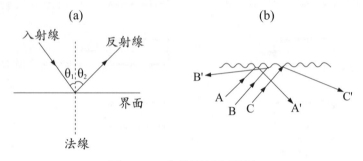

圖 22-2　光的反射和漫射

　　光在不同介質的界面上，除了會產生反射，遇透明物體時，光線會彎折稱為光的折射。例如插入水中的筷子，彷彿在水面折成二段，此即為光的折射現象。折射時，入射線、折射線和法線都在同一平面上，夾角 $\theta_1 > \theta_2$（$\sin\theta_1 = 1.33\sin\theta_2$），如圖 22-3 所示。

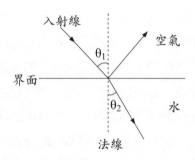

圖 22-3　光由空氣進入水中的折射現象

空氣的折射率（1.0）小於玻璃（1.5-1.9）和水（1.33）。當光線由小折射率物體（空氣）射入大折射率的水中（或玻璃中），會偏向法線（或稱為偏離水面或玻璃的界面）而折射；反之，由玻璃或水射入空氣，則遠離法線（或稱為偏向水面或玻面）偏折。圖22-4可說明光在空氣、玻璃、空氣和在空氣和水之間進出的折射情形。

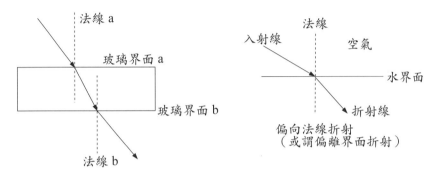

圖 22-4　光在空氣、玻璃、空氣之間的折射

下面一個簡單的實驗遊戲說明光的折射。將十元硬幣放入空碗中，眼睛先在碗的外圍移動，使眼睛剛好看不見錢幣，眼睛的位置保持不動；請另一位學生緩慢加水於碗中，原本看不見的錢幣，加水後折射，使錢幣看起來浮起來而看見了。這個實驗中的光線，是由碗中的水折射入空氣中進入人的眼球而看見。折射的結果，好像錢幣往上移高而看見錢幣了（圖22-5）。

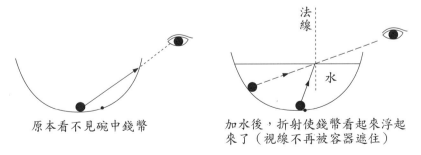

圖 22-5　錢幣浮起來了

利用玻璃可使光折射、凹透鏡可使光分散、凸透鏡能使光聚焦等的原理來矯正視力。正常的眼睛看遠時，眼球中的晶狀體會拉得較扁平，焦距增大，使物體的像落在視網膜上而看見。但近視眼的眼球較凸、焦距短、看不清；如果戴上凹透鏡，使光線先發散再由晶狀體聚焦，使物像落在視網膜上而看見。遠視眼的人則戴凸透鏡矯正。圖 22-6 說明之。

聲音

　　聲音的產生是彈性介質產生的振動，進而攪動四周的空氣，再經由空氣分子把因振動所發出的聲波傳到耳，聲波傳抵人耳後，經由外聽道傳入耳膜引起振動，此振動直接傳至中耳的聽小骨（由三塊小骨相連），此處能夠把聲波的振幅放大二十倍，再循耳蝸前進，引起耳蝸內的柯替氏器的振動，轉換為各種訊號傳給與之相連的聽覺神經，最後傳送至大腦的聽覺中樞，並經由記憶、比較、過濾和組合，分辨出聲音的訊號意義。

(a)正常之眼睛

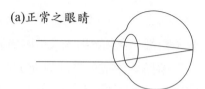

(b)近視眼

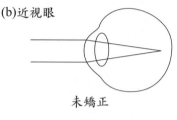

未矯正

矯正後
（凹透鏡中央部分的玻璃比邊緣薄）

(c)遠視眼

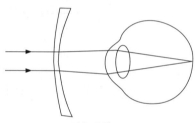

未矯正

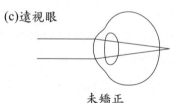

矯正後
（凸透鏡中央部分的玻璃比邊緣厚）

圖 22-6　近視眼與遠視眼及其矯正

聲音的形成有三個條件：

1. **需有聲源**。物體被敲、彈、吹、打或電磁作用，使之振動會產生
    聲音。若設法使正在發聲的振動體停止振動，聲音即消失，可知
    聲音的根源為一彈性的振動。

2. **需有介質**。有了振源的振動，需藉介質（如空氣）產生疏密波動
    將波傳開。

3. **需有聽覺**。有聽覺才能覺知聲音的存在。人類聽覺的範圍在
    16～17,000 頻率（次／秒）之間。

聲音為一種波，它有大小、高低及音色之分。聲音大小是由於振幅大
小決定，聲音的高低由頻率決定，而波形決定音色。如圖 22-7 說明之。

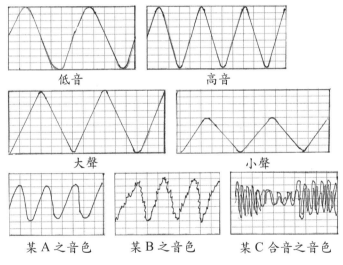

低音　　　　　　　高音

大聲　　　　　　　小聲

某 A 之音色　　　某 B 之音色　　　某 C 合音之音色

圖 22-7　聲波示意圖

平常在室內不覺得聲音有回音，但在大廳或山谷，可聽見回音。科
學家由此原理計算出聲音在乾燥空氣中的速度為每秒 343 公尺（在 20℃
空氣時）。聲音在水中的速度約為空氣中的 4.3 倍，在鋼中為空氣中的
15 倍。故固體的傳聲速度大於液體，液體的傳聲速度大於氣體。聲音的
大小可用「分貝計」來測量，通常超過 70 分貝，或令人不愉悅的聲音，

可被稱為噪音。

國小階段的電學教材包括：(1)通路和導電物品；(2)並聯、串聯；(3)電磁鐵。

1. **通路**：形成通路需有電源、電器（如電燈、電動機等）和導電體。導電體在導電時，都會產生電阻，金屬的電阻很小，因此用電阻很小的銅當材料製成導線，俗稱電線，來接通各種電器。以電池、電線和燈泡三物品就可連成「通路」，正確的連接方式如圖 22-8。

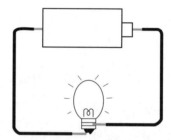

圖 22-8　電池、電線和燈泡連成的通路

市售的乾電池有四個尺寸：D 號為最大尺寸，C 號次之，AA 又次之，AAA 為小尺寸。電池立於桌面時，上端為「＋」極（有凸出），下方為「－」極。電燈泡內部構造如圖 22-9。由此圖可以了解為什麼導電體需接在燈泡的 A 和 B 處了。為什麼燈泡內的鎢絲要繞成螺旋狀？電燈泡裡的金屬鎢絲很細，也比較長（電阻很大），把它繞成螺旋狀，一方面使熱量集中，燈絲能維持較高的溫度；另一方面也加大了燈絲的發光面積，這樣電燈就顯得更亮了。

進行通路的實驗操作時，可以用不同物品取代電線，以檢視是否為導電體。若將燈泡 B 點直接接觸電池的一極，可省去一條電線。學生在進行如上的電路連接，了解通路形成之後，便可用電池槽和裝有套頭的燈泡進行其他通路的實驗。

圖 22-9　電燈泡內部構造示意圖

2. **串聯和並聯**：電池和燈泡連接成通路的方式有串聯和並聯。燈泡的串聯是幾個燈泡連成一串的接法。因燈泡具有電阻，而串聯時電阻會增大，電流會變小，所以每一個燈泡兩端電壓變小，導致燈泡變暗；若串聯電路中，有一個燈泡壞了，即成斷路，所有其他燈泡皆不發亮。燈泡的並聯接法是幾個燈泡的一端都接在一起，再連到電池的一極；另一端也都接在一起，連到電池另一極的接法。其兩端有正常的電壓，故每個燈泡都可維持正常的亮度，且其中若一燈泡損壞，不影響其他燈泡的亮度。見圖 22-10 (a)、(b)之說明。

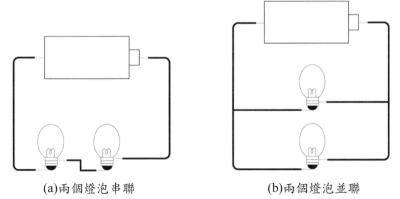

(a)兩個燈泡串聯　　　　　　(b)兩個燈泡並聯

圖 22-10　燈泡的串聯和並聯

電池的串聯是兩個以上的電池,將一個電池的正極接另一個電池負極,稱為串聯,如手電筒中乾電池的連接法。電池串聯時的總電壓為各電池電壓之和。市售乾電池的電壓均為 1.5V。兩個電池串聯,總電壓為 3.0V,會使燈泡較亮。若接 3 個電池串聯,總電壓為 4.5V,燈泡更亮;若再增加電池數有可能使小燈泡燒壞。日常生活中,為使電路得到較大的電流,一般使用電池時,都採用串聯,如手電筒或電晶體收音機內用的電池均是串聯。

電池的並聯是多個電池的正極都接在一起,負極另接在一起的接法稱為並聯。並聯時的總電壓等於各電池電壓。電池並聯時並不能獲得較大的電壓,亦即無法像串聯一樣提升電壓量。數個相同電壓的電池並聯,其總電壓也等於一個電池的電壓,因此日常生活或實驗室並不常用到。但是,電池並聯的好處是使用時間較長且電流較穩定。見圖 22-11 (a)、(b)之說明。

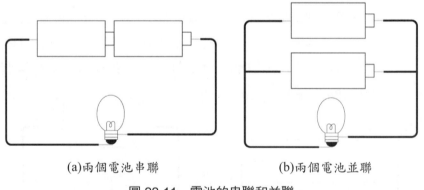

(a)兩個電池串聯   (b)兩個電池並聯

圖 22-11   電池的串聯和並聯

3. **電流與電子流**:電池將化學能轉變成電能,使電池正極的電位比負極的電位高,所以當電路接通後,電流由正極經導線流向負極,或可看作電子流由負極經導線流向正極。而電池的化學作用把正電荷經電池的內部推送到正極再流向導線,或可相等地考慮成把電子流(負電荷)由電池內部推送到負極低電位,再經導線

流向高電位，如此循環流動。電流方向與電子流方向相反，如圖22-12 所示。電流是因電位差而流動，由高電位處流向低電位處，故電位差是發生電流的原因，電流是電位差所產生的結果。

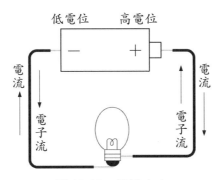

圖 22-12　電流方向

近年來電池產品種類多，諸如卡片型鋰電池、鹼性錳電池、水銀電池、氧化銀電池、燃料電池及太陽能電池等，五花八門，現將其用途以及命名由來列表 22-1 於下，以供教學參考。

表 22-1　市售各種電池性質與用途

名　稱	電壓	正極活性物	負極活性物	特色	用途
鹼性錳電池	1.5V	二氧化錳	鋅	重負荷傾向	隨身聽、手提型電視機
錳乾電池	1.5V	二氧化錳	鋅	價格便宜；一般間歇放電的壽命比連續放電長	手電筒、對講機
氧化銀電池	1.55V	氧化銀	鋅	輕負荷傾向，動作電壓安定	電子錶、助聽器
水銀電池	1.35V	氧化汞	鋅	輕負荷傾向，動作電壓安定	電子(EE)照相
鋰電池	3V	二氧化錳	鋰	輕負荷傾向，動作電壓安定，兩倍電壓，能長期保存	電子錶、照相機、行動電話
鎳鎘電池	1.2V	氫氧化鎳	鋰	可以充電，重負荷傾向	剃頭刀、錄音機

（胡甫育老師提供）

4. **電磁鐵**：將電線接電池之兩極，會使電線產生磁性；將電線繞成線圈、在線圈中置入鐵釘，會使鐵釘變成電磁鐵，這是國小高年級的教材。檢驗電磁鐵的磁力強弱，可以用此電磁鐵釘吸起迴紋針的數量，或靠近指南針，使指南針偏轉的角度大小來表示。線圈的多寡會影響電磁鐵磁力的大小。可進行下列實驗：將漆包線纏繞於鐵釘上來製作線圈，分別繞 10、20、30 圈，在通電後比較磁力大小，可發現線圈多時，指南針偏轉的角度大，表示磁力

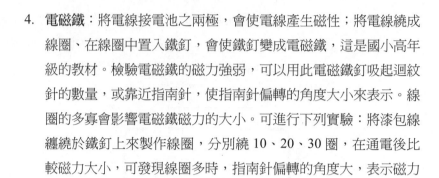

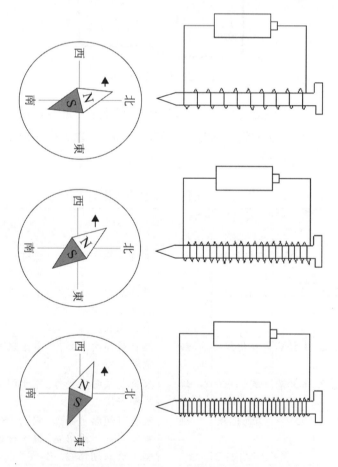

電磁鐵：線圈數愈多，磁力愈大，指南針偏轉角度愈大。

圖 22-13　線圈多寡與磁力的關係

大，如圖 22-13 所示。漆包線以直徑 0.5 公釐，長度 2 公尺以內為宜。因漆包線的電阻與長度成正比，與線的截面積成反比，因此直徑愈粗，電流大，磁力愈強，但是用電愈多；直徑愈細，電流小，磁力也較弱。長度愈短，電流大，但愈耗電；長度愈長，電流小，雖較省電，但不好製作。判斷電磁鐵的南北極，則用安培右手定則來表示，如圖 22-14 所示。因此，當電磁鐵轉 180° 方向時，上述實驗磁針的偏轉方向會相反。

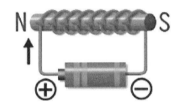

安培右手定則：電磁鐵的南北極

圖 22-14　安培右手定則

省力工具的原理

　　省力的工具原理不外槓桿、滑輪、輪軸、斜面等，茲分別敘述之。槓桿的要素是支點、施力點、抗力點、施力臂、抗力臂。當抗力很大，而施力臂大於抗力臂時可省力。運用槓桿原理的工具有三類〔下列圖 22-15、22-16 和 22-17 引用自康軒文教：國小自然六上（民 92 年版）指引，頁 167-184〕。

1. **槓桿：**

　　(1)支點在施力點和抗力點之間（圖 22-15）：這類原理所製作的工具，須視施力臂和抗力臂的長短來決定是否省力。例如，起釘器的施力臂較長，可能活動的範圍較大，操作時較為省力；取碳夾的抗力臂較長，操作時較為費力，但使用上比較方便、安全。阿基米德曾說：「給我一個支點，我可以舉起整個地

球。」此為支點在施力點和抗力點之間的槓桿，若真能找到這樣的支點，則理論上是可行的。

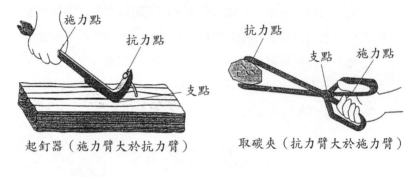

起釘器（施力臂大於抗力臂）　　取碳夾（抗力臂大於施力臂）

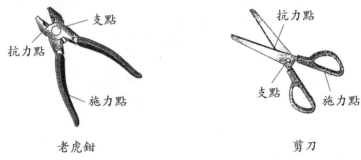

老虎鉗　　　　　　　　　剪刀

圖 22-15　支點在施力點和抗力點之間的工具

(2)抗力點在支點和施力點之間（圖 22-16）：這類原理所製作的工具較為省力。例如，使用裁紙刀時，手臂移動的距離比紙張被裁切的長度要大，能達到省力的效果。

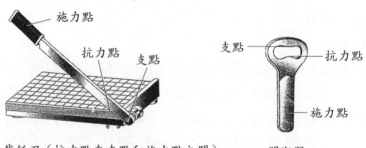

裁紙刀（抗力點在支點和施力點之間）　　開瓶器

圖 22-16　抗力點在支點和施力點之間的工具

(3)施力點在支點和抗力點之間（圖22-17）：由於施力點位於支
點和抗力點之間，所以施力臂會小於抗力臂，因此這些類型的
工具在操作上較費力，但能使工作方便；例如用掃把掃地、使
用鑷子等。

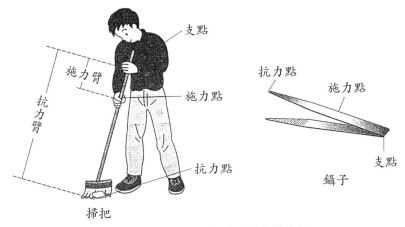

圖 22-17　施力點在支點和抗力點之間

2. **輪軸**：輪軸是槓桿的變形，其省力原理與槓桿相同。日常生活中
使用輪軸的工具，如轉動門把、螺絲起子、開水龍頭、轉動駕駛
盤、削鉛筆機、腳踏車的腳踏等。門把、螺絲起子的外輪半徑是
施力臂，內輪半徑是抗力臂，施力臂（外輪）愈大愈省力，見圖
22-18。

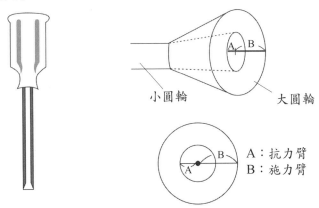

圖 22 -18　門把和螺絲起子的輪軸──槓桿的應用

3. **滑輪**：生活中除了利用槓桿原理的工具之外，還有滑輪也是常用的工具，如起重機、旗桿；這也是槓桿的變形，有些可省力，有些不省力但方便。有關滑輪的工具分三種敘述（圖 22-19(a)、(b)、(c)）。

   ⑴定滑輪：將滑輪固定再套以繩子，以便一邊吊起重物，一邊用力，是為定滑輪。使用定滑輪時，支點在中間，施力點和抗力點在兩邊，施力臂等於抗力臂；它不省力但方便工作。

   ⑵滑輪組：是由內外輪組合而成。將重物掛於內輪、由外輪施力，此時施力臂（外輪半徑）大於抗力臂（內輪半徑），可省力。

   ⑶動滑輪：若把繩子的一端固定，而搬運物品時，滑輪和物品一起移動稱動滑輪。動滑輪抗力點在中間時，施力臂大於抗力臂較省力。

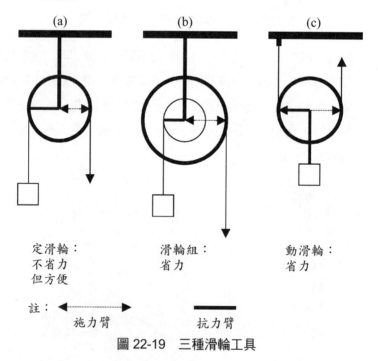

圖 22-19　三種滑輪工具

4. 斜面：運用斜面也是省力的方法。當我們推嬰兒車在斜坡上時，可以發現斜坡愈平緩、斜面愈長的，比在坡度大、斜面愈短的省力。若以同高度而言，斜面愈長愈省力但費時。生活中運用斜面的例子有：山路要迂迴上山、斧頭愈薄、螺絲釘的紋路愈密等情形愈省力，因為它們的夾角愈小。如圖 22-20。

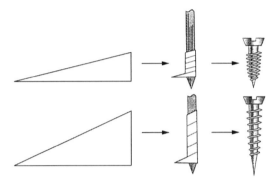

圖 22-20　斜面省力的原理

資料來源：康軒文教：國小自然六上指引（民 93 年版），頁 184。

熱的傳播

　　「熱」可以說是一種能量，稱為「熱能」。就像動能、位能等都是能的形式。熱不是物質，沒有質量，也沒有體積。熱會由一處傳到另一處，它傳播的方式有三：(1)傳導；(2)對流；(3)輻射。「傳導」、「對流」的傳播方式需經由接觸的物質傳遞；「輻射」則不需經由任何物體做媒介而傳播，如陽光的熱傳到地球。

　　各種物質傳導熱的快慢不相同，大致說來，金屬傳熱比較快，可以稱為熱的良導體；非金屬傳熱比較慢，較不容易傳熱，可以稱為熱的不良導體。銀、金、鋁、黃銅、鐵依序熱傳導度愈小（周秋香，2005），而乾的空氣傳導度只有鋁的 1/1,500、只有銀的 1/17,500。材料不同，傳熱、散熱、保溫的效果不同。固體的良導熱體在加熱某一端時，不久未加熱的另一端也會熱起來，這種「熱由高溫的地方傳到低溫的地方」稱

為傳導。

　　熱本身無法被視覺器官看見，因此設計實驗操作，可解決此問題。例如，用金屬棒在等距處各滴上一小滴蠟，在金屬棒的一端加熱，蠟會依序熔化，表示熱由加熱的地方傳到沒有加熱的地方。這是耳熟能詳的實驗，見圖 22-21。液體的「對流」實驗，可在裝水的透明容器（如燒杯）內，加少許胡椒粉，再由容器的下方加熱。下方已受熱的水上升、上方較冷的水下降，上下循環不已，漸漸提高整個容器內液體的溫度。下方被加熱的水由於分子密度減小、變輕而上升，上方溫度較低的水，由於密度較大而下降，見圖 22-22。

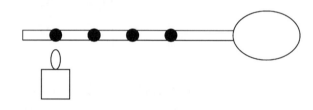

圖 22-21　熱的傳導

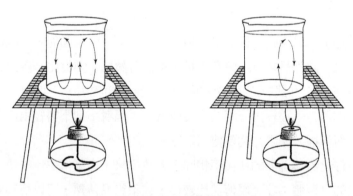

圖 22-22　液體的對流

資料來源：康軒文教：國小自然四下指引（民 90 年版），頁 64。

　　空氣的對流也可以在實驗室中完成，其對流的原理與水相同。準備兩個相同的廣口瓶（或醬瓜瓶），一個用熱水，一個用冰水泡數分鐘，

使玻璃瓶溫或冷。將線香點燃的煙放入熱瓶中，並將空冷瓶倒立在熱瓶瓶口上，觀察熱瓶中白煙上升的情形。如果有煙的熱瓶放在冷瓶上方，則熱煙不下降。將線香點燃的煙放入冷瓶中，並將冷瓶倒立在熱瓶口上，觀察冷瓶中白煙下降的情形。實驗結果顯示熱空氣上升、冷空氣下降。如圖 22-23。

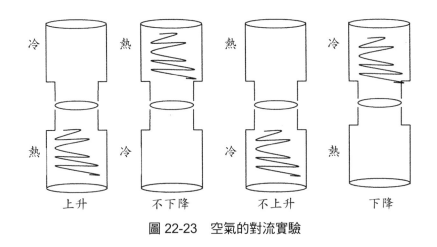

圖 22-23　空氣的對流實驗

　　站在太陽底下或燈的周圍、電熱器前都會感覺熱，它們的熱不必經過固體、液體、氣體的媒介就會傳熱，稱之「輻射」。地球氣圈以外是真空，遙遠的太陽熱仍然可以直達地球。將手放置於燈的上方，比放在左、右、下方感覺較熱，這是空氣對流的結果；但燈的四周會熱起來，絕大部分是由輻射而來。由於「真空」狀態不易在國小階段實驗，因此，生活中熱的輻射應由教師講述說明之。

化學

水溶液的性質

　　國小自然化學教材包括了水的三態、水的性質、水溶液、酸鹼性、

氧化（生鏽）作用、氧和二氧化碳的製作。有關水的三態和水的性質耳熟能詳，不再贅述。

1. 水溶液

日常生活中容易取得的可溶物質有鹽、糖、硼酸（進行溶解量的實驗，硼酸優於糖，糖優於鹽）。實驗鹽、糖或硼酸溶解在水中的量，隨溫度增加而增加，但到達一定飽和時，便不再溶解。溶解後的溶液，可以藉由蒸發回收溶質，避免污染環境。若無法溶解的溶質，也可藉由過濾，將溶質與溶劑（水）分開。水溫可使溶解度增加；以硼酸為例，100毫升的水在20℃時可溶 4.9 公克、30℃可溶 6.4 公克、40℃時可溶 8 公克、50℃時可溶 10.4 公克。鹽在20℃時可溶 36 公克、50℃時可時溶 37公克。

2. 酸鹼性

日常生活中的水溶液極多，如醋、清潔液、茶、檸檬水、果汁、汽水、石灰水，都可以用來測酸鹼性。國小的鹼性操作型定義是「能使紅色石蕊試紙變成藍色的水溶液是鹼性溶液」，酸性溶液是「使藍色石蕊試紙變成紅色的水溶液是酸性溶液」，都不會使兩種試紙變色的是「中性溶液」。

化學上定義〔根據阿瑞尼士理論（Arrhenius theory）〕酸性溶液是：凡溶於水可解離出氫離子（H^+）的，均稱之酸性溶液。其水溶液具有下列共同的性質：

(1)嘗起來有酸味（切勿嘗試，很多酸有毒）。

(2)能使藍色石蕊試紙變紅色。

(3)能導電。

(4)能與活潑金屬（如鋅或鎂）反應放出氫氣。

$Zn + 2HCl \rightarrow ZnCl_2 + H_2$

(5)能和鹼的水溶液起中和作用。

化學上定義鹼性溶液是：凡溶於水可解離出氫氧離子（OH^-）的均

稱為鹼性溶液。其水溶液具有下列共同的性質：

(1)嘗起來有苦澀味（切勿嘗試，很多鹼有腐蝕作用）、摸起來有滑膩感。

(2)能使紅色石蕊試紙變藍色。

(3)能導電。

(4)可和脂肪或油起皂化反應，故常用做為清潔劑。

(5)能和酸的水溶液起中和作用。

除了用石蕊試紙檢驗酸鹼性之外，還可以用植物的色素來驗證。為使教學更豐富，教師可利用各種植物的花或果的鮮色汁（葉子的綠色除外），和酸鹼溶液（如小蘇打水和醋）產生交互作用後，觀察顏色的變化情形。表 22-2 舉例花汁變色的結果：

表 22-2　各種花汁加酸或鹼溶液變色的結果

項目名稱	加入醋酸	加入檸檬酸鈉	加入小蘇打水	加入石灰水
紫高麗菜	桃紅色	桃紅色	黑藍綠	黑綠
紅鳳菜	綠褐色	深綠褐	深綠	深草綠
南美紫茉莉（紅）	深紅紫色	深紫紅色	深紫色	綠褐色
朱槿	粉橘色	粉橘色	草綠色	黃色
大花朱槿	桃紅色	桃紅色	黑綠色	綠黃色
杜鵑花	深桃紅色	深桃紅色	黑綠色	深黃綠色
青蘋果	皮：淡綠褐 肉：黃綠	淡綠褐 黃綠	深橙 紅褐	紅褐 深褐
紅蘋果	皮：淺紅褐 肉：橙黃	淺紅褐 橙黃	紅褐 橙褐	黃褐 橙褐

資料來源：http://www1.efs.hlc.edu.tw/10/achievement/science41-1.htm

氧化作用

國小教材的氧化作用包括食物褐化作用、生鏽的條件和燃燒等。食

物在空氣中常會變成褐色，如蘋果、香蕉、梨、桃等水果。這是因為它們含有稱為多酚氧化酵素（phenol oxidase），在空氣中氧化多酚類而變成褐色。若欲預防變黑，可隔離空氣中的氧，如加鹽、醋或檸檬汁於泡蘋果之水中，可抑制酵素的作用，使之無法變色。

鐵生鏽的條件是氧、溫度。水中富含溶解氧，故鐵在潮濕的環境中比在乾燥中容易生鏽。將受潮的鐵放在冰箱、室溫和溫熱的地方，比較溫度對生鏽快慢的影響，可知溫度高的生鏽快。此外，酸性、鹼性溶液都能促進鐵生鏽。以上因素可以設計實驗來證明。

燃燒是一種氧化作用。燃燒有三要素：(1)可燃物；(2)燃點；(3)助燃物（氧）。此三要素缺一則無法燃燒。滅火的原理就是消除掉任何一個要素，如噴水是降低燃點、暫時隔開空氣，用化學泡沫滅火也是同樣原理。

氧和二氧化碳的製作

在國小自然實驗中，用新鮮食品便可製作氧氣，如金針菇、茼蒿、馬鈴薯、紅蘿蔔、雞肉、豬肝等生鮮細胞內含有過氧化酶，可以分解雙氧水（H_2O_2）成水（H_2O）、釋放氧（O_2），愈新鮮的食品產生愈多的氧；不同食物的酶含量也不同。若將食物切得愈碎，酶釋放得愈多，那麼產生的氧也愈多。

$$2H_2O_2 \xrightarrow{\text{酶}} 2H_2O + O_2$$

市售稀釋消毒用雙氧水濃度約 2.5-3.5%，化學藥品店出售的濃度高達 30-35%。學生使用的雙氧水以 3-5%濃度為宜，太濃易傷皮膚，濃度太低，反應速度較緩。教師可將高濃度雙氧水自行稀釋成 3-5%濃度後再使用，以免造成危險。

二氧化碳則以小蘇打水和食用醋混合產生。此反應快速又多量，用集氣瓶收集二氧化碳氣體的動作要快。以點燃的線香放入此氣體瓶內，若火熄了，可證明此產生的氣體為二氧化碳。或將澄清石灰水倒入此二

氧化碳集氣瓶中，會變成混濁，此混濁物是碳酸鈣。生石灰（氧化鈣就是石灰，也稱為生石灰）加水就變成熟石灰（氫氧化鈣），澄清石灰水就是溶解在水中的氫氧化鈣。生石灰放置在空氣中，日子久了，吸收空氣中的水，也會變成熟石灰。石灰水和二氧化碳作用產生沈澱的碳酸鈣。

$$Ca(OH)_2 + CO_2 \rightarrow CaCO_3 + H_2O$$

第 23 章

地球科學教材

國小階段的地球科學教材，包含天氣、水流作用（地形）、礦物岩石、星星、月亮、太陽等。茲分別敘述如下，以備職前教師參考。

天氣

雲的形成

低空的水蒸氣上升到高空後，由於溫度低，而使水蒸氣凝結成小水滴。這些水珠需有微小固態顆粒的凝結核才會結成水珠。毛毛細雨或霧都是直徑 200μ 的小水珠，如果水珠大到直徑 1000μ 就會降落成雨。高空的小水珠或冰晶的直徑更小，只有 50μ，小水珠聚集飄浮而成雲。

空中的雲，由於高度不同而分為低雲、中雲和高雲族。低雲在地面附近 2,000 公尺以下，中雲族約在 8,000 公尺，高雲族在 10,000 公尺上下。形狀上可大約分為卷狀雲、層狀雲及積狀雲。雲本身沒有顏色，但看起來有灰、黑、白、橘紅、黃、紫色，是由於太陽光色散之故。觀察雲的形狀、移動、變化、色彩與天氣的關係，是國小學生可進行的教學。

氣象預報所稱「大雨」是每小時雨量超過 17 公釐的連續性大雨，而且 24 小時要超過 50 公釐以上；「豪雨」是 24 小時要超過 130 公釐以

上；「大雷雨」是指伴有閃電、雷聲、強風者。測量降雨量有一定的方法。所謂降雨量是指在一定時間內之降水，儲積在一平面上，在無蒸發、流失或滲透等損耗情況下，其儲積量的深度（採公釐為計量單位）。測量時，宜採用透明直筒容器較為適合，因為只要是直筒平底容器，口徑大小雖然不同，容器高度不同，但所測量的水柱高度都是相同的（如圖 23-1）。若用底面和開口的大小不同的容器測量，如錐形瓶，水柱高度會因進水面積（進水量）不同，而影響測量的結果，因此，不宜採用。

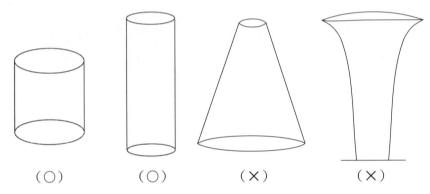

（○）　　　　　（○）　　　　　（×）　　　　　（×）

圖 23-1　適合（○）和不適合（×）測量雨量之容器

閱讀氣象預報

　　氣象預報時，除了晴、雨、陰、氣溫之外，有地面天氣圖、衛星雲圖，這些預報輔助圖有下列資訊：

1. **高低壓中心**：在地面天氣圖會看到許多彎彎曲曲的封閉等壓線。等壓線是氣象人員每日將來自世界各地氣象站、同一時間觀測所得的氣壓值，填在標有觀測站位置的地圖上，然後把氣壓數值相同的觀測站以黑色線條連接起來形成的。從天氣圖上等壓線配置形勢，即可對地球表面上高低氣壓的位置及分布情形一目了然。而所謂低氣壓中心（L）是指一地之氣壓低於四周者；當某一地區的大氣壓力比周圍高時，則稱為高氣壓區，其中心稱為高壓中

心（H）。在高氣壓區，由於環流呈現順時針方向，空氣由中心向外圍流動，中心區附近上空的冷空氣向下沉，下沉的空氣使雲受熱後變成水蒸氣飄逸在空中，所以高壓區的天氣一般都比較好。

2. **氣團和鋒面**：鋒是兩種性質不同（冷、暖）的氣團相互作用的過渡帶，當冷氣團比較強時，冷氣團向暖氣團一側推動，並且占據原屬暖氣團的地區，這種鋒叫作「冷鋒」。在天氣圖上用藍色三角形表示冷峰的前緣（見圖 23-2）。

當暖氣團比較強時，暖氣團推著鋒面向冷氣團一側移動，並且占據原屬冷氣團的地區，這種鋒叫做「暖鋒」。在天氣圖上，用紅半圓表示暖鋒的前緣。鋒是一個三度空間的天氣系統。鋒區長度可達幾百公里到幾千公里，但寬度卻狹窄多了，窄的只有幾公里，寬的也不過數十公里，稱為「鋒面」。當冷、暖氣團勢力相當，鋒面很少移動，或者有時冷氣團占主導地位，有時暖氣團占主導地位，使鋒面處於來回擺動狀態，這種鋒稱為「滯留鋒」。清明時節雨紛紛，就是滯留鋒致使下雨。

冷鋒　　　　　　　暖鋒　　　　　　　滯留鋒

圖 23-2　鋒面表示圖

台灣夏天的颱風和冬天的寒流

要了解台灣夏天颱風和冬天寒流形成的原因，必須先了解季風的偏轉。北半球因地球的自轉，使得風的吹向偏右，而南半球偏左。以一長髮女郎為例，她往前跑時，秀髮往後吹；設有二人分別站立於該女郎之

左右側觀察女郎跑動時，頭髮飄動的方向，右側觀察者認為是向觀察者的左邊飄，而左邊觀察者認為是向觀察者的右邊飄。圖 23-3 說明地球赤道南北，風吹時的偏向。

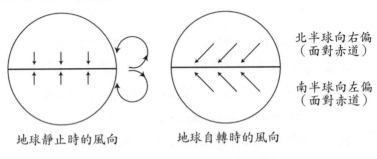

地球靜止時的風向　　地球自轉時的風向

北半球向右偏
（面對赤道）

南半球向左偏
（面對赤道）

圖 23-3　地球南北半球風的偏轉

　　其次，必需要了解大陸和海洋在冬天和夏天的溫度差異何以很大。冷空氣密度大、氣壓高，一定會吹向熱空氣、氣壓小的地區。北半球的冬天，中國內陸，尤其是蒙古地區，陽光斜射，而使陸地寒冷，是高壓中心。相對地，太平洋地區雖是冬天，但它保溫情形比陸地良好（水之比熱大），因此，比較之下，它是暖和的低氣壓。所以，冬天的風是由大陸（蒙古）吹向海洋（必經過台灣）而造成「寒流」。

　　寒流是由台灣的西北方吹來，何以到了台灣就成了東北風呢？如前所述，以一個大範圍的氣團而言，冷而密度大的空氣在中心，吹向外圍溫暖氣壓低的地區，吹的方向偏右，結果氣團形成順時針的吹向，因此，吹至台灣時，成為東北風。如圖 23-4 所示。

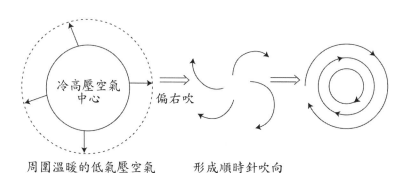

圖 23-4　北半球冷氣團（高壓中心）吹順時針風向的成因

夏天的情形，則是北半球的陸地吸熱多，溫度高、密度小；相對地，太平洋的水仍是溫度變化不大，相形之下，太平洋的空氣較冷、密度大，因此，夏天吹的風是由太平洋吹向大陸。

颱風的形成，則是北半球的太平洋赤道附近，因太陽直射而使溫度升高，空氣膨脹而密度小，是為低壓中心。這個氣團的外圍相對地成了高壓，因而風由外圍吹向內部，北半球的風偏右的結果，形成了反時針吹向，而大方向氣流的吹動，仍是由海洋吹向大陸，經過台灣和菲律賓若持續加強風力，就成為颱風。見圖 23-5 所示。

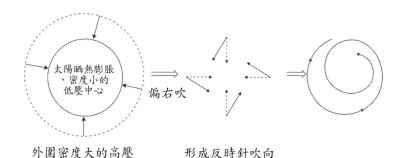

圖 23-5　北半球颱風吹反時針風向的成因

地形

地表景觀改變的「作用」力有很多種。水流的力量使沙石岩塊有被侵蝕、搬運、堆積的作用，使地形改變；風化作用也使地貌改觀；火山爆發、地震等也是重要的力量。水流作用可以短時間內形成，也可以長時間形成。風化作用多為長期進行。火山爆發、地震則為極短時間形成。

河與谷

河谷是因為水的沖蝕、磨蝕砂石，並被搬運、加深形成。地表先有風化作用使它鬆軟，鬆軟的地方先被雨水侵蝕形成谷，經年累月谷又匯集雨水成溪河。河谷與山脈有並行的縱谷，如台東縱谷；河谷若是橫切山脈的稱為橫谷，多是峽谷，如立霧溪峽谷、長江三峽。

雨蝕地形

雨水流經地表斜面時先形成細小淺溝；久了之後會形成雨溝，再大的稱為雨谷，下雨時有水，平時是乾的。南台灣的月世界惡地，是由無數相鄰而深的雨谷、雨溝所組成的地形。上面草木不生，土壤被侵蝕得厲害。細心觀察月世界可發現有許多子地形，如土指（像指頭樣的小土堆），土指上端通常有一顆石粒覆蓋，保護下方泥土不流失。還有小型的洞穴、天然橋。月世界在乾季，表面有白色的氧化鎂和一些硫酸鹽。

堆積的條件

被搬運的砂石最後會堆積，堆積的條件有：(1)水流速度慢時，搬運力量減弱，被侵蝕下來的泥沙便會堆積。(2)地勢平緩時水流速度變慢，泥沙也會堆積。(3)顆粒小的容易在侵蝕、搬運後，在平緩處堆積。由此推測山腳下的谷口、平原、彎曲河道的凸岸都容易產生堆積。山腳下的

谷口會形成扇形的堆積，稱為沖積扇；河流出海口則常有三角洲沖積扇。台灣東部的平原大都是河口沖積平原，面積較小，如蘭陽平原、南澳沖積扇平原等；西部則有新竹、竹南、苗栗、大甲溪等的河口沖積平原。

曲流地形

　　自然界中彎曲的河流，最先是由於地球自轉而偏向，或水流遇河道中障礙物的阻擋而轉彎。彎曲的河道在凸岸因水流慢而堆積，凹岸因水流快及直沖岸的力量而侵蝕，所以 S 形的河經過長時期後，愈來愈彎（見圖 23-6）。如果在凸岸建房子，院子會愈來愈大；若建在凹岸，院子會愈來愈小，房子甚至被沖走。

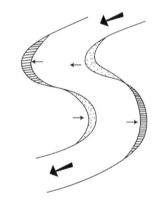

圖 23-6　S 型河流彎曲的形成

海蝕地形

　　海水運動的方式有三種，即波浪、海流和潮汐。海水對海岸也有侵蝕、搬運與堆積作用。海蝕以波浪為主，海流和潮汐則在沿海搬運為主。

　　波浪對海平面附近的陸地邊緣所做的侵蝕，稱為海蝕作用（marine erosion），包括沖蝕、磨蝕、擦蝕、氣壓縮、溶蝕。海蝕地形的形成除

受上述因素強度之影響外，風和海流的方向、岩石軟硬、原來地形等，都是造成各式各樣海岸地形景觀的因素。台灣北部、東北部有許多種海蝕地形，台灣常見的海蝕地形，如鼻頭嶼、海蝕洞、海蝕洞門或天然橋，海蝕崖的前端常有海蝕平台。

海蝕地形包括有：

海蝕崖：海岸受波浪侵蝕所成的急崖。

海蝕凹壁：海蝕崖下方會凹進。

海蝕洞：凹壁沿節理或脆弱處被沖刷成洞。

海蝕門：海石洞貫穿岬角則成海蝕門。

海蝕柱：海蝕門頂崩塌後，尾端形成突出海面的岩礁就成為海蝕柱。

海蝕平台：海蝕崖後退，崖前硬岩暴露，形成一片平台之地。

海積地形

沿岸的海流、潮流和注入海中的河流，均可搬運泥沙、石礫等物質，將它們堆積在海濱波浪能量較弱處，形成海積地形。包括：

沙洲：海中砂礫隨水堆積，一旦積高露出水面，即成沙洲。

連島沙洲：沙洲一端和陸地相連，另一端和沿海島嶼相接，稱為連島沙洲。被連接起來的島嶼就叫做陸連島，兩者合稱沙頸岬。

潟湖：沙洲與陸地間受潮流影響的海域；潟湖有向陸地位移的性質，本身又有泥沙淤積，以致潟湖水域逐漸狹淺而形成沿海沼澤地。

海灘：潮流、沿岸流等搬運細沙或礫石子堆積於海濱，形成海灘。依其顆粒粗細，有礫灘與沙灘之分。

潮埔：在潮間帶常見寬闊平坦的泥地，稱之潮埔，俗稱海埔地；一般利用為魚塭、鹽田。

風化作用與土壤

　　岩石暴露在空氣中，經過一段時間，顏色會改變，堅硬變鬆散，稱為風化（weathering）。風化作用就是這些岩石因為和空氣、水分或生物活動，發生了物理或化學性質的變化，它可分為物理風化（又稱機械風化）和化學風化作用。日、夜、冬、夏的溫度改變，加上水的作用，更容易使岩石崩裂。高溫（如火災、閃電）、結晶使體積膨大，撐裂岩石，都容易使岩石有物理風化作用。如此使大岩石變為岩屑，最後粉碎為土壤。土壤是岩石碎屑和生物遺體混合長期作用而成。化學風化則是礦物成分改變，常和物理風化作用伴隨發生。物理風化使岩石接觸空氣的面積增加，加速化學風化。生物可以幫助風化作用，如植物的根，土壤中的鑽孔動物使土鬆動，減低土的結合力。

　　土壤是風化作用最後的結果。土壤含有黏土礦物〔$Al_2Si_2O_5(OH)_4$〕、空氣、水、腐植質、微生物，土壤能供給植物生長的營養。土壤的生成與氣候、生物、母岩、地形和時間有關。土壤依其質地或顆粒大小可分為砂土、壤土、黏土，依其酸鹼度可分為鹼性土、酸質土、中性土。

礦物和岩石

　　地殼表面的岩石和土壤，是由許多種純物質（礦物）所「混合」而成。所謂純物質，可能是一種元素，也可能是兩種以上元素的化合物，但它們是純物質；它們不能用物理方法把不同元素分開，故稱為純物質。礦物的成分有單元素和化合物兩類。單元素的純礦物如鑽石、金、銀，化合物的礦物如石英（SiO_2）、石膏（$CaSO_4 \cdot 2H_2O$）等。岩石和土壤是多種礦物的集合體。

　　礦物必須是天然產生，而不是人工合成的。礦坑中挖出的金鋼鑽是礦物，但實驗室中合成的鑽石就不是礦物了。礦物必須是無機作用產生

的，如果由生物形成的非礦石，如膽結石雖硬如石，但不是礦物。此外，屬於結晶質的礦物，必有一定的結晶構造。

判斷礦石的物理性質最常用的是硬度。礦物的硬度可以用比較得之，但亦有標準可用。礦物十硬度由軟至硬為：(1)滑石；(2)石膏；(3)方解石；(4)螢石；(5)磷灰石；(6)正長石；(7)石英；(8)黃玉；(9)鋼玉；(10)金鋼石。此十種礦物之硬度數字大者硬度大。教學時常被用來刻劃礦物的工具，如鋼刀其硬度為 5.5，銅幣 4.0，指甲 2.5，玻璃為 6.0。

另一種比較礦物軟硬的是「條痕」，所謂條痕是礦物粉末的顏色。同一種礦物的條痕顏色一定是一樣的，雖然顏色看起來不同，例如赤鐵礦有黑色、紅色之分，但其條痕都是紅褐色。當兩種礦物互相刻劃時，軟的礦石條痕會留在硬的礦石上。

岩石依其形成的原因分成：(1)火成岩；(2)沉積岩；(3)變質岩。通常分辨岩石是一種岩石，要以組成岩石的礦物成分、顆粒的大小、形狀、排列方式及它們膠結組成的情形而定。

火成岩可以按照它結構的粗細分成粗粒、細粒和玻璃狀。所謂玻璃狀是由於冷卻很快，沒有時間慢慢結晶。粗粒的火成岩有花崗岩、正長石、閃長石、輝長石、橄欖石；細粒的有流紋石、粒面岩、安山岩、玄武岩；玻璃狀的多為噴出的火山岩，以黑曜岩為代表。

沉積岩的基本來源都是火成岩，它露出地面被侵蝕和風化之後，經搬運、堆積，最後膠結及壓縮成為堅固的沉積岩。它有許多氣孔，可能有生物殘骸被埋在沉積岩中。沉積岩主要的組成礦物以石英、方解石為大宗，其他有白雲石、長石、雲母、赤鐵礦、褐鐵礦、岩鹽、石膏和有機物質。沉積岩可以很明顯地看出一層一層的層次，這種成層的構造稱為層理，地殼沒有變動時層理多為水平，分隔面稱層面。沉積岩中常發現化石，化石是古代生物在沉積岩中的遺骸或遺跡。

變質岩的形成是火成岩或沉積岩因為溫度升高和深處高壓，組成岩石的礦物或組織發生變化而生成的，所以變質岩也是在地殼深處生成。例如，黏土或其他沈澱物埋在深處，後來經過一段長時間的高溫和高

壓，就會變成緻密的結晶岩。變質岩大都含有平行的紋理。變質岩有葉理狀及非葉理狀。葉理狀包括板岩、片岩、片麻岩；板岩的顆粒最細，片麻岩顆粒最粗。非葉理狀的有大理岩、石英岩。表 23-1 列出台灣常見岩石和礦物成分對照，供教師參考。

表 23-1　台灣常見岩石和礦物成分對照表

岩石種類		礦物成分
火成岩	花崗岩	石英、長石、雲母
	安山岩	長石、輝石、角閃石、雲母
	玄武岩	長石、輝石
沉積岩	砂岩	石英
	頁岩	石英、長石、雲母
變質岩	板岩	黏土礦物、石英、長石、雲母
	片岩	石英、長石、雲母
	大理岩	方解石

（徐喜美老師提供）

 天文

 星星

　　太陽系之外的天空，有許多別的太陽系，大約有 10^{20} 個恆星，它們永久發光，當地球上的人類在晚上時，因天空黑暗，而能襯托出恆星的亮光，就是一般所見的星星。如果我們於某一時間站在地球上某一位置，肉眼所能見到天空的星星，約有 3,000 顆；而一年中，四季所看到的星，約有 6,000 顆；若用望遠鏡看，則在百萬顆以上呢！

　　肉眼所見星星的亮度與距離成反比，亦即實際上同樣亮的兩顆星，遠距的一定比近距的暗。星星的光度以數字代表，數字大者亮度小，數字小者亮度大，是為星等。如太陽星等為-26.7，織女星為 0.1，天狼星

為-1.6，心宿二星為 1，北極星為 2.1，天津星為 1.3。星星的亮度受三種因素的影響：(1)距離地球的遠近；(2)星星的大小；(3)它的溫度。一個星等差，其亮度差 2.5 倍，如一等星等比二星等亮 2.5 倍。肉眼能看到的星等為 6 星等。

星星亦有不同的顏色，這是由於星星的表面溫度不同而呈現不同的顏色，溫度低的為紅色，熱一點為黃色，再熱為白色，而藍色為最熱。當吾人燒瓦斯時，瓦斯不足時燒的火焰為橘紅色，瓦斯足夠、氧也足夠時為藍色，它們是類似的道理。我們的太陽表面溫度為 5,500℃為黃色，若為 2,200℃的星星則呈現紅色，而 25,000℃之星星則呈現藍色。

地球的北半球比南半球更早文明，有關天文的觀察，大多以北半球的敘述為主。在台灣地區所看到的星象，不完全相同於在北平所看的星相；在北半球所看到的星象不同於南半球的。因為站在北緯 25°和北緯 35°仰頭看天，所能看見天體半球的範圍不同。同樣站在某一定點看星時，因地球自轉，而使得星星亦相對地轉動，因此，我們所能看到的星象亦不停地改變中。

地球繞著太陽公轉，所以在每天的某一固定時間所看到的星象，每一個月、每一季節均不同。在該季晚上八至十二點頭頂上的星象為當季的星座。圖 23-7 說明四季星象不同的成因。由於地球自轉，一天中星象每小時都在改變；由於公轉，一年中每一個月、每一季節的星象都在改變。因此，描繪星象圖，應標示地點、日期、時間，才能使讀者確切明白精確的星象。但非專業的觀星者，一般均以晚上九至十二點間最方便觀察的時間為準。而四季星象圖則以每一季之中間一個月之十五日晚上之星象為繪星圖之依據。

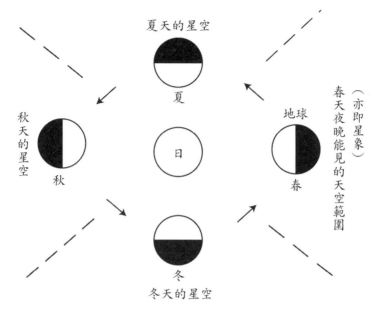

圖 23-7　四季星象不同的原因

使用星象盤

　　星象盤使用時機有二：一為抬頭望見天空有某一顆星，欲知該星之名稱，可查星象盤。方法是：用拳頭或量角器，量出該星之高度角（亦即星星和地平線所成之角度；每一拳頭約為10°高度角），再用指南針定出方向。知道高度角及方位，再查看現在的日期、時間。此時，可在星象盤上轉出今天的日期及現在時刻，找出該方向及高度角上該顆星之名稱。星象盤愈精密、而觀察者定出星之方位和高度角愈正確者，愈能正確指認出星星之名稱。另一使用星象盤之時機為，想查出某星在某日某時天空之某位置時使用。在這種時機使用星象盤，要先在盤上找出星星之名，再將星象盤轉至某日、某時，而讀出方位、高度角，以便在實際天空中找尋該星。「天文日曆」可以直接找出星座之日期、方位和高度角。觀察星座時，在正北方約30°高度角的天空，有一顆永遠不轉出視線之外的星，是為北極星，它像是天空中所有星球在轉動時的圓心，一年

四季、一日中的每小時均在該位置，因此一般均以北極星為「永遠的北方之星」。

春夏尋找北極星，可用北斗七星來找；秋冬時，可用仙后座來找，如圖 23-8：

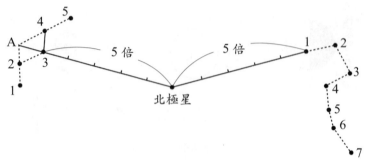

圖 23-8　尋找北極星

用仙后座：
1. 仙后座是 W 的形式。由左而右標出 1、2、3、4、5 顆星。
2. 把第一、第二顆星連接並延長。
3. 把第四、第五顆星連接並延長。
4. 兩條延長線會交會於 A 點。
5. 連接 A、3，並延長它的長度五倍處就是北極星的位置。

用北斗星：
1. 北斗七星像杓子。將北斗七星的第 2 顆星與第 1 顆星連線。
2. 再將連線向斗口方向延長五倍處，就是北極星的位置。

月亮

　　月亮之月相由農曆月初到月底每天有順序地改變，月相由偏右邊亮的眉形月，漸漸加大亮之範圍，而在農曆七、八日時形成右半邊亮之上弦月，再繼續加大而至圓形全亮，十六、十七日以後則月亮由右邊漸暗，至二十二、二十三日時，為偏左半邊亮的下弦月，至月底則為左邊亮的眉形月（或稱殘月）（見圖 23-9）。月亮盈虧的成因，則是由於月亮繞地球轉時，與太陽三者形成的角度變化，以至於地球上的晚上看見月亮反光部分不同，而形成不同的月相。圖 23-10 說明月相變化的成因。

農曆日期　　3　　　7　　　11　　　15　　　19　　　23　　　27

月相

圖 23-9　月相改變順序圖

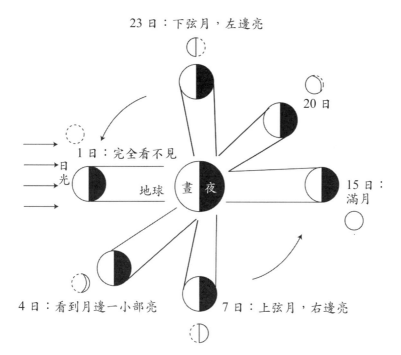

23 日：下弦月，左邊亮

20 日

1 日：完全看不見

日光

地球　晝　夜

15 日：滿月

4 日：看到月邊一小部亮

7 日：上弦月，右邊亮

圖 23-10　月相變化的成因

太陽

　　國小階段太陽的觀測有兩個重點：(1)一天中太陽東升西落，高度角的變化。(2)一年中每天同一時刻（例如中午 12 點），太陽的高度角不同，並有規律性變化。同一天當中，太陽由東升起，高度角隨著時間漸漸升高，地面物體的影子愈來愈短；經過頭頂後，向西斜移動，高度角愈來愈低，地面物質影子愈來愈長。一年中，單獨一天這樣的改變順序

是一樣；但每天之間都有秩序地稍作改變。

　　由於地球自轉的假想軸（地軸）傾斜了 23.5 度，所以地球自轉軸和地球赤道產生了 23.5 度的交角，使得太陽直射地球的位置隨著地球在黃道面移動，夏至時最北可到達北緯 23.5 度，即北迴歸線；冬至時最南可到南緯 23.5 度，即南迴歸線，因此產生一年四季的變化。台灣地區，冬天時太陽由較偏東南方向升起，由西南方向落下；而夏天由較偏東北日出，西北落下；春秋分時由正東方升起，由正西方落下。當太陽經過天頂時，在北迴歸線上，只有夏至那天是在頭頂的正上方，其他的日子均靠南方。圖 23-11 說明台灣地區一年四季北迴歸線通過地區之太陽仰角與方位。

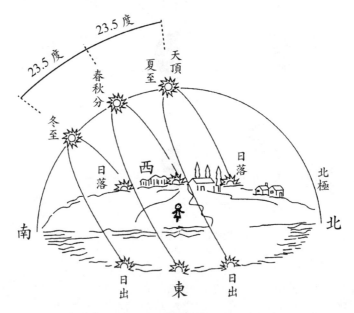

圖 23-11　台灣地區一年四季北迴歸線通過地區之太陽仰角與方位圖

第 **24** 章

生活科技教材

國小的「生活科技」教材，依照九年一貫的能力指標，認知方面包括科技史、家庭電器、傳播設備、交通工具、材料、房屋結構、能源、電腦硬體等；在「設計與製作」方面，則在培養學生解決問題、創造思考、設計繪圖的能力。由於國小學生對於日常生活中的科技產品，以能「安全使用」比知其原理重要，所謂知難行易，因此，本章略加以介紹能力指標所涵蓋的教材，以備教師作為教學之參考。

 ## 科技史

人類科技的演進，可分為：(1)石器時代；(2)農牧時代；(3)工業時代；(4)資訊時代。教師在安排教材時，可思考人類的食、衣、住、行方面的演進，以及家庭用具、電器、傳播、交通、材料、電腦等近代產品的演進。有些科技產品是新的完全取代舊的；有的是舊的精緻化演進成更好用的，如陶、瓷、金屬、火車。有的產品在短時間內就更新；有時則是經過長久的演化，尤其早期的演化時程很長，而現代愈來愈快的速度進步，就如當代的電腦更新一日千里。

遠古人類由生食變熟食，由徒手擒拿動物到用石器獵捕；衣服也由赤裸到利用蠶絲，由利用自然界中的纖維，發展到各種人造纖維去縫製精美衣物。交通工具方面由陸上的有輪車，進步到水中行駛的船，空中

的飛機也是日新月異地在容量、航程、造型上不斷提升。住的方面，由穴居到土磚房，進步到石材、鋼筋水泥的大樓。

由於人類社會的形成，人與人之間的關係複雜了，溝通、傳達的方式也一直持續在進步中。早期人類用對話來口述事件，後來用「結繩」來記事，又演變成用文字記錄在骨板、竹片、紙張上。如今的科技、傳播的方法，不但有平面媒體，還有影像媒體，聲光、影像、色彩俱備；傳播的距離也愈來愈遠。邁入電腦時代，咫尺天涯，可以和一萬哩外的人面對面談話，還能見到談話時的影像。

在材料方面的科技進步，更是突飛猛進。早期直接用泥土、用木頭做材料，後來知道把泥土燒成磚、燒成陶。人類很早便會利用金、銀、銅的材料製作用具，後來更會利用合金、玻璃。近代科學家由石油中提煉出的原料，製造成各種塑膠材料。目前日常生活中的器具已少不了塑膠材料了！而近年的新興材料，更有特殊合金、液晶、光纖、奈米材料等不一而足。科技的進步使工業設計產品日益增多，它滿足人類的需求，也解決人類提升生活品質時所遇到的諸多問題。

資訊時代單以「電腦科技」一項的進步神速超乎想像，幾乎二、三年就需更新硬體設備。電腦的體積由初期像一間房子大小，演變到手提型、掌上型，甚至手機的功能也朝電腦的功能升級中。人類也努力利用電腦數位的技術，設計機器人取代人力。科技影響每一個人的每一個層次和每一個向度的生活，科技之重要不言而喻。了解科技發展史是提升科技素養的第一步。

家庭電器與傳播

依據能力指標，國小中年級應介紹家中常用電器及安全使用方法。家中電器有電視、錄放影機、錄音機、電鍋、電扇、冷氣、洗衣機、電磁爐、烤箱、電暖爐、冰箱、吹風機、電腦、電燈。但生熱的電器應由成人使用，不鼓勵由學生操作。若使用乾電池為電源，則指導電池正確

裝配。家庭電器的外型、功能均可作為教材。教師應指導：

1. **安全使用**：購回的新電器，需先閱讀說明書。說明書內容均提醒使用安全法則。

2. **了解開關及其他按鍵功能**：說明書中均有電器開關和各功能鍵的操作方法，如電視搖控器、錄放影機、錄音機各種功能鍵的練習。

3. **如何節省能源**：電器消耗電力，地球資源有限，電力的產生不論是水力、火力、核能發電，耗去的能源無法再回收利用，故國小階段應培養學生節省能源的習慣、態度和行動。例如隨手關燈、關冷氣、減少看電視時間、使用省電燈泡、冷氣機的溫度不要太低、冰箱內不要隨時塞滿食品等。新一代科技的發展，不但要提高使用的效益，也朝向低耗能、低耗材、低污染的技術發展。購買冷氣機均有附帶說明該冷氣機的使用效率值，以 EER（Energy Efficiency Ratio）表之，EER 愈高愈省電，購買時可加以參考。

　　資訊或訊息都需傳播出去，才能使之成為有用。家中的傳播媒體有：(1)書面資料，如報紙、書；(2)收音機；(3)電話；(4)電視；(5)電腦等溝通工具。這些傳播工具所呈現的結果大不同。書面主要以圖和文靜態呈現，而收音機廣播只有聲音，電話亦只聽見二人對話。電視為收視人被動收看電視台所播放的節目，但聲、光、影、色的呈現，能吸引觀眾的注意力；藉由收看電視節目，可以不出門而知天下事，其傳播的功能深入每戶人家中。電腦科技進步後，只要能上網，便可在網路上雲遊四海，無限資料瀏覽，在線上多人對話、討論問題、遠距教學等等，其傳播的功能無遠弗屆；此功能更涵蓋了文字、語言、畫面、聲音、動態、互動等多媒體的傳播功能。用電腦處理資料使數位化的文件傳播，快速、有效、多變化，徹底改變人類生活方式。手機目前是台灣極通用的溝通工具，一機在手，隨時可與遠在萬里外的人互通有無。傳播工具的進步真是一日千里，並朝著快、多、遠、互動、隨選的方向進化。

交通工具與能源

運輸對人們日常生活的影響很大，上學、上班、購物、訪親友、旅遊都需依賴交通運輸。對於中年級的學童，交通工具除了在科學史中介紹交通工具演進之外，可介紹目前陸地上、水上、空中的交通工具的基本外型及其功能。介紹交通工具腳踏車、汽車、火車，比較它們的基本外型構造、功能有所不同。例如都有輪子，但有何不同？車箱有何不同？為什麼火車有那麼多車箱還能轉彎？它們用什麼能源做動力？動力的效果如何？水運工具的演進、船為什麼能浮在水面？在空中運輸上，可討論不同功能機型的外型。這些交通工具的認知教材，以外型能眼見的範疇為宜。

構成運輸系統的要素，包括通路、載具、場站及工作人員。通路就是讓運輸工具能安全、順利通過的途徑，如馬路、飛機航道等；載具就是交通工具，如汽車、船、飛機；車站、碼頭、飛機場就是場站，有了場站才能調度交通工具，使它們更安全、有效的行動。萬事具備後需由有組織的人事來運作，例如售票、調度交通工具；還用科技通訊掌控交通工具行進中的狀態，增進安全。

動力能源的使用也是經過演進。早期人類鑽木取火，開始使用火；後來用獸力耕種，中古時期末知道用煤燒火。十八世紀初以蒸氣動力推動火車，十九世紀末年發現電，後來又大量使用石油。電力是目前社會使用最多的動力能源。而電力產生可由水力發電或燒煤、石油的火力發電，甚至核能發電。家庭中更使用瓦斯能源。大量使用石油的結果，這種天然能源必在短時期內枯竭。

能源一般可分為初級能源和次級能源。初級能源是指天然形成的能源，包括煤、石油、天然氣、太陽能、核能等，次級能源指將初級能源經過處理或轉換後所形成的能源，包括：電能、電力、汽油、液化石油氣等。在初級能源中，有些能源能經過處理而再生利用，如太陽、風、

水、地熱；其他能源使用後無法再利用，如煤、石油、天然氣、核能等均為非再生能源。

　　台灣的電力有火力發電、水力發電及核能發電，節省能源是環境教育重要的一環。由於不可再生的能源已接近枯竭，因此，教導學生隨時節約能源是必須的。開發太陽能、風力、水力、地熱，轉換成電力，避免用不可再生的能源。節省能源的「行動」應提醒學生隨時去「執行」。能源不僅是科技問題，也是社會議題，因此用「科學─科技─社會」（Science-Technology-Society, STS）的教學模式，更能使學生深入探討使用能源所產生的諸多社會問題。例如，沒有了某一種能源以後，什麼會受影響？連帶影響哪些？產生了什麼社會問題等。

　　綠建築正起步中，所謂綠建築是由建材生產、建物規劃、設計、施工、使用、管理、維修、拆除等一系列過程中，消耗最少資源和能源，製造最少廢棄物的建築。在校園中可規劃雨水回收再利用於灌溉，建水池時不用水泥鋪地、砌牆的生態工法，都是綠建築的概念。

材料

　　日常生活中用來製成各種器具或用品的材料有木材、金屬、陶瓷、玻璃等天然材料。人造材料則有取自石油製成的塑膠，另外合金是用天然金屬按固定比例再製成的。不論天然材料或人造材料，需經過加工處理，才能成為有用的器具或用品。國小學童要能將家用產品的材料分類：(1)木材；(2)金屬；(3)陶瓷；(4)玻璃；(5)塑膠。

　　木材由於材質輕、紋理優美、容易取得、容易造型，因此建築、家具、容器均廣泛使用。金屬材料大部分強度高、硬度大，珍貴金屬如金、銀、白金，其他許多金屬可製成合金，如 50 元硬幣是由 92%銅、6%鋁和 2%鎳所合成，鋼是由鐵和碳冶煉成的，不鏽鋼餐具則再加入鉻、鎳製成的。陶瓷材料具有絕緣、耐磨、耐熱、耐腐蝕的特性，家庭中被廣泛使用。玻璃更是房屋、日用品中常見之物品。

　　塑膠是由石油所提煉出來的原料，再以人工合成製成的材料。塑膠有輕而耐用、不腐蝕、成本低、可大量生產等優點，因此許多家庭用品都用塑膠取代木材、金屬。有些塑膠遇熱會軟化，因此塑形成寶特瓶、杯子，有些塑形後不變型、具耐熱性，如鍋柄。

　　塑膠的容器在日常生活中大量使用後均應回收。茲分述其性質：

1. PET（聚乙烯對苯二甲酸脂）：PET硬度佳、韌性強、輕、耐酸鹼，大量使用於汽水瓶、清潔劑、藥品罐等。PET做的寶特瓶瓶底有一圓點，瓶身其他地方無接縫，是分辨的好方法。

2. PE（聚乙烯）：是工業用最廣的塑膠，分高密度和低密度聚乙烯。高密度聚乙烯比低密度聚乙烯更硬、更耐腐蝕。市面上所見的塑膠袋及各種半透明或不透明的塑膠瓶，幾乎都是低密度PE塑膠，而洗髮精、農藥瓶用高密度聚乙烯塑膠製成。

3. PVC（聚氯乙烯）：此塑膠可塑性大、便宜、可透氣，使用於非食品方面，如水管、雨衣、書包、塑膠盒等。圓的PVC瓶底部是一直線，此與PET瓶不一樣。PVC用力折會有白痕出現，長時間曝曬會變鐵紅色。

4. PP（聚丙烯）：PP可耐高熱，其他性質與PE相似，因此被用來做瓶蓋、豆漿瓶、水桶、垃圾桶、紅色可丟的塑膠碗、微波食品盒等。

5. PS（聚苯乙烯）：吸水性低、尺寸安定性佳。主要應用於建材、玩具、文具、飲料杯蓋、養樂多瓶等。

　　液晶和奈米材料是近年發展新科技的材料。液晶是一種介於液體和固體之間會流動的晶體，故稱液晶。電視、電腦、手機顯示螢幕均由此材料製造，它省電、低輻射。「奈米」是長度單位，1奈米（1nm）＝10^{-9}米。科學家所研發出來的奈米產品很多，如奈米塗料、布料、磁磚，因其表面為奈米級粒子，而產生特殊功能，改善物品的品質。這些新材料的使用不僅滿足人們的需求，也促使技術革新，並孕育新的產業。這

些物品被人們利用的機會與日俱增，故國小學生也必須稍作了解。

房屋結構

　　房屋結構通常可分為：樑、柱、牆、屋頂、門窗、地基、樓梯、樓板等部分。建房屋時，建築師要依其專業知能繪設計圖，工程師要依圖進行施工。一般而言，地基要先完成，才能繼續建構地面上的結構體。茲分項略加說明地面上的各項結構體。

1. **柱子**：柱子垂直於地面、承載由上而下的重量，柱子再把此重量傳給地基。一棟房子需有很多柱子，柱子的數量、大小、位置、堅固度都需經過精密計算。

2. **樑**：樑橫跨在柱子上面，可承載來自樑以上的重量，而且將此重量傳遞給柱子。

3. **牆壁**：用來隔間，但如果是承載重的牆，通常無窗戶、又特別厚，尤其是樓梯間無窗的牆，不可隨意拆除。

4. **樓板**：可以隔開上、下空間，以便放置物品，舒適行動。

5. **門和窗**：上述各項完成後，設置門和窗。門窗的設置在方位、大小、造型上可加以考慮，影響結構較小。

　　房屋的建築材料有早期的土磚、木屋，演進到紅燒磚、岩石、鋼筋混泥土和鋼骨等。混泥土是將水泥、砂、石子依用途以不同比例調和適當的水，凝固硬化而成，它耐火、耐壓，但抗拉力不若鋼筋。鋼筋（條狀，橫切面為圓形）耐拉又耐壓，但較會腐蝕、不耐火和熱、會錯曲。用混泥土包住鋼筋做樑、柱子、樓板、地板，不失為各取其優點的材料。鋼筋混泥土是目前最常見的建築材料。如果要建很寬的高大樓，應該用橫切為 H 型的「鋼骨」做樑、柱才能抗震，因為它比鋼筋混泥土樑柱的面積減少又輕、施工速度快；缺點是不耐火，只要高熱一傳到裡面的鋼骨，鋼骨就會融掉，就像美國 911 事件 World Trade Center 那樣，整

棟大樓瞬間就垮掉了。

電腦設備

電腦（electronic computer）是電子計算機的簡稱。為何稱為計算機呢？早期用「電動機械」的龐大體積來計算。一九四六年美國賓州大學的 Eckert 和 Mauchley 教授替美國陸軍製造了重達三十噸，卻只能記憶二十多個數字的計算機；但它邁進了電子計算機的第一步，這是真空管時期的第一代電腦。一九五四至一九六三年間，電晶體（transistor）取代了真空管，體積縮小、穩定、速度快、運算能力也加強，每秒可算千萬的加法。此時期是電晶體時期的第二代電腦時期。一九六四年後，用只有一個姆指大小的積體電路（integrated circuit, IC），可容納幾十個半導體元件，體積縮小了，可是計算速度卻快了幾百倍，這是積體電路時期的第三代電腦。一九七〇年以後，超大型積體電路應用於新電腦，體積更小、更快，家庭用電腦也問世。此時，單一晶片就可以完成資料處理作業的微處理器，是超大型積體電路的第四代電腦。近年第五代的人工智慧電腦的處理資料、運算，超乎人類頭腦所能完成，現已有超級電腦、大型電腦、小型電腦、個人電腦、筆記型電腦、嵌入式電腦等各種不同功能電腦，滿足不同需求。

今日的電腦已不是計算機而已。網路蓬勃發展之後，天涯海角均能快速方便交換獲得的訊息或資料，又各種電腦軟體發展之後，電腦幾已支配人們的生活型態和學習型態。國小階段「自然與生活科技」能力指標 2-3-6-3「認識資訊科技設備」（如電腦主機及周邊設備）和其材料；由此可知，國小高年級學童只需約略知道電腦設備及功能即可。

電腦可分為硬體和軟體兩部分。若將教室、桌椅類比為硬體，那麼知識、教學法、制度等就是軟體。硬體是指看得到、摸得到的機器設備及電子電路。它又分為主要設備和周邊設備。同一個硬體，使用不同軟體，就呈現不同的功能和結果。電腦主要設備有螢幕、主機、鍵盤與滑

鼠。

1. **螢幕**：又稱為顯示器或監視器（monitor），是電腦輸出（output）的部分。

2. **主機**：重要的電子元件都裝置在此。它可將接收的資料做記憶、運算、判斷等處理，主機內有一個記憶單元稱為「主記憶體」的硬碟，用來記憶所有的資料，但關了電源它就失憶了，為了解決這個缺憾，需有「輔助記憶體」，它就是磁碟片或光碟，也就是軟碟。磁碟機是主記憶體與輔助記憶體間橫樑，可以將主機內的資料存入磁片，或將磁片的資料讀入主機。

3. **鍵盤與滑鼠**：是電腦輸入（input）的設備，每一鍵都代表了許多不同指令。可用手指輸入，也可用滑鼠接觸輸入。
   周邊設備包括印表機、掃描器、喇叭、繪圖板、手動掃瞄器、光碟片、外加硬碟等。

4. **軟體**：是指電腦的應用程式，硬體的功能都需要軟體操作才能發揮出來。軟體種類繁多，功能超強。

5. **韌體**：是指軟體程式燒錄於磁片上，這個磁片就是韌體。

以功能來看電腦基礎架構有：

1. **輸入單元**（input unit）：可將訊息轉換為數位資料，並且傳輸到記憶單元，如滑鼠、掃瞄器。

2. **算術與邏輯單元**（arithmetic/logic unit）：此單元的作用是進行算術和邏輯計算。

3. **控制單元**（control unit）：包括解碼指令、指揮算術、邏輯單元完成資料處理時所需的運算操作。控制單元要協調各單元工作，讓資料順利進入電腦系統，並輸出。中央處理單元（CPU）整合了算術、邏輯和控制單元。

4. **記憶單元**（memory unit）：此單元是存取電腦執行所需的作業系統、應用程式、指令與資料。主記憶體採 DRAM（Dynamic

Random Access Memory）製作，速度快、但容量小，磁片、光碟則可輔助之。唯讀記憶體（ROM）儲存的內容不會因斷電而遺失資料，可存程式。

5. **輸出單元**（output unit）：此作用將結果輸出，讓外部使用者或系統可以獲得結果。

軟體根據用途不同，可分為系統軟體（system software）與應用軟體（application software），前者包括系統作業和工具軟體，應用軟體是為了解決某一問題或滿足某些處理要求的軟體。

電腦網路在今日社會、學校均普遍應用。茲介紹使用網路時基本認知。各國文字、地點不同，如何進行統一格式，而用大家都能了解的方式來運作呢？因此「通訊協定」（Transmission Control Protocol/Internet protocol）（簡稱 TCP/IP）將它們連接起來便可進行互通的動作。

電腦網路依據連結方式與距離不同，可分為區域網路（Local Area Network, LAN）和廣域網路（Wide Area Network, ANW）。校內，同一大樓、同一社區內分散的電腦彼此連結，是一種近距離的區域網路。若用來連結跨地區、跨國則為廣域網路。今日熟知而常用的是廣域網路。後者上網要經由數據機與電話線路才能連上網路，是為撥接上網。此時如果使用電腦就不能同時講電話。若用寬頻上網（Asymmetric Digital Subscriber Line, ADSL），它雖利用電話線傳輸，但它速度快，上傳為64-640Kbps，下載速度為 1.6-6Mbps；家中電腦需要外加裝 ADSL 數據機。另一種寬頻上網則為有線電視系統的纜線數據機上網模式，速度比 ADSL 快。

網域名稱出現在網址或 E-mail 地址，大區域的網域需用代碼來表示。通常一個國家或區域有一個代碼，例如：

台灣　　Taiwan　　tw

日本　　Japan　　jp

英國　　United Kingdom (England)　　uk

中國　China　cn

加拿大　Canada　ca

香港　Hang Kong　hk

美國　America　（無）

組織性質不同的網域，也有其代碼，如：

商業性　commercial　com

教育機構　education　edu

政府機構　government　gov

軍事單位　military　mil

一般非營利機構　organization　org

網路公司　network　net

　　所以從代碼中，便可初步知道訊息來自何地以及哪一類型的機構。如上網採購，必然從 com 的網域中去尋找。網際網路提供的服務有全球資訊網（WWW），可瀏覽文字、聲音、圖像、影像、動畫。目前常用的搜尋引擎有：

　　Yahoo！奇摩：http://tw.yahoo.com（中文）

　　　　　　　　　http://www.yahoo.com（英文）

　　Google：http://www.google.com.tw（中文）

　　　　　　　http://www.google.com（英文）

　　網路內容還有電子郵件（E-mail）、FTP 檔案傳輸、檔案搜尋服務、電子佈告欄（BBS）、新聞群組、即時通訊、網路電話、網路遊戲、購物等。目前各地均已進入架設無線網路環境、手機上網等功能一一進入每人生活中。這個二十一世紀的電腦時代，已快無法想像未來全部數位的生活型態，是一個怎樣的世代！

參考文獻

中文部分

丁嘉琦（1999）。花蓮縣國小教師科學本質觀點之研究。國立花蓮師範學院教育研究所碩士論文。

人文物理編寫小組編著（1988）。人文科系普通物理。台北市：新學識文教出版中心。

人文物理編寫小組編著（1989）。師院用書普通物理。台北市：新學識文教。

王美芬（1992）。台北市國小自然科教學正常化的探討。各科教學輔導學術研討會論文。台北市立師院輔導處。

王美芬、熊召弟（1995）。國民小學自然科教材教法。台北市：心理。

王順美（1993）。環境教育教學活動設計——在環境中教學的教學法。引自 http://eeweb.gcc.ntu.edu.tw/teach/teach/action/fronto4-b.htm.

王貴春（2000）。STS 教學與國小學生創造力及學習態度之研究。台北市立師範學院科學教育碩士論文。

王鴻儒（2005）。透過科學創意教學培養學生解決問題能力之行動研究。國立台北師範學院數理教育碩士論文。

王鑫（1993）。台灣的地形景觀。台北市：渡假。

王鑫（1995）。戶外教學的範疇。教師天地，75，2-11。

王鑫審訂（1995）（希密斯原著）。岩石與礦物。台北市：英文漢聲。

王鑫（1998）。戶外教學概論。北縣國教輔導，7，7-12。

文京化學教學編輯委員編著（1994）。普通化學。台北市：文京圖書。

中國教育部（2001）。全日制義務教育科學（3-6 年級）課程標準。北京：北京師大。

毛連塭、郭有遹、陳龍安、林幸台（2000）。**創造力研究**。台北市：心理。

甘漢銚、熊召弟、鍾聖校（1993）。**小學自然科教學研究**。台北市：師大書苑。

任立渝（1990）。**看電視學氣象**。台北市：任立渝工作室。

吳昭祥、王銘琪編著（1994）。**圖解觀賞植物繁殖技術**。台北市：淑馨。

吳培安（1995）。科技變遷下社會的教育趨勢──科技教育「問題解決」之探討。**高市鐸聲**，**5**(2)，59-65。

吳清山（1990）。**班級經營**。台北市：心理。

吳德邦（1988）。解題導向的數學教學策略。**國教輔導**，**28**(2)，22-26。

何偉雲（2003）。從創造性思考觀點探討國小學童物理問題解決。**科學教育研究與發展**，**30**，34-51。

余民寧（1997）。**有意義的學習──概念構圖之研究**。台北市：商鼎文化。

余民寧、陳嘉成（1996）。概念構圖：另一種評量方法。**國立政治大學學報**，**73**，161-200。

李文德（1984）。談國民小學自然科教具的管理。**國教天地**，**56**，41-42。

李田英（1981）。自然科學教學發問的技巧。**國教世紀月刊**，**16**(9)，14-17。台灣省立新竹師專出版。

李坤崇（1999）。**多元化教學評量**。台北市：心理。

李淳陽（1981）。**昆蟲世界奇觀**。台北市：白雲文化。

李崑山（1993）。校外教學之意義與預期效果。**兒童環境教育暨活動設計**（Ⅱ）。台北市師院環教中心。

李隆盛（1992）。**技術的定義**。行政院國科會專題研究報告。

李隆盛（1999）。認識全民的科技教育。**中等教育**，**50**(4)，34-37。

李麗霞（1993）。**科學童話研究**。新竹師院語文教育學系。

宋碧華譯（1998）。**動物的親子關係**。台北市：大樹文化。

阮國全（1995）。**星星的運動與四季星座**。台北市：台北市立天文科學
　　教育館。

卓娟秀（1991）。國小自然科學實驗安全教育與廢棄物管理原則。**國教
　　月刊，37**(7)、(8)，23-28。

林文智（1997）。**台灣自然觀察圖鑑 32：「雲與天氣」**。台北市：渡
　　假。

林佩芝（1997）。**創造心靈：七位大師的創造力剖析**。台北市：牛頓。

林春生（2000）。**台灣水生植物（1、2冊）**。台北市：田野影像。

林雅卿（2004）。**德國與台灣國小階段自然科學教科書之內容分析**。台
　　北市立師範學院科學教育研究所碩士論文。

林樹聲（1999）。科學素養的省思。**科學教育月刊，222**，16-25。

知識數位科技公司（2004）。**電腦入門**。台北市：知識數位科技。

周光裕、明延凱編著（1994）。**生態學**。台北市：地景。

周秋香（2005）。**自然科學與生活科技概論**。台北市：心理。

姚志舜（1973）。教學發問的技巧。**教育輔導月刊，23**(2)，6-9。

柯華葳（1994）。問題解決教學模式及其在環境教育上之應用。**科學教
　　育學刊，2**(1)，1-37。

洪文東（1996）。**典範式思考與敘述式思考在科學文章閱讀中之關連
　　性**。台灣師大科學教育研究所博士論文。

洪文東（1996）。**師院普通化學**。台北市：五南圖書。

洪文東（1997）。科學文章的閱讀理解。**屏師科學教育，5**，14-25。

洪振方（1997）。科學史融入科學教學之探討。**高雄師大學報，8**，
　　233-246。

洪振方（1998）。科學創造力之探討。**高雄師大學報，9**，289-302。

洪振方（2001）。建構學習社群及評鑑系統促進數學與自然科學教師素
　　質之研究──建立符合科學本質的教學理論模式：高中理化。**國科
　　會研究專案** NSC90-2511-S-017-009（三／三）**研究報告**。

唐清良、陳建志（2000）。蝴蝶的飼養。**科學研習**，**43**(6)，15-21。國立科學教育館。

孫振青（1994）。**知識論**。台北市：五南。

徐晉准編譯（1991）。**光復科學圖鑑 19：天氣和氣象**。台北市：光復書局。

翁秀玉、段曉琳（1999）。科學史對國小六年級學生理解科學本質之成效。**科學教育研究與發展**，**8**，26-42。

康軒文教（2003）。**國小自然，六上指引**。台北市：康軒文教。

康軒文教（2005）。**自然與生活科技，國小第二冊**。台北市：康軒文教。

康軒文教（2004-2005）。**自然與生活科技，國中一上、一下、二上、二下、三上、三下**。台北市：康軒文教。

國立編譯館（1998）。**國中理化，第三冊**。台北市：國立編譯館。

張玉山、李隆盛（1999）。英美澳三國中小學科技課程意涵之比較。**新世紀的教育挑戰與各國因應策略**，頁 389-420。中國比較教育學會出版。

張玉山（2002）。創造性的科技教學活動設計。**生活科技教育**，**35**(2)，24-32。

張玉山（2003）。技能創造力教學模式的應用——創意陀螺的教學實例引介。**生活科技教育**，**35**(12)，25-31。

張玉成（1983）。**創造性發問技巧之研究**。台灣師大教育研究所博士論文。

張玉成（1999）。**教師發問技巧**。台北市：心理。

張永仁（1998）。**昆蟲入門**。台北市：遠流。

張靜儀（1993）。如何做好自然科學的班級經營工作。**台北市科學教育**，3 期。

張靜儀（2002）。國小自然科教室管理之理論與觀察研究。**花蓮師範學院學報**，**14**，211-231。

曹治中（1996）。創造性思考教學在國民中小學鄉土地理教學上的應用。**教學與研究**，**18**，205-225。

莊嘉坤（1994）。**學生建構慎下斷語的科學態度之方式及其表徵模式分析**。國立台灣師範大學科學教育研究所博士論文。

許良榮、李田英（1995）。科學史在科學教學的角色與功能。**科學教育月刊**，**179**，15-27。

許金發（2004）。**國小「設計與製作」教學設計模式之發展研究**。國立台北師範學院數理教育研究所碩士論文。

郭生玉（1988）。**心理與教育測驗**，三版，頁 193-256。台北市：精華書局。

郭重吉（1995）。建構主義與科學教育的革新。**科學教育學刊**，**3**(2)，213-224。

郭瑞濤、林政宏（1994）。**地球科學概論**。台北市：新學識文教。

郭震唐主編（1991）。**科學圖書館 19：電的故事**。台北市：圖文。

歐陽鐘仁（1987）。**科學教育概論**。台北市：五南圖書。

陳文典（1997）。STS 教學教師所需之專業準備。**科學教育月刊**，**5**(2)，167-189。

陳伯璋（1999）。九年一貫課程的理念與理論分析。**九年一貫課程研討會論文集（上）**，頁 10-18。中華民國教材研究發展學會印。

陳玟良（1995）。生活科技新課程中的解決問題策略。**中學工藝教育月刊**，**28**(9)，10-17。

陳英豪、葉懋堃、李坤崇、李明淑、邱美華（1990）。**國小學生科學態度量表之編製及其相關因素之研究**。國立台南師範學院數理教育系。

陳泰然、黃靜雅（2000）。**台灣天氣變變變**。台北市：遠流。

陳得人（1999）。創思取向的小學科技教學設計。**生活科技教育**，**32**(12)，9-15。

陳啟明（1999）。另類的教學評量——卷宗評量。**教育實習輔導季刊**，

5(1)，78-84。

陳淑華（1983）。**植物的根、植物的莖、植物的葉**。台北市：圖文。

陳雅茜譯（1998）。**動物的語言**。台北市：寰宇。

陳龍安（1988）。「智力結構」模式的發問技巧。**資優教育季刊，29**，7-14。

教育部（1998）。**國民中小學九年一貫課程總綱綱要**。台北市：教育部。

教育部（2000）。**國民中小學九年一貫課程綱要「自然與生活科技學習領域」**。台北市：教育部。

教育部（2003）。**國民中小學九年一貫課程綱要「自然與生活科技學習領域」**。台北市：教育部。

開智教育用品社主編（1998）。**學生成語大辭典**。高雄市：開智教育用品社。

單文經（1995）。美國加州小學推動真實情境的教學評量。**台灣教育，534**，18-21。

單文經（1998）。兩種多元評量：真實評量與操作評量。**北縣教育，25**，46-52。

彭森明（1996）。實作評量理論與實際。**教育資料與研究，9**，44-48。

湯偉君、邱美虹（1999）。創造性問題解決（CPS）模式的沿革與應用。**科學教育，223**，2-17。

項退結（1976）。經驗主義的若干型態與認識論問題。**哲學與文化，3**(9)，25-34。

溫明麗（1997）。批判思考教學。**教育研究雙月刊，55**，49-54。

黃能堂（1997）。如何運用社會資源從事生活科技教學。**中學工藝教育，30**(11)，2-11。

黃萬居譯（2002）。K-9 以**「發現為基礎」**的教材教法。台北市：學富文化。

黃達三（1992）。科學／技學／社會（STS）和小學科學教育。**國教月**

刊，**38**(1)、(2)，30-39。

黃嘉勝譯（2002）。日本國定課程中的「統整學習科目」與科技科目是否有不同之處？二〇〇二年小學設計教育國際學術研討會論文集。台中師範學院。

楊冠政（1979）。小學科學課程結構。收錄於**國民小學自然科學研習教師手冊**，頁 113-175，台灣省國民學校教師研習會編印。

楊榮祥（1885）。**生物科教學模式課程**。台北市：高立圖書。

楊龍立（1998）。 建構教學的研究。**台北市立師範學院學報**，**29**，21-37。

楊龍立、潘麗珠（2001）。**統整課程的探討與設計**。台北市：五南圖書。

葉永烈（1991）。**科學家故事 100 個（上、下）**。台北市：富春文化。

熊召弟（1996）。科學童話在自然科教學的意義。**國民教育**，**36**(3)，26-31。

趙孟傑編（1997）。**從遊戲中學物理**。台北市：國家。

綠地球編輯部（1998）。**自然科學百科——植物：植物的構造與分類**。台北市：綠地球。

臺灣師大科學教育中心編（1997）。**高中物理**。台北市：國立編譯館。

劉玉燕譯（1984）。**皮亞傑訪談錄**（原著 Bringuier, Jean-Claude）。台北市：人文基金會。

劉國權（2000）。**STS 及科學寫作對學童科學概念及科學態度之研究**。台北市立師範學院科學教育碩士論文。

劉曜源（1999）。國小學生問題解決能力之探討。**國教天地**，**136**，8-24。

潘怡吟、王美芬（2003）。遊戲教學對於自然科學習成效之研究。**台北市立師院學報**，**34**，157-172。

潘裕豐（1993）。國小批判思考教學效果之實驗研究。**特殊教育研究學刊**，**9**，233～284。

潘富俊（2001）。**唐詩植物圖鑑**。台北市：貓頭鷹。

蔡天民、王美芬（2002）。概念構圖對國小學童自然科學習成就、學習態度及概念改變之研究。**科學教育研究與發展專刊**，頁 119～138。台北市立師院。

蔡文怡（2001）。**輕鬆學成語**。台北市：正中書局。

蔡東鐘（1999）。澳洲中小學科技教育課程現況及其啟示。**生活科技教育**，**32**(7)，12-19。

鄭元春（1984）。**植物的生活**。台北市：光復書局。

鄭昭明（1988）。心理學的哲學基礎：從行為主義到認知心理學。**中央研究院三民主義研究所叢刊**，**9**，39-54。

鄭昭明（1997）。創造性思考的原理原則。**張昭鼎紀念研討會科學創意論文集**。

鄭峻玄（2003）。STS 教學策略與生活科技課程 STS 教學活動設計。**生活科技教育月刊**，**36**(3)，36-50。

鄭湧涇（1979）。探討式討論活動在科教上的應用：發問。**科學教育雙月刊**，**31**，30-34。

鄭湧涇（1994）。職前與在職生物教師科學態度之研究。**師大學報**，**39**，381-407。

盧玉玲（1993）。科學／技學／社會與傳統之教學對學生創造力與對科學態度之差異研究。**中華民國第九屆科學教育學術研討會論文彙編**，頁 618-627。

盧玉玲、連啟瑞（1999）。批判性思考潮流下的科學教育。**國民教育**，**39**(4)，12-16。

盧雪梅（1999）。多元教學評量的理念和實務。**教育研究**，**76**，57-66。

簡利真（2002）。**國小師生在科學展覽中科學本質表徵之研究**。台北市立師範學院科學教育研究所碩士論文。

簡茂發（2001）。落實國小自然科多元教學與評量。**國立教育資料館主辦現代教育論壇研討會論文**。

戴維揚（2001）。從文化認知與衍生開發新課程的十大基本能力與六大議題。**中等教育**，**52**(3)，110-127。

鍾聖校（1983）。如何提高師專學生的研究精神。**國民教育**，**24**(11)，28-33。

魏炎順（1999）。英國科技能力標準與課程──我國小學九年一貫科技課程改革的啟示。**生活科技教育**，**32**(7)，20-23。

魏炎順（2001）。設計與製作創造思考問題解決教學模式探討。**生活科技教育**，**34**(6)，8-18。

魏美惠（1999）。批判思考能力之探討。**資優教育季刊**，**72**，10-15。

羅文基（1990）。科技的意義及其概念架構分析。載於「**技職教育專題研究**」，頁 539-553。高雄市：復文。

蘇宏仁（1996）。科學教育課程模式──科學、科技、社會（STS）之探討研究。**科學教育月刊**，**190**，2-11。

蘇禹銘（1998）。淺談國小自然科戶外教學。**屏師科學教育**，**7**，49-61。

蘇盛雄（1992）。自然科學教學經營淺見。**台北市師科教**，**11**，4-10。

英文部分

Abruscato, J. (2000). *Teaching children science: A discovery approach* (5th ed). Allyn & Bacon, a Pearson Education co.

Aikenhead, G. (1994). What is STS science teaching? In Solomon, J. & Aikenhead, G. (Eds.) (1994). *STS Education—International perspectives on reform* (pp. 47-59). N.Y.: Teachers College Press.

American Association for the Advancement of Science (1989). *Science for All American*. Washington, D. C.: Author.

Anderson, W., & Krathwohl, D. R. (Eds.) (2001). *A taxonomy for learning, teaching, and assessing: A revision of Blooms' educational objectives*. New York: Longman.

Ausubel, D. P., Novak, J. D., & Hanesian, H. (1978). *Educational psychology: A cognitive view (2nd ed.)*. New York: Holt, Rinehart & Winston.

Bloom, B. S. (Ed.) (1956). Taxonomy of educational objectives: The classification of educational goals. *Handbook I: Cognitive domain*. New York: Longman.

Blosser, P. E. (1973). *Handbook of effective questioning techniques*. Worthington Ohio: Education Associates, Inc.

Carin, A. A., & Sund, R. B. (1970). *Developing questioning techniques*. Columbus, Ohio: Chalse E. Merrill Pub. Co.

Carin, A. A., & Sund, R. B. (1989). *Teaching science through discovery*. Columbus, Ohio: Chalse E. Merrill Pub. Co.

Cook, L. K., & Mayer, R. E. (1988). Teaching reading about the structure of scientific text. *Journal of Educational Psychology, 80*(4), 610-619.

DeBore, G. E. (1991). *A history of idea in science education: Implications for practice*. (pp. 215-241). Teachers College, Columbia U. Press.

Gardner, H. (1993). *Multiple intelligences: The theory in practice*. New York: Basic Books.

Gardner, H., & Shores, E. F. (1995). Howard Gardner on the eight intelligence: Seeing the nature world. *Dimensions of Early Childhood*, 5-7.

Glynn, S. M., & Duit, R. (Eds.) (1995). *Learning science in the schools: research reforming practice* (pp. 35-58). Mahwah, NJ: Lawrence Erlbaum Associates, Inc.

Guilford, J. P. (1956). The structure of intellecture. *Psychological Bulletin*, 52, 267-97.

Heath, P. A. (1989). Social issue as the missing link. In J. Penick (Ed.), *Education and Urban Society, (pp. 22-29)*. Walnut Creek, C.: Sage.

Hunkins, F. P. (1972). *Questioning strategies and techniques*. Boston: Allyn and Bacon.

Lerman, S. (1989). Constructivism, mathematics and mathematics education. *Education Studies in Mathematics, 20*, 211-223.

Lockhead, J., & Yager, R. E. (1996). Is science sinking in a sea of knowledge? A theory of conceptual drift. In Yager R. E. (Ed.), *Science/technology/society as reform in science education*. New York: State University of New York.

Mathews, M. (1994). *Science teaching: The role of history & philosophy of science*. New York: Routedge.

Mayer, R. (1992). *Thinking, problem solving, cognition*. New York: Freeman.

Mintze, J. J., Wandersee, J. H., & Novak, J. D. (1999). *Assessing science understanding: A human constructivist view*. San Diego: Academic Press.

National Research Council (1996). *National science education standers* (p. 22). Washington, D.C.: National Academy Press.

National Research Council (2000). *Inquiry and the national science educational standers*. Washington, D.C.: National Academy Press.

National Science Teachers Association (1991). Science/technology/society: A new effort for providing appropriate science for all (Position statement). In *National science teaching assocation handbook* (pp. 47-48). Washington, D.C.: Author.

Nature of science: http://www.project2061/.org/publications/sfaa/default.htm

Norris, S. P., & Ennis, R. H. (1998). *Evaluating critical thinking*. Pacific Grove, CA: Midwest Publisher.

Novak, J. D., & Gowin, D. B. (1984). *Learning how to learn*. Cambridge London: Cambridge University Press.

Nussbaum, J. (1989). Classroom conceptual change: Philosophical perspectives. *International Journal of Science Education, 11*, 530-540.

Rubin, K. H., Fein, G. G., & Vanderberg, B. (1983). Play. In P. H. Mussen

(Ed.), *Handbook of child psychology vol.4. socialization, personality and Social development* (4th ed) (pp. 693-774). New York: Wiley Press.

Rutherford, F. J., & Ahlgren, A. (1990). *Project 2061: Science for all Americans*. Washington D.C.: American Association for the Advancement of Science.

Shymansky, J. A., & Annetta, L. (2004). *Developing content reading skills during science*. Time National Geographic: Nonfiction Literacy.

Sprague, M. M. (2003). Motivating students to read physics content. *Science Teacher, 70*(3), 24-29.

Steffe, L. P., & Gale, J. (1995) (Eds.). *Constructivism in education*. Hillsdale, N.J.: Lawrence Erlbaum Associates, Inc.

Technology Education Federation of Australia (1994). *A statement on technology for Australian schools and technology—A curriculum profile for Australian schools*. Australia: Curriculum corporation.

Torrance, E. P. (1970). *Encouraging creativity in the classroom*. Dubuque, Iowa: Wm. C. Brown Co. Pub.

Treffinger, D. J., Isaksen, S. G., & Dorval, K. B. (1994). Creative problem solving: An overview. In M. A. Runco (Ed.), *Problem finding, problem solving, and creativity*. New Jersey: Ablex Publishing Corporation.

Virginia Department of Education (1998). 引自網址 http://www.pen.k12.va.us/go/Voc_Ed/te/este.html. 2002

von Glasersfeld, Ernst (1998). Cognition, construction of knowledge and teaching. In R. Mathews (Ed), *Constructivism in science education* (pp. 11-30). Kluwer Academic Publishers. Printed in the Netherlands.

Wagner, R. K. (1993). Practical problem-solving. In philip Hallinger (Ed), *Cognitive perspectives on leadership: Critical issues in educational leadership series*. New York: Teachers College Press.

Wallas, G. (1976). Stage in the creative process. In A. Rothenberg & C. R.

3
1
9

Hansman (Eds.), *The creativity question*. Duke University Press.

Walsh, D., & Paul, R. W. (1986). *The Goal of critical thinking: From education ideal to educational reality*. Washington D.C.: American Federation of Teachers, Educational Issue Department.

Yager, R. E., & Tamir, P. (1993). STS Approach: Reasons, intentions, accomplishments and outcomes. *Science Education, 77*(6), 637-658.

Yager, R. E., & McCormack, A. J. (1989). Assessing teaching/learning: successes in multiple domains of science and science education. *Science Education, 73*(1), 45-58.

Yore, L. D., & Shymansky, J. A. (1991). Reading in science: Developing and operational conception to guide instruction. *Journal of Science Teacher Education, 2*(2), 29-36.

附錄

九年一貫「自然與生活科技學習領域」課程綱要

教育部於 2003 年 2 月 27 日台國字第 0920028081 號公告（限於篇幅，7 至 9 年級之能力指標省略）

基本理念

　　人類觀察自然，並且研究各種現象變化的道理，於是產生科學；同時對其巧妙的運用，以適應環境、改善生活，於是乃有技術。學習科學能開拓視野，使世界看起來不同；我們發現花木的青翠源自於陽光、空氣和水，風源自於空氣的流動，雲源自於水蒸氣的凝結和凝固，燃燒使花木回歸塵土和大氣，溶解可使部分岩石奔流入海。我們更進一步探討植物是如何將陽光、空氣和水形成養分滋長花木的，空氣是怎麼流動起來的，水蒸氣的凝結或凝固、水的蒸發又是怎麼發生的。在深一層的了解中，我們相信一切的變化有其因果法則，所有看似奇幻的現象必有其存在或產生的道理。

　　認知這些自然現象和自然的演變規則，使我們能應用自然運作的原理，於是就有了各種創造發明。例如人們利用磁場的改變產生電流、利用電流通過導線產生熱和光、利用育種技術產生新的生物品種等。為了生存，人類自古以來就學會拾取木棒、石塊當工具。木棒延伸了人的手臂長度，石塊增強了人的拳頭硬度；組合木棒和石塊成了石鎚。隨著文明的進展，人類使用的工具不斷進步。到了鐵器時代，人類以鐵鎚取代

石鎚來增加力量；進入機械時代，人類以電動機替代勞力的工作；當今資訊時代，人類更利用電腦來協助處理勞心的工作。透過科學與技術的進步，人類善用機具、材料、方法、知識和創意等資源，增強人類解決問題的能力。

今天，氣象預報讓我們能多做準備、減少損失；食品的加工與保存讓我們能享受到四季與各地的美味；利用材料進行製造，使我們便於生產物品、提升生活品質；使用機械節省了大量的人力；電力的發明與電器的使用更使生活變得方便、舒適；電話和電視使我們便於溝通訊息、傳播知識；電腦和網路使我們便於處理資料、節省許多時間；營建房舍和橋樑，使我們便於居家外宿、跨越兩地；舟車和飛機使我們便於交通往來、輸送貨物。這些都是科學與技術對我們生活的種種影響。

學習科學，讓我們學會如何去進行探究活動：學會觀察、詢問、規劃、實驗、歸納、研判，也培養出批判、創造等各種能力。特別是以實驗或實地觀察的方式去進行學習，使我們獲得處理事務、解決問題的能力。也了解到探究過程中，細心、耐心與切實的重要性。同時我們也應該了解科學與技術的發展對人類生活的影響，學會使用和管理科學與技術以適應現代化的社會生活。透過學習使我們能善用各種科學與技術、便利現在和未來的生活。

自然、科學、技術三者一脈相連，前後貫通，我們對其有以下四點基本認識：

1. 自然與生活科技之學習應為國民教育必要的基本課程。
2. 自然與生活科技之學習應以探究和實作的方式來進行，強調手腦並用、活動導向、設計與製作兼顧及知能與態度並重。
3. 自然與生活科技之學習應該重視培養國民的科學與技術的精神及素養。
4. 自然與生活科技之學習應以學習者的活動為主體，重視開放架構和專題本位的方法。

我們將依據以上的四點基本認識來規劃課程。

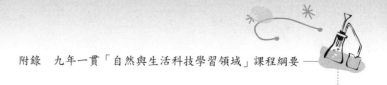

課程目標

1. 培養探索科學的興趣與熱忱，並養成主動學習的習慣。
2. 學習科學與技術的探究方法和基本知能，並能應用所學於當前和未來的生活。
3. 培養愛護環境、珍惜資源及尊重生命的態度。
4. 培養與人溝通表達、團隊合作及和諧相處的能力。
5. 培養獨立思考、解決問題的能力，並激發開展潛能。
6. 察覺和試探人與科技的互動關係。

分段能力指標

　　本課程綱要之訂定，係用於提示如何經由學校教育，安排適當的教學情境和教材，進行有效的教學活動，促進學生學習，以增進知識及培養解決問題的能力。

　　經由科學性的探究活動，自然科學的學習使學生獲得相關的知識與技能。同時，也由於經常依照科學方法從事探討與論證，養成了科學的思考習慣和運用科學知識與技能以解決問題的能力。經常從事科學性的探討活動，對於經由這種以探究方式建立的知識之本質將有所認識，養成重視證據和講道理的處事習慣。在面對問題、處理問題時，持以好奇與積極的探討、了解及設法解決的態度，我們統稱以上的各種知識、見解、能力、態度與應用為「科學與科技素養」。自然與生活科技學習領域的主要目標，可說在於提升國民的科學與科技素養。

　　「素養」蘊涵於內，即為知識、見解與觀念；表現於外，即為能力、技術與態度。實際上內外之分，也僅係提供陳述之方便而已。自然與生活科技學習領域所培養之國民科學與科技素養，依其屬性和層次來分項，分成科學探究過程之心智運作能力的增進（以下簡稱「過程技

能」），科學概念與技術的培養訓練（以下簡稱「科學與技術認知」），對科學本質之認識（以下簡稱「科學本質」），了解科技如何創生與發展的過程（以下簡稱「科技的發展」），處事求真求實、感受科學之美與威力及喜愛探究等之科學精神與態度（以下簡稱「科學態度」），資訊統整、對事物能夠做推論與批判、解決問題等整合性的科學思維能力（以下簡稱「思考智能」），應用科學探究方法、科學知識以處理問題的能力（以下簡稱「科學應用」），以及如何運用個人與團體合作的創意來製作科技的產品（以下簡稱「設計與製作」）等八項來陳述。其中「科學與技術認知」涉及教材內容，其內容詳列於參考資料中（包括附錄一：「自然與生活科技」學習領域之教材內容要項和附錄二：「自然與生活科技」學習領域之教材內容細目），可作為教學活動設計之參考。另附有數則教學活動設計（附錄三：「自然與生活科技」學習領域之教材內容研討之核心主題示例），可供教材設計及教學時參考。茲將自然與生活科技課程，學生在學習各階段所應習得之能力指標列之於後。在設計教學活動時，宜依指標所提示的基準，於教學中達成之。（註：本書限於篇幅未詳列附錄二及附錄三）。

表 1：茲將「科學與科技素養」的能力要項編序分類於下：

1. 過程技能	5. 科學態度
2. 科學與技術認知	6. 思考智能
3. 科學本質	7. 科學應用
4. 科技的發展	8. 設計與製作

【編碼說明】在下列「a-b-c-d」的編號中，「a」代表主項目序號，「b」代表學習階段序號：1 代表第 1 階段一、二年級、2 代表第 2 階段三、四年級、3 代表第 3 階段五、六年級、4 代表第 4 階段國中一、二、三年級，「c」代表次項目序號，依觀察、比較與分類、組織與關連、歸納與推斷和傳達等，以 1、2、3、4 逐一編序；若未分項，則以 0 代表之，「d」代表流水號。

1. 過程技能

第一階段（一、二年級）

觀察

1-1-1-1 運用五官觀察物體的特徵（如顏色、敲擊聲、氣味、輕重……）。

1-1-1-2 察覺物體有些屬性會因某些變因改變而發生變化（如溫度升高時冰會熔化）。

比較與分類

1-1-2-1 依特徵或屬性，將事物歸類（如大小、明暗……）。

1-1-2-2 比較圖樣或實物，辨識相異處，說出共同處（如兩棵樹雖大小不同，但同屬一種）。

組織與關連

1-1-3-1 由系列的觀測資料，說出一個變動的事件（如豆子成長的過程）。

1-1-3-2 將對情境的多樣觀察，組合完成一個有意義的事件（如風太大了葉子掉滿地，木板吹倒了……）。

歸納與推斷

1-1-4-1 察覺事出有因，且能感覺到它有因果關係。

1-1-4-2 察覺若情境相同、方法相同，得到的結果就應相似或相同。

傳達

1-1-5-1 學習運用合適的語彙，來表達所觀察到的事物（例如水的冷熱能用燙燙的、熱熱的、溫溫的、涼涼的、冰冰的來形容）。

1-1-5-2 嘗試由別人對事物特徵的描述，知曉事物。

1-1-5-3 養成注意周邊訊息做適切反應的習慣。

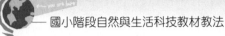

第二階段（三、四年級）

觀察

　1-2-1-1 察覺事物具有可辨識的特徵和屬性。

比較與分類

　1-2-2-1 運用感官或現成工具去度量，做量化的比較。

　1-2-2-2 能權宜的運用自訂的標準或自設的工具去度量。

　1-2-2-3 了解即使情況一樣，所得的結果未必相同，並察覺導致此種結果的原因。

　1-2-2-4 知道依目的（或屬性）不同，可做不同的分類。

組織與關連

　1-2-3-1 對資料呈現的通則性做描述（例如同質料的物體，體積愈大則愈重……）。

　1-2-3-2 能形成預測式的假設（例如這球一定跳得高，因……）。

　1-2-3-3 能在試驗時控制變因，做定性的觀察。

歸納與推斷

　1-2-4-1 由實驗的資料中整理出規則，提出結果。

　1-2-4-2 運用實驗結果去解釋發生的現象或推測可能發生的事。

傳達

　1-2-5-1 能運用表格、圖表（如解讀資料及登錄資料）。

　1-2-5-2 能傾聽別人的報告，並能清楚的表達自己的意思。

　1-2-5-3 能由電話、報紙、圖書、網路與媒體獲得資訊。

第三階段（五、六年級）

觀察

　1-3-1-1 能依規劃的實驗步驟來執行操作。

　1-3-1-2 察覺一個問題或事件，常可由不同的角度來觀察而看出不同的特徵。

　1-3-1-3 辨別本量與改變量之不同（例如溫度與溫度的變化）。

比較與分類

　　1-3-2-1 實驗前，估量「變量」可能的大小及變化範圍。

　　1-3-2-2 由改變量與本量之比例，評估變化程度。

　　1-3-2-3 依差異的程度，作第二層次以上的分類。

組織與關連

　　1-3-3-1 實驗時，確認相關的變因，做操控運作。

　　1-3-3-2 由主變數與應變數，找出相關關係。

　　1-3-3-3 由系列的相關活動，綜合說出活動的主要特徵。

歸納、研判與推斷

　　1-3-4-1 能由一些不同來源的資料，整理出一個整體性的看法。

　　1-3-4-2 辨識出資料的特徵及通則性並做詮釋。

　　1-3-4-3 由資料顯示的相關，推測其背後可能的因果關係。

　　1-3-4-4 由實驗的結果，獲得研判的論點。

傳達

　　1-3-5-1 將資料用合適的圖表來表達。

　　1-3-5-2 用適當的方式表述資料（例如數線、表格、曲線圖）。

　　1-3-5-3 清楚的傳述科學探究的過程和結果。

　　1-3-5-4 願意與同儕相互溝通，共享活動的樂趣。

　　1-3-5-5 傾聽別人的報告，並做適當的回應。

第四階段（七、八、九年級）（略）

2. 科學與技術認知

第一階段（一、二年級）

認知層次

　　2-1-1-1 運用五官觀察自然現象，察覺各種自然現象的狀態與狀態
　　　　　　變化。用適當的語彙來描述所見所聞。運用現成的表格、
　　　　　　圖表來表達觀察的資料。

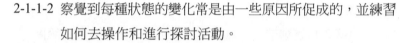

2-1-1-2 察覺到每種狀態的變化常是由一些原因所促成的，並練習如何去操作和進行探討活動。

認識常見的動物、植物

2-1-2-1 選定某一（或某一類）植物和動物，做持續性的觀察、並學習登錄其間發生的大事件。察覺植物會成長，察覺不同植物各具特徵，可資辨認。注意到植物生長需要土地、陽光及水分等良好的環境。察覺動物如何覓食、吃什麼、做什麼活動，成長時身體形態的改變等。

現象及現象變化的觀察

2-1-3-1 觀察現象的改變（如天氣變化、物體狀態的改變），察覺現象的改變必有其原因。

2-1-3-2 製作各種不同的玩具，體會「力」有多種，力可使物體動起來，或使物體振動發出聲音。

認識家用的科技產品

2-1-4-1 認識與使用日常家用產品（含傳播設備、交通工具、安全設備）。

第二階段（三、四年級）

認知層次

2-2-1-1 對自然現象作有目的的偵測。運用現成的工具如溫度計、放大鏡、鏡子來幫助觀察，進行引發變因改變的探究活動，並學習安排觀測的工作流程。

認識動物、植物生長

2-2-2-1 實地種植一種植物，飼養一種小動物，並彼此交換經驗。藉此栽種知道植物各有其特殊的構造，學習安排日照、提供水分、溶製肥料、選擇土壤等種植的技術。

2-2-2-2 知道陸生（或水生）動物外型特徵、運動方式，注意到如何去改善生活環境、調節飲食，來維護牠的健康。

認識物質

2-2-3-1 認識物質除了外表特徵之外，亦有性質的不同，例如溶解性質、磁性、導電性等。並應用這些性質來分離或結合它們。知道物質可因燃燒、氧化、發酵而改變，這些改變可能和溫度、水、空氣等都有關。

2-2-3-2 認識水的性質與其重要性。

認識環境

2-2-4-1 知道可用氣溫、風向、風速、降雨量來描述天氣。發現天氣會有變化，察覺水氣多寡在天氣變化裡扮演很重要的角色。

2-2-4-2 觀察月亮東昇西落的情形，以及長期持續觀察月相，發現月相盈虧，具有週期性。

交互作用的認識

2-2-5-1 利用折射、色散，電池、電線、燈泡、小馬達，空氣或水的流動等來設計各種玩具。在想辦法改良玩具時，研討變化的原因，獲得對物質性質的了解，再藉此了解來著手改進。

認識常見的科技

2-2-6-1 認識傳播設備，如錄音、錄影設備等。

2-2-6-2 認識運輸能源（如汽油）和運輸工具（如火車頭、車廂、軌道）。

第三階段（五、六年級）

認知層次

2-3-1-1 提出問題、研商處理問題的策略、學習操控變因、觀察事象的變化並推測可能的因果關係。學習資料整理、設計表格、圖表來表示資料。學習由變量與應變量之間相應的情形，提出假設或做出合理的解釋。

認識植物、動物的生態

2-3-2-1 察覺植物根、莖、葉、花、果、種子各具功能。照光、溫度、溼度、土壤影響植物的生活，不同棲息地適應下來的植物也各不相同。發現植物繁殖的方法有許多種。

2-3-2-2 觀察動物形態及運動方式之特殊性及共通性。觀察動物如何保持體溫、覓食、生殖、傳遞訊息、從事社會性的行為及在棲息地調適生活等動物生態。

2-3-2-3 知道動物卵生、胎生、育幼等繁殖行為，發現動物、植物它們的子代與親代之間有相似性，但也有不同。

2-3-2-4 藉著對動物及植物的認識，自訂一些標準將動物、植物分類。

認識物質

2-3-3-1 認識物質的性質，探討光、溫度和空氣對物質性質變化的影響。

2-3-3-2 探討氧及二氧化碳的性質；氧的製造、燃燒之了解、氧化（生銹等）、二氧化碳的製造、溶於水的特性、空氣污染等現象。

2-3-3-3 探討物質的溶解性質、水溶液的導電性、酸鹼性、蒸發、擴散、脹縮、軟硬等。

2-3-3-4 認識促進氧化反應的環境。

認識環境

2-3-4-1 長期觀測，發現太陽升落方位（或最大高度角）在改變，在夜晚同一時間，四季的星象也不同，但它們有年度的規律變化。

2-3-4-2 認識天氣圖上的高、低氣壓線、鋒面。觀察（資料搜集）一個颱風的興衰。

2-3-4-3 知道溫度高低不同，使水的存在形態改變，是形成霜、露、雲、雨、雪的原因。

2-3-4-4 知道生活環境中的大氣、大地與水,及它們彼此間的交互作用。

交互作用的認識

2-3-5-1 知道熱由高溫往低溫傳播,傳播的方式有傳導、對流、輻射。傳播時會因材料、空間形狀而不同。此一知識可應用於保溫或散熱上。

2-3-5-2 藉製作樂器了解影響聲音高低的因素、音量大小、音色好壞等,知道樂音和噪音之不同。

2-3-5-3 了解力的大小可由形變或運動狀態改變的程度來度量。

2-3-5-4 藉簡單機械的運用知道力可由槓桿、皮帶、齒輪、流體（壓力）等方法來傳動。

2-3-5-5 知道電流可產生磁場,製作電磁鐵,了解地磁、指北針。發現有些「力」可不接觸仍能作用,如重力、磁力。

認識常見的科技

2-3-6-1 認識日常用品的製造材料（如木材、金屬、塑膠）。

2-3-6-2 認識房屋的結構與材料。

2-3-6-3 認識資訊科技設備。

第四階段（七、八、九年級）（略）

3. 科學本質

第一階段（一、二年級）

3-1-0-1 能依照自己所觀察到的現象說出來。

3-1-0-2 相信每個人只要能仔細觀察,常可有新奇的發現。

第二階段（三、四年級）

3-2-0-1 知道可用驗證或試驗的方法來查核想法。

3-2-0-2 察覺只要實驗的情況相同,產生的結果會很相近。

3-2-0-3 相信現象的變化，都是由某些變因的改變所促成的。

第三階段（五、六年級）

3-3-0-1 能由科學性的探究活動中，了解科學知識是經過考驗的。

3-3-0-2 知道有些事件（如飛碟）因採證困難，無法做科學性實驗。

3-3-0-3 發現運用科學知識來作推論，可推測一些事並獲得證實。

3-3-0-4 察覺在「以新觀點看舊資料」或「以新資料檢視舊理論」時，常可發現出新問題。

3-3-0-5 察覺有時實驗情況雖然相同，也可能因存在著未能控制的因素之影響，使得產生的結果有差異。

第四階段（七、八、九年級）（略）

4. 科技的發展

第二階段（三、四年級）

科技的本質

4-2-1-1 了解科技在生活中的重要性。

4-2-1-2 認識科技的特性。

科技與社會

4-2-2-1 體會個人生活與科技的互動關係。

4-2-2-2 認識家庭常用的產品。

4-2-2-3 體會科技與家庭生活的互動關係。

第三階段（五、六年級）

科技的本質

4-3-1-1 認識科技的分類。

4-3-1-2 了解機具、材料、能源。

科技的演進

4-3-2-1 認識農業時代的科技。

4-3-2-2 認識工業時代的科技。

4-3-2-3 認識資訊時代的科技。

4-3-2-4 認識國內、外的科技發明與創新。

科技與社會

4-3-3-1 了解社區常見的交通設施、休閒設施等科技。

第四階段（七、八、九年級）（略）

5. 科學態度

第一階段（一、二年級）

喜歡探討

5-1-1-1 喜歡探討，感受發現的樂趣。

5-1-1-2 喜歡將自己的構想，動手實作出來，以成品來表現。

第二階段（三、四年級）

發現樂趣

5-2-1-1 相信細心的觀察和多一層的詢問，常會有許多的新發現。

5-2-1-2 能由探討活動獲得發現和新的認知，培養出信心及樂趣。

5-2-1-3 對科學及科學學習的價值，持正向態度。

第三階段（五、六年級）

細心切實

5-3-1-1 能依據自己所理解的知識，做最佳抉擇。

5-3-1-2 知道經由細心、切實的探討，獲得的資料才可信。

5-3-1-3 相信現象的變化有其原因，要獲得什麼結果，需營造什麼變因。

第四階段（七、八、九年級）（略）

6. 思考智能

第一階段（一、二年級）

創造思考

6-1-1-1 察覺自己對很多事務也有自己的想法，它們有時也很管用。

6-1-1-2 培養將自己的構想動手實作出來，以成品表現的習慣。

解決問題

6-1-2-1 養成動手做的習慣，察覺自己也可以處理很多事。

6-1-2-2 學習安排工作步驟。

6-1-2-3 學習如何分配工作，如何與人合作完成一件事。

第二階段（三、四年級）

批判思考

6-2-1-1 能由「這是什麼？」、「怎麼會這樣？」等角度詢問，提出可探討的問題。

創造思考

6-2-2-1 能常自問「怎麼做？」，遇事先自行思考解決的辦法。

6-2-2-2 養成運用相關器材、設備來完成自己構想作品的習慣。

解決問題

6-2-3-1 養成主動參與工作的習慣。

6-2-3-2 養成遇到問題時，先試著確定問題性質，再加以實地處理的習慣。

第三階段（五、六年級）

批判思考

6-3-1-1 對他人的資訊或報告提出合理的求證和質疑。

創造思考

6-3-2-1 察覺不同的辦法，常也能做出相同的結果。

6-3-2-2 相信自己常能想出好主意來完成一件事。

6-3-2-3 面對問題時，能做多方思考，提出解決方法。

解決問題

6-3-3-1 能規劃、組織探討活動。

6-3-3-2 體會在執行的環節中，有許多關鍵性的因素需要考量。

第四階段（七、八、九年級）（略）

7. 科學應用

第一階段（一、二年級）

7-1-0-1 學習安排工作，有條理的做事。

7-1-0-2 學習操作各種簡單儀器。

第二階段（三、四年級）

7-2-0-1 利用科學知識處理問題（如由氣溫高低來考慮穿衣）。

7-2-0-2 做事時，能運用科學探究的精神和方法。

7-2-0-3 能安全妥善的使用日常生活中的器具。

第三階段（五、六年級）

7-3-0-1 察覺運用實驗或科學的知識，可推測可能發生的事。

7-3-0-2 把學習到的科學知識和技能應用於生活中。

7-3-0-3 能規劃、組織探討活動。

7-3-0-4 察覺許多巧妙的工具常是簡單科學原理的應用。

第四階段（七、八、九年級）（略）

8.設計與製作

第三階段（五、六年級）

8-3-0-1 能運用聯想、腦力激盪、概念圖等程序發展創意及表現自
己對產品改變的想法。

8-3-0-2 利用多種思考的方法，思索變化事物的機能和形式。

8-3-0-3 認識並設計基本的造形。

8-3-0-4 了解製作原型的流程。

第四階段（七、八、九年級）（略）

分段能力指標與十大基本能力之關係

（限於篇幅，略）

實施要點

1. 教材選編

(1)教材的選編應依國民中小學九年一貫課程綱要所提示之課程目
標、分段能力指標之達成為考量原則。

(2)各校教師在依循課程綱要的原則下，可自主的做教材選編及教學
活動規劃。選編教材，應依各地區學生的需要和能力、興趣和經
驗，來作適當的調節，以調適各地區、各校的特殊性，各地教材
可具歧異性，但培養之基本能力，其目標則一致。

(3)選編教材時，應掌握統整的精神，以自然與生活科技為一個學習
領域來規劃。在各學習階段，應注意到概念做有系統、有層次的
縱向發展，以及同一問題可由不同學科、以不同角度去了解的橫

向連繫。

(4)教材的組織可依生活上及社會上關心之議題、鄉土的題材來選編，也可依學科概念展延的方式來發展，也可用幾種基本大概念，如演化、能的轉換等來統合，或以自然現象的表徵分類，如時空變化、平衡驅動、溫度與熱等分項來探究。其組織形式可有多樣選擇，但編輯所依循的原則，須在教材的組織結構中明白的呈現。

(5)選編教材時，應充分提供相關的圖表資料，供探究時參考。而這些資料若超出課程範圍，則不應列入學習評量，或在評量時應提供該項資料，以免加重學習上的負擔。

(6)教材選編時，可融入科學發現過程的史實資料，使學生得以藉助科學發現過程之了解，體會科學本質及科學探究的方法和精神。

(7)選編的教材，其份量要適當，份量的多寡可由探究的深入程度、涉及的問題範圍、學習活動的方式等來調節。

(8)教材內容應兼顧認知、技能與情意的學習。

2. 教學實施

(1)教師宜對整個學年、階段性的短期或各單元之教學活動擬定教學計畫，使教學得以在有目標有規劃的情形下，循序漸進的進行。

(2)教師宜設計及經營學習的環境，使學生有時間、有空間從事學習活動。例如，安排時間使學生從事延伸性的探究活動；鼓勵做課外的主題研究，以使學生獲得深切探索科學的機會；創設科學的社團、研討會、科學營等，以促進探究的風氣。

(3)運用學校、社區或校外自然環境，提供學生各種可供學習的資源。配合自然科學學習的需要創設教材園、運用社區內的環境資源、參觀博物館、農場或作野外考察、利用圖書館、教育資料館，以及提供諮詢的專家等，以幫助學生作有效率的學習。

(4)教學時可利用各種教學媒體與資源來進行教學，除了可利用掛

圖、海報、幻燈片、投影片、錄影帶等教學媒體外，電腦與網路的使用也可幫助學生蒐集相關資料。

(5)學校應提供安全的工作環境。如實驗室、生活科技教室器材的妥善安排與應急設施，校園各種活動設備的安全防護等。需使用機器、工具和設備時，應特別指導學生對機具的使用方法和操作安全，並做妥善的管理，以維護安全。

(6)廣泛運用各種教學策略及適當的教學方法，以提升學生對本領域的學習興趣。同時，教師本身亦應能時時表現出對求知的熱忱，以激發學生對學習的熱情。

(7)教師應參酌學生的學習能力，調整其教材教法。並照顧到學生特殊需求及學習性向和能力等方面的個別差異，給予適當的輔導。

3. 教學方法

(1)教學應以學生活動為主體，引導學生做科學探究，並依解決問題（problem-solving）流程進行設計與製作專題。

(2)教學時應提供合適的機會，讓學生說明其想法，以了解學生先前的概念和經驗。教師可以運用問題來導引學生思考、引領活動進行的方向、營造熱絡的求知氣氛。使學生參與討論、發表自己的看法，進行實驗、提出自己研判的結果，進行實作、展示自己工作的成果。教學後宜評量，以了解其學習的進展。

(3)教學應以能培養探究能力、能進行分工合作的學習、能獲得科學智能、習得各種操作技能、達成課程目標為原則。因此，教學形式應不拘於一，視教學目標及實際情況而定，可採取講述方式、或小組實驗實作方式、或個別專題探究方式、或戶外的參觀、或植栽及飼養的長期實驗，唯不宜長期固定於某一形式。

(4)教師應參酌學生的學習能力，調整其學習內容，並針對學生的特殊性向及學習能力之個別差異，給予適當的指導。

(5)教師可安排學生進行個人或小組合作的學習模式，養成學生主動

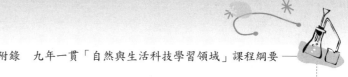

學習，及能經由合作方式獲得學習的能力。

(6)教學活動的設計應以解決問題策略為中心，並循確認問題、蒐集
有關資訊、擬訂解決方案、選定及執行解決方案，及進行方案評
鑑與改進等程序實施教學。

(7)帶領學生從事探究的活動時，應注重科學態度的培養，使學生能
獲得發現的樂趣及養成求真求實的工作精神。

(8)在教學過程中，如果需要使用儀器與藥品，應特別指導對儀器、
藥品的使用方法和操作安全，並做妥善的管理，以維護安全。

4. 教學評量

(1)評量的主要目的在於了解學生學習實況，以作為改進教學、促進
學習的參考。

(2)評量應具有引發學生反省思考的功能。導引學生能珍惜自我心智
的成長、持平的面對自己的學習成就、察覺自己學習方式之優缺
點。評量要具有敦促、鼓勵的效果，使學生相信只要自己努力或
更加專注，定能獲得更好的學習成效。

(3)教學評量應以課程目標為依歸，考查學生是否習得各階段之基本
能力及學習進步情形。教學評量應伴隨教學活動進行之。

(4)教學評量不宜侷限於同一種方式，除由教師考評之外，得輔以學
生自評及互評來完成。其型式可運用如觀察、口頭詢問、實驗報
告、成品展示、專案報告、紙筆測驗、操作、設計實驗及學習歷
程檔案等多種方式，以能夠藉此了解學生的學習情況來調適教學
為目的。例如，教學目標若為培養學生的問題解決能力，則可採
用成品展示或工作報告的評量方式，而非純以紙筆測驗的方式做
評量。

(5)在選編教材時，常為了培養學生分析、推理的能力，提供相關的
圖表資料供學生參考，這些圖表資料未必在課程綱要的範圍之
內。評量時仍應提供這些資料以供學生參考，不應要求學生記

憶。

(6)教師對於自己的教學工作，如教材選編、教學策略的引用、班級
　　管理等，能時常參考評量的結果並做自我評鑑及調適。

(7)評量的層面應包括認知、技能與情意。

(8)評量的時機應兼顧形成性評量與總結性評量。

(9)評量的結果應用於幫助學生了解自己學習的優缺點，藉以達成引
　　導學生自我反思與改善學習的效果。

附錄

附錄一：「自然與生活科技」學習領域之教材內容要項

課題	主題*	次主題*	
自然界的組成與特性	地球的環境	110	組成地球的物質（岩石、水、大氣）
		111	地球和太空
	地球上的生物	120	生命的共同性
		121	生命的多樣性
	物質的組成與特性	130	物質的構造與功用
		131	物質的形態與性質
自然界的作用	改變與平衡	210	地表與地殼的變動
		211	天氣變化
		212	晝夜與四季
		213	動物體內的恆定性與調節
		214	溫度與熱量
		215	運動與力
		216	聲音、光與波動
		217	能的形態與轉換
		218	化學反應
		219	化學平衡
	交互作用	220	全球變遷
		221	生物對環境刺激的反應與動物行為
		222	電磁作用
		223	重力作用
		224	水與水溶液
		225	氧化與還原
		226	酸、鹼、鹽
		227	有機化合物
	構造與功能	230	植物的構造與功能
		231	動物的構造與功能

演化與延續	生命的延續	310 生殖、遺傳與演化
	地球的歷史	320 地層與化石
生活與環境	生活科技	410 食品
	環境保護	411 材料
		412 機械應用
		413 電及其應用
		414 訊息與訊息傳播
		415 居住
		416 運輸
		420 天然災害與防治
		421 環境污染與防治
永續發展	生態保育	510 生物和環境
		511 人類與自然界的關係
		512 資源的保育與利用
		513 能源的開發與利用
	科學與人文**	520 科學的發展
		521 科學之美
		522 創造與文明
	科學倫理	530 創意與製作
		531 科技文明

* 本教材內容要項之各主題、次主題並不代表教材各章節的名稱，選編教材時，教師可自行重新安排組合。

** 屬於情意或哲學觀的部分，宜由教學活動中去培養，不宜運用教條式的訓示，宜採融入方式，納入其他各主題的教學中。

附錄二：「自然與生活科技」學習領域之教材內容細目（略）

附錄三：學校本位課程設計舉例（略）。

國家圖書館出版品預行編目資料

國小階段自然與生活科技教材教法／王美芬、熊召弟著
.--初版.--臺北市：心理，2005（民 94）
面；　公分.--（自然科學教育系列；43010）
參考書目：面

ISBN 978-957-702-819-8（平裝）

1. 自然科-教學法　　2.小學教育-教學法

523.36　　　　　　　　　　　　　　　　94015676

自然科學教育系列 43010

國小階段自然與生活科技教材教法

作　　者：王美芬、熊召弟
執行編輯：陳文玲
總 編 輯：林敬堯
發 行 人：洪有義
出 版 者：心理出版社股份有限公司
地　　址：台北市大安區和平東路一段 180 號 7 樓
電　　話：(02) 23671490
傳　　真：(02) 23671457
郵撥帳號：19293172　心理出版社股份有限公司
網　　址：http://www.psy.com.tw
電子信箱：psychoco@ms15.hinet.net
駐美代表：Lisa Wu（Tel: 973 546-5845）
排 版 者：龍虎電腦排版股份有限公司
印 刷 者：東縉彩色印刷有限公司
初版一刷：2005 年 9 月
初版四刷：2011 年 2 月
Ｉ Ｓ Ｂ Ｎ：978-957-702-819-8
定　　價：新台幣 400 元